中国汉字学教程

主　编　俞绍宏
副主编　闫　华　房振三　洪　飏　张振谦

中国·武汉

图书在版编目(CIP)数据

中国汉字学教程/俞绍宏主编. —武汉：华中科技大学出版社，2023.8
ISBN 978-7-5680-4153-9

Ⅰ.①中⋯　Ⅱ.①俞⋯　Ⅲ.①汉字-文字学-教材　Ⅳ.①H12

中国国家版本馆 CIP 数据核字(2023)第 134561 号

中国汉字学教程　　　　　　　　　　　　　　　　俞绍宏　主编
Zhongguo Hanzixue Jiaocheng

策划编辑：聂亚文
责任编辑：狄宝珠
封面设计：孢　子
责任监印：朱　玢
出版发行：华中科技大学出版社(中国·武汉)　　电话：(027)81321913
　　　　　武汉市东湖新技术开发区华工科技园　　邮编：430223
录　　排：武汉创易图文工作室
印　　刷：武汉市籍缘印刷厂
开　　本：787mm×1092mm　1/16
印　　张：14
字　　数：364 千字
版　　次：2023 年 8 月第 1 版第 1 次印刷
定　　价：42.00 元

本书若有印装质量问题，请向出版社营销中心调换
全国免费服务热线：400-6679-118　竭诚为您服务
版权所有　侵权必究

前 言

"中国汉字学"旧称"文字学",是我国高等学校汉语言文学专业开设的一门专业课程。它是汉语语言学的一个重要的分支,以汉字为研究对象,主要研究汉字的起源、发展、性质、形体和结构、规律和变化,汉字形、音、义之间的关系,汉字的应用与汉字的规范化,以及汉字文化、汉字教学等诸方面内容,是从事语文教学、语文研究和语文工作必备的知识基础,又是了解我国传统文化和传播现代文化不可或缺的必要知识。

"文字学"形成于汉代,它与汉语史、音韵学、词汇学、训诂学以及文献学等学科都有密切的联系,是最具中国特色的课程之一,对培养学生热爱祖国文字的情愫、提高使用规范汉字的能力、强化继承和弘扬汉字文化的观念,意义重大。然而,与社会上近年来兴起的"国学"热相悖的是,作为"国学"基础之一的"文字学",在高校并没有普遍受到汉语言文学专业学生的青睐。这可能是由于"文字学"课程没有文学课程那样的"趣味",同时,充当文字学课程的教材多数在内容上过于专业与艰深也可能是一个重要原因。我们认为,高校专业课程的教材应该承担起向本专业学生推介、普及、传播专业知识的职能。目前高校汉语言文学专业的"文字学"教材主要由一些汉字学理论性著作充当,其共同的特点是学术性、专业性太强,难以激发起当今汉语言文学专业绝大多数学生的兴趣,因而不能十分有效地实现这一职能。有鉴于此,我们编写的这部教材,在重视学术性的同时,也将着力点放在通俗性、可读性上。为了突出其教材特征,我们名之为"中国汉字学教程"。

我们认为,作为一门有着两千年历史的传统学问,要想在学术上创新是很难的,编写教材主要的还是要吸收既有的学术成果。从某种程度上讲,就是通过组织、整合、编排既有的理论知识体系,建立一个新的框架体系,选择既有的学术成果,将其编织进这个框架体系中。本教材内容主要来源于各章所附的参考文献,为避免冗赘,行文中未能一一注明。为了避免与其他教材雷同,我们刻意求异的地方在于:一是吸收了若干新材料、新内容;二是编进了"汉字形体蕴含的文化信息""汉字教学"章节,这是目前绝大多数"文字学"教材没有充分重视的;三是对现代汉字学里诸如汉字的繁简之争之类的热点话题以及汉字规范等也给予了应有的、足够的重视。

俞绍宏负责全书审阅、统稿工作。各章节的理论原理的阐释、内容结构的安排、学术观点的取舍以及最终的校订工作均由各章节编写者负全责。各章节具体分工如下:

  第一章 绪论   房振三(青岛大学师范学院中文系)
  第二章 汉字的起源   闫华(大连理工大学人文社科部中文系)
  第三章 汉字的性质   张振谦(河北大学文学院)

I

第四章　汉字字体的发展与演变　　　闫华(大连理工大学人文社科部中文系)
第五章　汉字的结构　　　　　　　　洪飏(辽宁师范大学文学院)
第六章　汉字复杂的形、音、义关系　　张振谦(河北大学文学院)
第七章　汉字形体蕴含的文化信息　　　房振三(青岛大学师范学院中文系)
第八章　汉字字典与汉字规范　　　　俞绍宏(集美大学文法学院)
第九章　汉字教学　　　　　　　　　俞绍宏(集美大学文法学院)

洪飏同志在审阅全稿时提出了许多宝贵的意见。

由于我们的水平有限,教材中一定会存在许多问题,我们由衷地感激各位专家、学者、使用本教材的师生,以及其他读者的批评指正。

编者

2023 年 6 月 25 日

目录

第一章 绪论 (1)

第一节 文字、汉字、汉语 (1)
一、世界上三大古老文字 (1)
二、文字与汉字的关系 (4)
三、汉字的历史定位 (5)
四、汉字与汉语的关系 (5)

第二节 汉字学及其研究内容 (7)
一、汉字学与文字学 (7)
二、汉字学的研究内容 (8)

第三节 学习汉字学的意义 (10)
一、有助于正确理解古代文献 (10)
二、有助于研究语言学其他门类 (11)
三、有助于了解古代的物质文化和社会习俗 (11)
四、有助于语文教学 (11)
五、有助于汉字的规范化 (11)

第二章 汉字的起源 (14)

第一节 汉字起源的传说 (14)
一、关于汉字的创制者 (14)
二、与汉字起源相关的原始记事方法 (16)

第二节 与汉字起源有关的考古发现 (20)
一、贾湖龟甲刻符 (20)
二、安徽双墩刻符 (22)
三、仰韶、崧泽、良渚、龙山、马家窑等文化遗址发现的刻符 (24)
四、大汶口刻符 (27)

第三节 汉字的来源 (27)
一、图画 (28)
二、原始刻符 (31)

三、结论 ·· (31)

第三章　汉字的性质 ·· (34)
第一节　有关汉字性质的既有观点 ·· (34)
　　一、文字的性质 ·· (34)
　　二、有关汉字性质的既有观点 ·· (35)
第二节　汉字的性质 ·· (39)
　　一、对诸说的评说 ·· (39)
　　二、汉字形体的优越性 ··· (42)

第四章　汉字字体的发展与演变 ·· (46)
第一节　古文字阶段汉字字体的发展演变 ··· (47)
　　一、考察古文字阶段汉字字体演变所依据的材料 ··· (47)
　　二、古文字阶段汉字的字体演变 ··· (63)
第二节　隶楷阶段汉字字体的演变 ··· (68)
　　一、考察这一阶段汉字字体演变的材料 ·· (68)
　　二、隶楷阶段汉字字体的演变 ··· (78)

第五章　汉字的结构 ··· (81)
第一节　传统的汉字结构理论 ·· (81)
　　一、六书说的形成 ·· (81)
　　二、六书说的内容 ·· (82)
　　三、六书说的层次 ·· (91)
第二节　现代的汉字结构理论 ·· (93)
　　一、"三书"说 ·· (93)
　　二、新六书说 ··· (97)
　　三、关于汉字构造理论的其他说法 ··· (99)
第三节　汉字的构形研究 ··· (102)
　　一、刘钊的古文字构形研究 ··· (102)
　　二、黄德宽的汉字构形理论 ··· (107)
　　三、王宁的汉字构形研究 ·· (112)

第六章　汉字复杂的形、音、义关系 ·· (117)
第一节　同形字、同音字、同义字、多音字 ·· (117)
　　一、同形字 ·· (117)
　　二、同音字 ·· (120)
　　三、同义字 ·· (121)
　　四、多音字 ·· (121)

第二节　异体字、古今字、繁简字、正体字、俗字 ……………………………………(122)
　　一、异体字 …………………………………………………………………………(122)
　　二、古今字 …………………………………………………………………………(125)
　　三、繁简字 …………………………………………………………………………(126)
　　四、正体字、俗字 …………………………………………………………………(129)

第三节　文字的孳乳、分化、合并 ……………………………………………………(130)
　　一、文字的孳乳 ……………………………………………………………………(130)
　　二、文字的分化 ……………………………………………………………………(133)
　　三、文字的合并 ……………………………………………………………………(136)

第四节　文字借用的几种方式 …………………………………………………………(137)
　　一、同义换读 ………………………………………………………………………(137)
　　二、假借 ……………………………………………………………………………(138)

第七章　汉字形体蕴含的文化信息 ……………………………………………………(144)

第一节　汉字与文化的关系 ……………………………………………………………(144)
　　一、文化概说 ………………………………………………………………………(144)
　　二、汉字与文化的关系 ……………………………………………………………(147)

第二节　汉字文化学 ……………………………………………………………………(152)
　　一、汉字文化的内涵 ………………………………………………………………(152)
　　二、汉字文化与汉语文化 …………………………………………………………(152)
　　三、汉字文化学 ……………………………………………………………………(153)

第三节　汉字形体蕴含的文化信息 ……………………………………………………(154)
　　一、从汉字形体看华夏民族的形成 ………………………………………………(155)
　　二、从汉字形体看古代的婚俗 ……………………………………………………(158)
　　三、从汉字形体看古代建筑居住文化 ……………………………………………(159)
　　四、从汉字形体看古代狩猎文化 …………………………………………………(160)
　　五、从汉字形体看古代农业文化 …………………………………………………(161)

第四节　讲汉字文化切忌臆说 …………………………………………………………(162)

第八章　汉字字典与汉字规范 …………………………………………………………(168)

第一节　汉字字典 ………………………………………………………………………(168)
　　一、字典概述 ………………………………………………………………………(168)
　　二、一些字典的简介 ………………………………………………………………(169)

第二节　汉字规范化 ……………………………………………………………………(178)
　　一、历史上的正字与正字法 ………………………………………………………(178)
　　二、新中国成立以后的汉字整理与规范工作 ……………………………………(179)

第九章　汉字教学···（194）

第一节　历史上的汉字教学··（194）
一、商代已经有了汉字教学···（194）
二、周代以后的汉字教学···（195）

第二节　20世纪以来的汉字教学··（198）
一、民国时期的汉字教学···（198）
二、新中国成立后的汉字教学···（203）

第一章 绪论

|本章导读|

本章从世界文字历史的背景入手,介绍世界三大古老文字的基本知识,论述了文字和汉字的关系,讨论了汉字的历史定位问题,分析了汉字和汉语的复杂关系。本章的重点是汉字学的概念及其研究的内容,汉字学和文字学的关系,以及汉字学的价值和意义。

|学习目标|

通过对本章内容的学习,学生应该能够了解世界三大古老文字;学习汉字学的意义;知道汉字的历史定位和汉字学的内容;理解文字与汉字的关系、汉字与汉语的关系、汉字学与文字学的关系。

第一节 文字、汉字、汉语

一、世界上三大古老文字

文字是人类用来记录和传播语言的书写符号系统。远古人类互相交流是依赖图像符号和口语,在一定的时空条件下,由于文化内涵的积累以及相邻文化冲击的影响,人类认识到图像符号可以和语音相结合,从而创造发明了文字。文字是人类最重要的发明,文字的发明和创造,在人类社会发展史上是一件具有划时代意义的大事。恩格斯认为:"文字的发明及其应用于文献记录,是人类社会由野蛮时代过渡到文明时代的一个重要标志。"正是由于文字的承载和传扬,人类才有了文明的诞生和发展。按照传统的分类方法,世界上各种文字体系可以分为三类:图画文字、表意文字、表音文字。图画文字也就是原始文字,它最终形成于新石器时代(公元前 8000—前 6000 年)或者铜石并用时代。

世界上最古老的文字有三种:楔形文字、埃及圣书字和汉字。

(一)楔形文字

公元前 4000 年左右,亚洲西部的幼发拉底河和底格里斯河流域就有了最早的居民——苏美尔人,他们创造了灿烂的苏美尔文明,最能反映这种文明特征的是他们的文字——楔形文字。公元前 3100 年之前,苏美尔人就开始使用这种文字,它是至今为止被发现的最古老的文字之一,也是两河流域最主要的文化成就。苏美尔人用削成三角形尖头的芦苇秆或骨棒、木棒当笔,在潮湿的黏土制作的泥版上写字,字形自然形成楔形,所以这种文字被称为"楔形文字"。最初,这种文字是图画文字,渐渐地,这种图画文字逐渐发展成苏美尔语的表意文字,把一个或几个符号组合起来,表示一个新的含义。如用"口"表示动作"说";用代表"眼"和"水"的符号来表示"哭",等等。随着文字的推广和普及,苏美尔人干脆用一个符号表示一个声音,如"箭"和

"生命"在苏美尔语中是同一个词,因此就用同一个符号"箭"来表示。后来又加了一些限定性的部首符号,如人名前加一个"倒三角形",表示是男人的名字。这样,这种文字体系就基本完备了。楔形文字原来是从上而下直行书写,后来改为从左而右横行书写,于是全部楔形符号转了 90°,从直立变成横卧。由于右手执笔,从左而右横写,楔形笔画的粗的一头在左,细的一头(钉尾)在右。

楔形文字 1

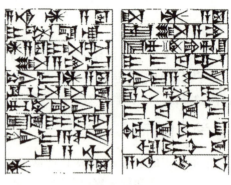

楔形文字 2

苏美尔楔形文字有意符和音符,西亚的巴比伦、亚述、赫梯、叙利亚等国都曾对楔形文字略加改造,来作为自己的书写工具。甚至腓尼基人创制出的字母也含有楔形文字的因素。楔形符号共有 500 种左右,其中有许多具有多重含义,其"准确含义"只能根据上下内容来确定,从而使得楔形文字体系比后来的字母文字体系更难以掌握。尽管如此,在两千年间,楔形文字一直是美索不达米亚唯一的文字体系。到了公元前 500 年左右,这种文字甚至成了西亚大部分地区通用的商业交往媒介。楔形文字对西亚许多民族语言文字的形成和发展产生了重要影响。楔形文字是世界上最早的文字,但是由于它极为复杂,到公元 1 世纪,就完全消亡了。

(二)埃及圣书字

埃及圣书字是 5000 多年前由第一王朝始创的文字。埃及圣书字有三种字体:碑铭体、僧侣体和大众体。

埃及圣书字 1

埃及圣书字 2

碑铭体起初是雅俗通用的,后来成为雕刻在金字塔和神庙石壁上,以及绘写在石器和陶器等器物上的庄严字体。古埃及人把文字叫作"神文"。希腊人把埃及文字的碑铭体称为"圣书字",也是三种字体的总称。碑铭体的符号外形好像图画,实际大都早已失去象形功能。

碑铭体是装饰性的正体。僧侣体是实用性的草体。古埃及用毛笔和墨水在纸莎草上写字,工整的正体变成快写的草体。第一王朝时期,正草两体并用,不分僧俗。到公元前3世纪,草体主要用于宗教写经,因此称为"僧侣体"。僧侣体类似"狂草",外形跟碑铭体很不相同,但是内部结构完全一致。

大众体又称书信体或土俗体,它是僧侣体的简化。大众体大约在公元前660年前开始应用于下埃及,后来上下埃及全都通用。大众体的外形虽然简化了,可是内部结构没有改变。到多来美时期(公元前323—前30年),大众体成为主要的字体。最晚的大众体遗物是425年的石刻。在这以后,埃及圣书字逐渐衰亡了。它留下丰富的多方面的文献,曾在古埃及历史上活跃了三千几百年。

埃及圣书字由意符、音符和定符组成。在古埃及的古典时期,符号总数有700来个,后来不断增加,到公元前500年左右达到2000个以上。这些基本符号可以组成全部语词。埃及圣书字是一种语词-音节文字。

碑铭体中的意符有许多是明显的象形字。例如,圆圈中加一点表示"太阳";持弓的人表示"军人"或"军队";一张弓表示"长度单位";鸟展两翅表示"飞";眼睛下面三条线表示"哭";两条腿表示"走"。意符可以单独表示词义,但是所表词义不是都能像上面所说的例子那样望文生义。写成僧侣体以后,完全失去了象形作用。

音符大都是从早期的意符转化而成。埃及圣书字的音符,只表辅音,附带不写出的元音。例如"神文"(mdwntr)这个词是由辅音符号构成的,阅读时由读者加上应有的元音。音符有单音符、双音符和三音符。这些音符是后世辅音字母的最初萌芽。

定符是规定意义类别的记号,本身不读音,跟其他符号结合成词,有区别同音词的作用,类似形声字的部首。例如,长方形表示"天",长方形下加一颗星表示"夜",长方形下加几条曲线表示"下雨"。"日""月""山""水"等定符一看就知道它们表示的意义类别。表示君王名字的定符是一个椭圆形加一条底座线(类似中国的"神主"牌位)。椭圆形中间的君王名字是用纯表音的音符写成的,这些为后世释读埃及圣书字提供了最初的突破口。

埃及圣书字被人们遗忘了一千几百年。1799年在埃及的罗塞塔发现了一块纪念碑,有碑铭体、大众体和希腊文三种文字对照。以这块石碑为线索,经过长期的研究,到19世纪20年代,终于对三种字体基本上释读成功。

(三)汉字

汉字是中国汉民族创制的记录汉语的书写符号系统。汉字至少在公元前1400年前后就已经成为成熟的文字体系并沿用至今,是世界上唯一既保持相对稳定又不断发展的古老的文字体系。汉字是记录汉语的文字系统,并仍然或曾经在日语和朝鲜语、越南语中使用。汉字是世界上最古老的文字之一,狭义地说,它是汉族的文字;广义而言,它是汉字文化圈共同的文字。汉字根据其历史时期可以分为古文字阶段、近代汉字阶段和现代汉字阶段。

古文字阶段包括原始古汉字、甲骨文、金文、战国文字、秦系文字及秦至汉代早期处于隶变过程中的古隶书等。近代汉字是指秦汉以后至20世纪初使用的以隶书和楷书为主体的汉字书写符号系统。现代汉字是指20世纪以来用于记录现代汉语的汉字书写符号系统。"现代汉

甲骨文

字"一词从20世纪50年代起开始出现,80年代以后使用愈加广泛,逐渐被人们所接受。

汉字还是承载文化的重要工具,目前留有大量用汉字书写的典籍。不同的方言都使用汉字作为共同书写体系,因而汉字在历史上对中华文明的传播起到了重要作用,并成为东南亚文化圈形成的内在纽带。在汉字发展过程中,留下了大量诗词、对联等文化,并形成了独特的汉字书法艺术。

目前在使用汉语的地区,大都使用两种规范汉字,分别是繁体中文(繁体字)和简体中文(简体字)。繁体字用于中国台湾、中国香港、中国澳门和北美的华人圈中,简体字用于中国大陆、新加坡以及东南亚的华人社区。通常说来,两种汉字书写系统虽然有差异,但常用汉字的个体差异不到25%。

汉字是世界上使用人数最多的文字。据统计,世界上使用汉字和汉语的人数达到16亿以上。汉字也是迄今为止连续使用时间最长的主要文字,中国历代皆以汉字为主要官方文字。

二、文字与汉字的关系

文字是人类用来记录和传播语言的书写符号系统,汉字是汉民族创制的记录汉语的书写符号系统,是人类语言书写符号系统中的一种,但在中国古代,"文字"一词用来专指"汉字"。

先秦时代,汉字被称作"文""名""书"或"书契""字"。《左传·宣公十二年》:"夫文,止戈为武。"《左传·昭公元年》:"于文,皿虫为蛊。"西晋杜预注:"文,字。"可见《左传》称文字为"文"。《仪礼·聘礼》:"百名以上书于策,不及百名书于方。"("策"和"方"是形状不同的竹木简)东汉郑玄注:"名,书文也,今谓之字。"《韩非子·五蠹》:"古者仓颉之作书也,自环者谓之私,背私谓之公。"《荀子·解蔽》:"好书者众矣,而仓颉独传者,壹也。"《易·系辞下》:"上古结绳而治,后世圣人易之以书契。""书"和"书契"也都是指文字。秦以后,"文""名""书""书契"等使用渐少,"文字"一词流行开来。

图1-6　琅琊台秦刻石

汉语中"文""字"连称为"文字"一词,始于秦代,根据《史记·秦始皇本纪》所载,琅琊台秦刻石有"同书文字"之语(始皇二十八年,公元前219年)。东汉许慎对"文字"做出这样的解释:"仓颉之初作书也,盖依类象形,故谓之文。其后形声相益,即谓之字,字者,言孳乳而浸多也。"按照许慎的意思,从描摹物体形状的图画演变而来的象形字、抽象符号形成的指事字,形体结构是独体的叫作"文"。其后由象形字、指事字互相组合,如各部分都作为形符而构成的会意字,就是所谓的形相益;如各部分作为声符的形声字,即所谓的声相益。这些合体构成的叫作"字","文字"连称则是指全部汉字。

"文""名""书""书契""字"本是汉族人用来指称自己的文字,在不知道有汉字以外的文字存在时,它的指称是唯一的,不会产生理解和使用的混乱。但是在知道汉字以外尚有别的文字的时候,尤其是要和别的文字加以区分的时候,就有必要在它的前面加上一定的修饰词。历史上有两个这样的时期:一是佛教的传入,需要将梵文经书译成汉字;二是随着蒙古族入主中原,需要将蒙古文与汉字进行区分。

清朝末年,随着西方学术文化的引进,学者们逐渐有了世界文字的概念,在这样的时代背景下,有些学者开始使用"文字"来指称记录世界其他民族语言的书写符号,而将记录汉语的文字改称为"汉字"。进入现代以来,"文字""汉字"两个术语有了明确的区分。由于传统的影响和习惯的原因,直到现在,人们还有时用"文字"指称"汉字"。但是从学科发展规范化和理论表述的严密性、准确性方面来看,语言文字工作者还是应当避免两者在使用上可能引起的混乱。

需要指出的是,"文字"这一概念本身也有两个问题需要说明:第一,学者们对于"文字"的内涵存在着广义和狭义两种意见。广义派认为"文字"是人们"用来进行交际的约定俗成的可见符号系统",狭义派则认为"文字"是"记录语言的书写符号"。实际上"文字"一词既可以用来指一个个的字,也可以用来指记录某种语言的文字符号的整个体系,因此是这两种意义的综合。

三、汉字的历史定位

王宁在《汉字学概要》中指出,世界上的文字从文字形体直接显示的信息是语义还是语音来看,可以分为两个大类:表意文字与表音文字。汉字在发展中始终坚持保存自己的意义信息,并从个体表意发展到系统表意。不论是表意文字还是表音文字,它们的职能都是记录语言,是语言的载体。音与义既然是密不可分的语言的两大要素,这两种文字当然同时记录了语言的音与义,不可能只记录音或只记录义。在这一点上,表意文字和表音文字并无区别。

有些理论认为,世界文字发展要经历表形(象形)、表意、表音三个阶段,从这个理论出发,它们认为表意文字落后于拼音文字。这个说法首先是不符合世界文字发展事实的。世界文字大都起源于图画文字,但是并不一定都经历三个阶段,表音和表意是图画文字发展的两大趋势。世界上许多古老的文字,例如非洲的古埃及文字、西亚美索不达米亚的楔形文字等,都经历过由图画文字向表意文字发展的过程,但是,这些表意文字很快就失去了使用价值,变得不可释读了,它们虽然经历了三个阶段,但是就发展趋势而言,向表音发展是其趋势。汉字也起源于图画文字,但是,延续图画象形文字的发展趋势是表意,在数千年的历史发展中,汉字顽强地维护着自己的表意文字特点,一方面又不断地为了适应被它记录的汉语而进行了内部调整,成为世界上最古老的、具有严密系统的表意文字。像汉字一样的表意文字还有不少,它们虽然没有汉字这么长的发展历史,但也绝不是"三阶段论"所能概括的,所以"三阶段论"以及得出"汉字落后论"的观点是不能成立的。

四、汉字与汉语的关系

前面已经指出,汉字是记录汉语的符号系统,两者的相互依存关系是十分明显的。王宁认为:

第一,由于汉字是汉语的载体,所以,汉字的音和义,是汉语语素音与义的反映。在汉字形、音、义三要素中,有两个要素实际上是属于汉语的,唯有形,才属于汉字本体。汉语在没有汉字的历史阶段，仍然可以存在，用口语的方式实现它作为社会交际工具的作用；但是，如果没有汉语，汉字就没有存在的必要，也没有产生的条件。从这个意义上说，汉语是第一性的，汉字是第二性的。正因为汉字是第二性的，所以汉字的特点是适应汉语的特点而形成的，同时，汉字的发展演变在很大程度上要受到汉语的制约与推动。例如，中国周秦时代是汉语单音语词大量孳生的时代，词的派生大大推动了汉字的孳乳；也正是在这个时代，汉字的形声化趋势急剧发展，形声字大量产生。魏晋以后，由于汉语的造词方式逐渐变为以合成为主，汉字的增长速度也就逐渐缓慢了。

第二，汉字一旦产生，它对汉语使用和发展的影响也是不容忽视的。汉字不但帮助汉语超越空间与时间的限制，扩大了交际职能，而且其中一部分还具有超方言的特点，因而有利于民族共同语的形成。同时，由于有了汉字所记录的书面语，更促进了汉语的严密化。汉字作为汉语的视觉符号，对分辨汉语中的同音词，吸收古语词、方言词和外来词，都起了非常重要的作用。

第三，汉语决定了汉字的基本面貌，而特定的汉字又能满足语言发展的需要。个体汉字主要是记录汉语语素的，汉语的语素多是单音节的，多数为一个音节一个意义。汉语的这个特点就决定了汉字一般是形音义的统一体，决定了汉字中绝大多数是形声字。一个形声字既用意符表示语素的义，也用音符表示语素的音，由形可知音义。汉字用意符和音符构造形声字，用不多的字符可以造出大量的汉字，足以满足汉语词汇发展对汉字的需求。另一方面，汉语在先秦之后，新词的增加是以双音节词的增加为主的，新词增多但语素不增多。这样，新词数量的增大，一般不会使表示语素的文字的需求量增多，因此，一定量的汉字即可满足语言发展的需求。

第四，汉字具有超时空性，利于继承文化遗产和不同方言区人们的交际。

第五，汉字和汉语都是汉民族人们的交际工具，都是社会现象，两者都体现着汉民族文化的基本特征和基本精神，共同承载着汉民族文化。

尽管汉字与汉语相互依存，但是从本质上，汉语并不等同于汉字，它们是互有差异的两种符号体系。汉字是记录汉语单音节语素的，在古代汉语里，汉字与单音词在很大程度上是对等的，这就容易造成一种错觉，认为汉字和汉语可以等同。将汉字与汉语混为一谈，不论在理论上，还是在实践上，都会产生失误。

汉字和汉语的区别可以从以下几个方面来看：

第一，汉字虽然由于记录汉语而从汉语的语素那里移植了音和义，但是它还有属于自身的形式——字形。因此，汉字除受汉语的制约与推动外，同时又有属于它自己的、不受语言制约的发展变化规律和使用规律。汉字在发展中会逐渐形成自己的构形系统，构形系统的总体对汉字个体是有制约作用的。很多与构形系统不相切合的异体字被自然而然地淘汰，很多新产生的形声字对义符和声符的选择，都是汉字构形系统的内部规律使然。汉字的构形系统与汉语的音义系统不是同一个系统，这一点对教学有很大的启示：依靠汉字构形系统集中识字，往往难以设计思想内容切合小学生的课文；而利用言语作品分散识字时，又往往难以完全切合汉字的难易程度。这种现象，就是汉字构形系统与汉语词汇、语音系统不一致带来的。

第二，文字和语言不是同一时期产生的，在讨论它们的历史发展时，不能把两者混为一谈。例如，在汉字中，构形比较单一、理据比较清晰的独体象形字，比由它构成的合体字特别是形声字产生要早；但是，这并不意味着独体字所记录的词都一定早于形声字所记录的词。在汉字中，"马"是独体字，它的产生早于形声字"妈"，但是就词而言，"妈妈"这个词并不比"马"产生晚。从总体看，汉字史与汉语史有密切关系，但并不完全等同。

第三,在汉语的书面语言作品中,字与语素或词的对应关系是不平衡的、不整齐的。在一般情况下,说一个字记录的是一个语素或一个单音词,不会出太大的问题。但是在分析书面文献时,对文字与语言、字与语素或词的不平衡状态,不整齐对应的状态,就要特别引起注意。

由于异体字的存在,不同的作品甚至同一部作品中常常出现异字同词的现象。例如同样是"痛苦"的"痛",汉代的碑文上时常写成"恸"。同样是"危险""高危"的"危",魏晋作品中时常写作"峗"。

由于同音借用字的存在,同一语素写两个字和不同语素写一个字的现象都不乏见。例如:"从容""容易""容纳"的"容"和"容貌"的"容"在意义上毫不相干,却写同一个字。又如,"雅座""雅量""雅语"的"雅"写同一个字,但"雅座"的"雅"是"迓"的借字,当"迎接"讲;"雅量"的"雅"古代常写作"疋",当"酒杯"讲;"雅语"的"雅"一般认为是"夏"的借字,"雅语"即"夏语"。再如,"马寅初"的"马"是在中国可以追寻历史渊源的姓氏,"马克思"的"马"只记录一个德语音节的声音,而不是一个语素。

在虚词里,字与词不一致的情况更为普遍。例如,韩愈的《马说》最后两句话:"其真无马邪?其真不知马也。"第一个"其"与反问语气副词"岂"一样,可译做"难道";第二个"其"是商榷语气副词,可译作"恐怕""该不是"。

在共时平面上是如此,在历时情况下更为复杂,形体上具有传承关系的字,在意义上并不完全相当。例如,甲骨文中的"天""大"同用,周代金文已经分开,先秦典籍中"房舍"与"舍弃"的"舍"不分,隋唐时后者已经写作"捨";现代简化字又都写作"舍"了。

第四,汉语的发展是渐变的,没有突变,对汉语只能规范,不能改革。而汉字的发展有渐变,也有突变,对汉字可以进行规范,也可以人为进行改革。

总之,汉字和汉语既有联系,又有区别,两者之间存在着辩证关系。在理论上分清汉字与汉语本质上的不同,在实践中注意字与语素、词的差异是十分重要的。

第二节 汉字学及其研究内容

一、汉字学与文字学

汉字学又称"汉语文字学",它是汉语言文字学的一个门类,主要研究汉字的形成、发展、特点和性质,分析汉字的构成及其形、音、义之间的关系,研究有关汉字改革与应用的各种问题。我国习惯上也把汉字学称为"中国文字学""文字学"。

文字学,是语言学的分支学科,以文字为研究对象,研究文字的起源、发展、性质、体系,文字形、音、义的关系,正字法以及个别文字演变的情况,以揭示文字的发生、存在和发展的规律,即研究文字和语言的关系、不同类型文字的结构系统及其书写形式和规则、文字发生和发展的历史等。

研究世界上的各种文字,从中找出支配所有文字发展的共同规律,这门学科叫作普通文字学或比较文字学。用描写或历史的方法研究某一种文字发生、发展及其结构的规律,这叫个别文字学。个别文字学又可分为历史的和断代的两种,分别称为"历史文字学"和"描写文字学"。前者以某种文字的历史发展为分析研究对象,例如我国的"传统文字学""汉字发展史";后者以某一个时代个别文字的状况为分析研究对象,例如我国的"甲骨文""金文""战国文字""现代汉字学"等。

"汉字学"之所以又称为"中国文字学",是由于汉字虽然诞生中国,是汉民族的祖先智慧的产物,但是世界上并不止一个民族把汉字作为记录自己民族语言的符号,自公元 2 世纪以后,汉字先后传入朝鲜、日本、越南等国家,成为这些国家的通用文字,形成所谓"汉字文化圈",现在,韩国、日本的文字中仍然有很大数量的汉字。作为借用文字的汉字,并不是"汉字学"研究的内容。

"汉字学"在中国古代叫作"小学"。"小学"本指贵族子弟学习的学宫。《汉书·艺文志》:"古者八岁入小学,故《周官》保氏掌养国子,教之六书。"因文字为小学必修课程,所以后来又用"小学"指"文字学"。汉代刘歆《七略》"六艺略"中有"小学类",班固作《汉书·艺文志》沿用之,于"小学"之下列文字学书目"十家四十五篇"。唐代颜师古注《汉书》说:"小学,谓文字之学。""小学"这个称呼一直沿用到清末。民国初年,到日本讲过学,接受了西方现代科学思想的章太炎,认为"小学"之称名不符实,建议把"小学"改称"语言文字之学"。他在《论语言文字之学》里指出:"自许叔重创作《说文解字》,专以字形为主,而音韵训诂属之。……合此三者乃成语言文字之学。此固非儿童占毕(诵读)所能尽者,然名为'小学',则以袭用古称,便于指示;其实当名'语言文字之学'。"(1906 年《国粹学报》二卷 12、13 期)。学者们接受了章氏的提法,于是称"汉字学"为"文字学"。虽如此称,但并不研究一切文字,只研究汉字。

"文字学"这个称呼虽然名不符实,却能一直沿用,其主要原因是:

第一,世界上,只有汉字是表意体系的文字,有结构问题、形体问题的研究,现在大多数国家都使用拼音文字,只有几十个字母,因此文字学不发达;只有中国有文字学,国外很少有文字学,因此不大会产生混淆。

第二,以"文字学"代"汉字学"由来已久,被中国学界广泛接受,提起"文字学",大家都能够心领神会,明白是指研究汉字的学问,积习难改,说"汉字学"反而感觉陌生、别扭。但许多学者近年来已经注意到这种名不符实的情况,建议以"汉字学"来代替"文字学"之称,一些学者纷纷撰文呼吁给汉字学正名。

在中国,"文字学"一词长期是用来指称"研究汉字的学问"的。这样称说是由于"文字"一词古今意义的不同。古人在没有世界文字这个意识的时候,他们自然没有将汉字和文字进行区分的必要,所以"文字"成为"汉字"的专称,因此"文字之学"也就是"汉字之学"。

随着学术事业的逐渐拓展,人们认识到,用兼容世界一切文字的"文字学"来单独称说汉字研究的这门学科,无论从术语学的角度,还是从这门学科现今含有的实际内容来看,都已经不适合了。20 世纪 50 年代开始,有学者把研究汉字的学问改称为"汉字学",用"文字学"指称"以世界文字的一般性问题作为研究对象的学科"。近代以来,有学者为了名称更加切合实际,在"文字学"之前加了限制词,称为"中国文字学"。但是即使这样的称呼仍然欠妥,因为中国文字不仅是汉字,也有二十余种少数民族文字。

鉴于"汉字学"这一名称更符合术语简明性的要求,因此本教材采用"中国汉字学教程"这一名称。

二、汉字学的研究内容

汉字学研究的对象就是汉字,但每一个汉字都具备形、音、义三个部分,因此传统的中国文字学就包括文字、音韵、训诂三个方面。汉字研究的对象是否要同时包括文字、音韵、训诂就成为必须考虑的问题，古代学者将三者合而为一，称为"小学"，近代学者认为，汉字学应该就是研究字形，应当摆脱训诂学、音韵学、文献学的束缚。但事实上，汉字独特的表意系统决定了汉字字形的研究不可能完全摆脱音和义的关联，当然，将音韵学、训诂学纳入汉字学的研究范畴也是不妥的。从根本上来说，汉字学研究的对象还是侧重在字形上，目前有两种比较有代表性的观点：

周有光的《现代汉字学发凡》将汉字学分为三个部分：历史汉字学、现代汉字学和外族汉字学。

历史汉字学(旧称"小学"或"文字学")，研究汉字形音义的来源和演变。许慎以来一千多年间，历史汉字学的研究成就卓著，成果丰硕，20世纪末甲骨文的发现又拓展了新的研究领域。

现代汉字学，研究现代汉字的特性和问题，包括现代汉字在形音义诸方面的特点。现代汉字的简化、标准化、拼音化问题。

外族汉字学，研究汉字流传到汉族以外各民族中去以后的发展。有的民族创造整体新字，例如契丹文字、女真文字；有的民族创造新形声字，例如广西壮族的壮字，古代西夏国的西夏字；有的民族创造表音字母补充汉字，例如日本的假名、朝鲜的谚文，这些都是汉字式的文字。

王宁从汉字构形学的角度认为，表意文字和拼音文字是世界文字中并存的、代表着两种发展趋势的文字系统，它们各有其特点，又各有其发展规律。汉字在几千年的发展历史中，一直坚持着表意的特点，不间断地被使用至今，成为世界上唯一的一种有着日渐严密构形系统的表意文字，是表意文字的代表。正因为如此，汉字的发展演变中，有拼音文字不具有的现象和规律，也有其他发展时间较短的表意文字未曾出现过的现象和规律。所以，研究汉字的构形特点和使用规律，不仅是汉字学的课题，而且是世界文字学的课题。

王宁认为汉字学发展到今天，实际上形成了以下四个方面的分支：

第一，汉字构形学。汉字构形学的任务是探讨汉字的形体依一定的理据构成和演变的规律，包括个体字符的构成方式和汉字构形的总体系统中所包含的规律。就汉字的发展历史来说，不同历史阶段的汉字构形具有各自的特色，而汉字构形学要能涵盖各阶段汉字构形的诸多现象，为研究各阶段汉字提供基础理论和基本方法。汉字构形学是其他几个分支的枢纽和基础。这是因为，通常所说的汉字三要素形、音、义，音和义都是汉字作为汉语的载体由汉语承袭来的，只有字形是汉字的本体。不论研究汉字的字源、字用、风格和它所携带的文化信息，都必须先把汉字的构形规律搞清楚。

汉字形义学与汉字构形学是从不同角度提出来的。这种研究从理论上说，是要抓住汉字因语素的意义而构形的特点，总结出汉字形义统一的规律，在此基础上，探讨如何通过对汉字形体的分析达到确定它所记录的词的词义这一目的。从实践来说，是要借助字形的分析来探讨古代文献的词义，为古书阅读和古籍整理提供语言释读的依据。

汉字构形学与汉字形义学是一项工作的两个方面。前者借助于意义，探讨的中心是形体，所以属汉字学范畴；后者借助于字形，探讨的中心是意义，所以属于训诂学或文献词义学范畴。

第二，汉字字源学。尽量找出汉字的最早字形，寻找每个字构字初期的造字意图，也就是探讨汉字的形源，也叫字源，这是汉字字源学的任务。字源学是研究探讨形源的规律和汉字最初构形方式的学科。

汉字字用学与汉字字源学是从不同角度提出来的。个体字符造出后，并不是永远用来记录原初造字时所依据的那个词或词素，它的记录职能时有变化。字用学就是研究在具体的言语作品里汉字字符记录词和词素时职能的分化和转移的。

汉字字源学探讨原初字形,属于汉字学范畴;字用学探讨汉字记录汉语的实际职能,属于训诂学或文献词义学范畴。

第三,汉字字体学。汉字字体指不同时代、不同用途(鼎彝、碑版、书册、信札等)、不同书写工具(笔、刀等)、不同书写方法(笔写、刀刻、范铸等)、不同地区所形成的汉字书写的大类别和总风格。研究汉字字体风格特征和演变规律,是汉字字体学的任务。

第四,汉字文化学。这种研究有两方面的目的:一方面是宏观的,即把汉字看成一种文化事项,然后把它的整体放在人类文化的大背景、巨系统下,来观察它与其他文化现象的关系,这是宏观汉字文化学;另一方面则是微观的,即要研究汉字个体字符构形和总体构形系统所携带的文化信息,对这些文化信息进行分析,加以揭示,这是微观汉字文化学。总之,汉字文化学是在作为文化事项的汉字与其他文化事项的互证关系中建立起来的,在解释汉字这个中心任务上,汉字文化学是对汉字构形学的补充。

汉字学这四个分支的内容是互相联系、密不可分的。

汉字学已经摆脱了传统小学的束缚,虽然和音韵学、训诂学有着密切的联系,但还有根本的区别,它研究的主要对象还是汉字的形体,因此汉字的起源、发展、性质、形体的演变、传统的六书以及汉字的形音义之间的关系,甚至汉字文化、汉字正字法和汉字教学都应该纳入其中。

第三节　学习汉字学的意义

汉字学是传统小学的重要组成部分,是现代语言文字学中的核心成分,其研究价值和意义历来受到学者们的关注,综合各家的说法,归纳如下:

一、有助于正确理解古代文献

中国历代流传下来的典籍浩如烟海,这些典籍中除了少量的用少数民族文字记录以外,绝大部分都是用汉字书写的,而且时间跨度达三千多年,古今变化很大,后代正确理解汉文典籍,只靠古注和辞书还不能满足需求。汉字分析是解决这一问题的重要方法。

清代学者朱骏声说:"读书贵先识字,识字然后能通经,通经然后能致用。若不明六书,则字无由识;不知古韵,则六书亦无由通。"(《进说文通训定声表》)汉字的形体结构和意义有着密切的关系,学习汉字学知识,掌握汉字形体分析的方法,可以正确认识汉字形、音、义之间的关系,掌握古书用字的一些特点,从而正确理解古书的字义,为阅读古籍、研究古代汉语服务。如:

表,《说文》:"上衣也。从衣,从毛。古者衣裘以毛为表。"上衣即外衣。《礼记·玉藻》:"表裘不入公门。"用的就是"表"的本义。

字,《说文》:"乳也。从子,在宀下,子亦声。"《山海经·中山经》:"其实如兰,服之不字。"《论衡·气寿篇》:"妇人疏字者子活,数乳者子死。"这里的"字"用的也是本义。

类似这样的例子,如果能从字形分析入手求其本义,我们就可以更容易理解古书。

古书中的字用本义、引申义均无法使句子意思通畅的时候,汉字学可以帮助我们推断其为通假字。另外,现存的8万多汉字是逐渐积累而成的,古时候并没有这么多。古代字少,记录汉语词义时一字多义的现象比较多,随着时间的推移,字形分化,逐渐精密,这就产生了古今字。如《左传·僖公四年》："尔贡包茅不入，王祭不共，无以缩酒，寡人是征。"贾谊《吊屈原赋》："共承嘉惠兮，俟罪长沙。"《荀子·赋篇》："圣人共乎。"这三个"共"字，分别等于后来的"供""恭""拱"。其实，"共"字，其金文、小篆像双手举物供给他人，本义就是"供"，"恭""拱"是为它的引申义而造的分化字。如果不明白这个道理，按照"共"的本义去读，这几句话都无法正确理解。

二、有助于研究语言学其他门类

汉字有形、音、义三要素，汉字学偏重于字形，但它与音韵学和训诂学、校勘学等都有着密切的关系。音韵学研究汉语在各个历史时期的语音系统及其演变规律，因此也离不开汉字字音的分析。段玉裁就曾运用形声字考察先秦韵部，提出了"同谐声者必同部"的原则。而且，很多古音演变的规律也可以通过形声字加以印证。训诂学是研究词义和词义系统的，学习汉字学可以帮助我们分析汉字的字形，探求字义。

王念孙利用汉字学知识来校勘典籍，《读书杂志》中有很多精彩的例子。《管子·小匡》："设问国家之患而不肉。"王念孙指出："尹解肉字甚谬，刘依《齐语》以肉为疾之误是矣，而未尽也。肉与疾形不相近，若本是疾字，无缘误为肉。盖其字本作疚，隶书或从篆形，与肉相似，因误为肉。《说文》：疚，贫病也。从疒声。《诗》曰：茕茕在疚。今《诗》疚作疚，未必非后人所致改。此疚字若不误为肉，则后人亦必改为疚矣。"

校勘仅仅是典籍整理的第一步，还有标点、注释、翻译，都必须以正确理解语义为基础，而语义的核心是词义，仍然离不开汉字学的知识。

此外，汉字学还和修辞学等学科有着十分密切的关系。

三、有助于了解古代的物质文化和社会习俗

汉字的形体构造和词义的发展变化，往往反映当时社会的真实情况。汉字不仅记录了历代大量的文化、文明发展成果，而且形成了绚烂辉煌的汉字文化景观。研究汉字学，熟悉古文字形体，对于我们了解古代的社会制度、风俗习惯和物质文化等，都有十分重要的帮助。如：弃，《说文》："捐也。"其甲骨文的字形像用两只手拿着簸箕盛着小孩丢弃掉。这反映了古代社会丢弃孩子的社会现象。

四、有助于语文教学

在语文教学中适当结合汉字学的知识，不但有助于加深学生对有关知识的理解，而且可以引导他们从形、音、义的角度全面地去观察思考，从而更好地认识汉字的特点。

汉字本身有着内在的结构规律，从汉字特点本身出发，在语文教学过程中重视笔画、笔顺、偏旁部首的教学，对于学生掌握并熟记汉字正确的形体有着重要的意义。

五、有助于汉字的规范化

中国境内有56个民族，汉语是各民族互相交流的共同语，但汉语方言复杂，汉字是最重要的辅助交流工具，各种文化知识也主要靠汉字来传递，如果不规范，用字各行其是，信息接受方

又各作各的理解,必将造成混乱的现象。而且汉字还在汉文化圈使用,加上日本、韩国用字,总数在八万以上,而日常使用的只有几千汉字。那些不经常使用的有不少是异体字,异体字没有音义的差别,如果保留,只会增加辨识难度,如何整理就需要根据字形的一般规律。

此外,学习汉字学,还有助于辞书的编纂,促进中文信息处理技术的发展和成熟,并为国家制定并推行科学的文字政策提供理论基础。

 本章小结

文字是人类用来记录和传播语言的书写符号系统。世界上最古老的文字有三种:楔形文字、埃及圣书字和汉字,其中只有汉字仍然在使用,且是世界上使用人数最多的文字。

文字是人类用来记录和传播语言的书写符号系统,汉字是汉民族创制的记录汉语的书写符号系统,是人类语言书写符号系统中的一种,但在中国古代,"文字"一词用来专指"汉字"。进入现代以来,"文字""汉字"两个术语有了明确的区分。

汉字起源于图画文字,在数千年的历史发展中,汉字顽强地维护着自己的表意文字特点,不断地为了适应被它记录的汉语而进行了内部调整,成为世界上最古老的、具有严密系统的表意文字。汉字与汉语相互依存,但是从本质上,汉语并不等同于汉字,它们是互有差异的两种符号体系。汉字和汉语既有联系,又有区别,两者之间存在着辩证关系。

汉字学又称"汉语文字学",它是汉语言文字学的一个门类,主要研究汉字的形成、发展、特点和性质,分析汉字的构成及其形、音、义之间的关系,研究有关汉字改革与应用的各种问题。我国习惯上也称为"中国文字学""文字学"。

文字学是语言学的分支学科,以文字为研究对象,研究文字的起源、发展、性质、体系,文字形、音、义的关系,正字法以及个别文字演变的情况,以揭示文字的发生、存在和发展的规律,即研究文字和语言的关系、不同类型文字的结构系统及其书写形式和规则、文字发生和发展的历史等。

文字学与汉字学既有联系又有区别,但"汉字学"这一名称更符合术语简明性的要求。

汉字学研究的对象就是汉字,从时间上来说,有历史汉字学、现代汉字学和外族汉字学;从内容上来看,它有四个方面的分支:汉字构形学、汉字字源学、汉字字体学、汉字文化学。

学习汉字学有助于正确理解古代文献,有助于研究语言学其他门类,有助于了解古代的物质文化和社会习俗,有助于语文教学,有助于汉字的规范化。

 思考与练习

1. 简述世界三大古老文字。
2. 简述"文字"和"汉字"的关系。
3. 评述"汉字落后论"的观点。
4. 论述文字学与汉字学的关系。
5. 简述学习汉字学的意义。

本章主要参考文献

[1] 班吉庆.汉字学纲要[M].南京:江苏古籍出版社,2001.
[2] 陈志明,赵变亲.汉字学基础[M].北京:中国书籍出版社,2002.
[3] 黄德宽,陈秉新.汉语文字学史[M].合肥:安徽教育出版社,2006.
[4] 蒋善国.汉字学[M].上海:上海教育出版社,1987.
[5] 刘志成.汉字学[M].成都:天地出版社,2001.
[6] 吕浩.汉字学十讲[M].北京:学林出版社,2006.
[7] 沙宗元.文字学术语规范研究[M].合肥:安徽大学出版社,2008.
[8] 苏培成.现代汉字学纲要[M].北京:北京大学出版社,1993.
[9] 孙钧锡.中国汉字学史[M].北京:学苑出版社,1991.
[10] 唐兰.中国文字学[M].上海:上海古籍出版社,2005.
[11] 王宁.汉字学概要[M].北京:北京师范大学出版社,2001.
[12] 王凤阳.汉字学[M].长春:吉林文史出版社,1992.
[13] 杨润陆.现代汉字学通论[M].北京:长城出版社,2000.
[14] 伊斯特林著,左少兴译.文字的产生和发展[M].北京:北京大学出版社,1987.
[15] 张玉金,夏中华.汉字学概论[M].南宁:广西教育出版社,2001.
[16] 周有光.现代汉字学发凡[J].语文现代化(丛刊)第2辑.北京:知识出版社,1980.

第二章　汉字的起源

┃本章导读┃......

目前所知最古老的成体系汉字是商代的文字,包括甲骨文、金文、陶文等。甲骨文已经是非常成熟的汉字体系。在甲骨文之前,汉字必定有一个相当漫长的发展过程,这个过程究竟如何?汉字的最初形态是什么?这是本章所要讨论的主要问题。

┃学习目标┃......

通过对本章内容的学习,学生应该了解汉字起源的相关传说;理解汉字起源与八卦、结绳记事、契刻之间的关系;能够根据各种相关材料考察汉字的起源过程,分析史前刻画符号与汉字起源的关系。

第一节　汉字起源的传说

一、关于汉字的创制者

关于汉字的创制者,文献中有许多记载。

(一)仓颉、沮诵造字

战国以来,盛传汉字是由一个叫仓颉(或写作苍颉,或称作史皇、颉皇)的人创造的,如:

《吕氏春秋·君守》记载:"奚仲作车,仓颉作书,后稷作稼,皋陶作刑,昆吾作陶,夏鲧作城,此六人者所作当矣。"

《韩非子·五蠹》:"仓颉之作书也,自环者谓之私,背私谓之公。"

《淮南子·本经训》:"仓颉作书而天雨粟,鬼夜哭。"

《说文解字·叙》:"仓颉之初作书也,盖依类象形。"

《帝王世纪》曰:"黄帝垂衣裳,苍颉造文字,然后书契始作,则其始也。"

《淮南子·修务训》记载:"史皇产而能书。"高诱注:"史皇仓颉,生而见鸟迹,知著书,故曰史皇,或曰颉皇。"

也有一类文献记载,有一个叫沮诵的人,跟仓颉一起创造了文字,如:

《世本·作》(陈其荣增订本)云:"黄帝之世,始立史官。苍颉、沮诵居其职矣。(《初学记·二十一》)注云:'黄帝之时,仓颉为左史,沮诵为右史,苍颉作书(《尚书·序》正义),苍颉作文字。注云:'苍颉,黄帝之史。'(《周礼·外史》疏)沮诵、苍颉作书。宋衷注曰:'沮诵、苍颉,黄帝之史。'"

《卫恒·四体书势》:"昔在黄帝,创制造物。有沮诵、仓颉者,始作书契以代结绳,盖睹鸟迹以兴思也。因而遂滋,则谓之字……"

可见很多文献都记载了沮诵、仓颉为黄帝之史以及仓颉作书,少数提到沮诵造字。

如何看待"仓颉造字"之类的传说,《荀子·解蔽》的阐述可能最接近历史的事实:"好书者众矣,而仓颉独传者,一也。"荀子认为,善于书写的人很多,而只有仓颉一人的名字得以流传,其原因是他专注于文字的创造和整理,对文字的流传起到了特别重要的作用。世界上的很多民族,都习惯于把某个伟大的发明归功于一个传奇人物,或者鬼神、帝王。《韩非子·五蠹》《淮南子·本经训》《说文解字·叙》即属此类观念的反映。像任何事物的产生一样,文字的起源与发展也有一个过程,而且是一个漫长的历史进程,绝不可能一蹴而就,由某一位圣人灵机一动,一夜之间就创造出成熟的文字。同时,文字的产生是社会发展到一定历史阶段的结果,有其经济的、技术的、文化的、思想的基础,是由社会发展的需要决定的。文字是集体智慧的结晶,传说中的英雄人物在文字的创制和流传过程中起

仓颉画像

到了特别重要的作用。因此可以做一个推测,就是仓颉在创造和整理文字的过程中起到了非常重要的作用。沮诵与仓颉同时作为史官,起到了辅助作用。

世界上另外两种古老的文字:苏美尔楔形文字和古埃及的象形字,也有类似的传说。苏美尔神话《伊楠娜与恩基》中,智慧神恩基控制着"书写术"。关于古埃及文字起源的传说,目前有两个比较完整的版本,一个是《图特赞美诗》,一个是《斐德罗斯》,两者都把图特神视为文字的创造者。传说图特神是一个鸟头、人身的神,他接受了神的启示,教人们书写、计算和历法。[①]所不同的是,苏美尔人和埃及人认为是神创造了文字,而中国的传说则认为是史官仓颉创造了文字。这些传说的共同点就是认为文字是由个体创造。这是不符合历史事实的。

(二)关于汉字产生时间的推测——基于"仓颉造字"传说

目前所知,最早的关于汉字起源的明确记载出于战国时代。如《韩非子·五蠹》:"仓颉之作书也,自环者谓之私,背私谓之公。"彼时距离汉字起源的时间已久,所以我们只能推测汉字产生的大概时间。对于仓颉的身份,据史书记载,有人说他是一位史官,有人说他是一位上古之王。

《汉书·古今人表》:"仓颉,黄帝史。"

《尚书正义》云:"仓颉,说者不同,故《世本》云:仓颉作书;司马迁、班固、韦诞、宋忠、傅玄皆云:仓颉,黄帝之史官也;崔瑗、曹植、蔡邕、索靖皆直云:古之王也;徐整云:在神农黄帝之间;谯周云:在炎帝之世;卫氏云:当在庖牺苍帝之世;慎到云:在庖牺之前;张揖云:仓颉为帝王,生于禅通之纪。"

可见,多数人认为仓颉生活的年代大约是在炎帝、黄帝之间。基于此传说,可以推测,汉字可能最晚就产生于这一阶段。

---

① 拱玉书,颜海英,葛英会.苏美尔、埃及及中国古文字比较研究[M].北京:科学出版社,2009.

二、与汉字起源相关的原始记事方法

(一)结绳记事

很多文献在记录文字产生过程的时候,往往提到结绳记事。

《易·系辞》:"上古结绳而治,后世圣人易之以书契。"

《庄子·胠箧》:"昔者容成氏、大庭氏、伯皇氏、中央氏、栗陆氏、骊畜氏、轩辕氏、赫胥氏、尊卢氏、祝融氏、伏羲氏、神农氏,当是时也,民结绳而用之。"

《说文·叙》:"……及神农氏,结绳为治,而统其事。庶业其繁,饰伪萌生。黄帝史官仓颉,见鸟兽蹄迒之迹,知分理可相别异也,初造书契。"具体形式如《易·系辞》正义引郑玄说:"事大,大结其绳;事小,小结其绳。"

《尚书·序》曰:"伏羲氏之王天下也。始画八卦,造书契,以代结绳之政,由是文籍生焉。"

通过这些记载可知,在文字产生之前,人们用结绳的方法来记事,这种记事方法有很大的局限性,于是人们创造文字来代替结绳记事。结绳与文字之间并没有太大的联系。

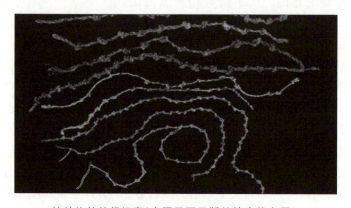

拉祜族的结绳记事(来源于西双版纳档案信息网)

世界上的许多其他民族也曾经用结绳来记事。

生活在秘鲁的印第安人过去曾广泛使用结绳的方法来记事。而且,这种结绳并没有演进成为文字。他们用一根粗绳子做主绳,在上面系上各种颜色不同的辅绳来代表不同的事物,同时又在绳子上打不同的结来代表不同的数字,以达到记事记数的目的。

印加人没有使用像我们传统意义上的文字,却有自己独特的记录系统,只是不用笔墨书写,而是用纱线"纺织",就是用纤维来编制信息。由于常用的编织手法是打结,也就常常被称为结绳文字。结绳文字实际上就是在一些纤维(绳子)上做文章,例如:一根绳子上打一个结表示一,打十个结表示十,意思都是约定俗成的。世界上许多地方都曾有过诸如此类的表意系统,但这种方法所能记录的范围十分有限,一些语言学家认为这种系统还算不上真正的文字。可是印加结绳文字非同一般,在最基本的结绳以外,还使用了许多手段来增加表意功能,因此是结绳文字系统里的佼佼者。

印加的结绳文字长相像一条大号的草裙,一条腰带似的主绳,通常直径为0.5~0.7厘米,上面系着许多细一些的"垂带",目前保存下来的印加结绳总共约有600个,一般都有超过100条垂带,有时甚至多达1500条。这些垂带上还系着更次一级的细绳子,上面打着很多绳结,形成一个有多层次的绳结系统。

据专家解释,这个绳结系统的记录功能,是依靠二元对立的概念来实现的。它并不记录语言,但能会意,大量运用有—没有、是—不是、阴—阳、0—1 这样的对立方法来表意。例如不同的纤维区别意义。同样的绳结,驼羊毛和棉纱表示的意义不同;一段意思,有的要用棉绳打结,有的要用驼羊毛打结,结果形成了棉毛混纺。此外,不同颜色也区别意义,如黄色表示和钱有关,而蓝色又代表别的什么意思,印加人至少用了 24 种颜色来区别意义。这些彩色混纺"裙子"究竟表达了什么意义,现在已经成了不解之谜,由于它不直接记录人类语言,有人认为这种文字只能辅助记忆,并不能想写出什么就写什么。

印加人把这种有记录功能的"裙子"叫作奇普(Khipu)。这些看上去像条美丽裙子的奇普,里面当然记录了许多印加人的历史,其中包括风俗习惯、历史故事、宗教秘密,甚至诗歌、爱情故事。如果仅是这些,奇普这种书也就可以流传至今。不巧的是里面还记录了有关西班牙人的故事,也正是这个原因,美丽的奇普"裙子"——印加纺织书才真正交上了厄运。

印加花裙(来源于新浪论坛)

传说 500 年前,一位刚刚到南美不久的西班牙将军,在印加地盘上见到一个形迹可疑的印加人,鬼鬼祟祟,藏藏掖掖,于是把他抓起来,在他身上搜出彩色棉毛花裙一件。这件花裙里记载了许多关于西班牙人的故事,这些故事里把西班牙人来到印加的前后经过和功过优劣统统记录在内。这位将军立即将花裙烧毁,并重重处罚了这位印加人。

从此,皮萨罗的西班牙人知道这"花裙"里面记着自己所不知道的内容,于是见了"花裙"就烧,直到把所有印加花裙烧尽为止。

印加纺织的"花裙"系列属于印加文化的精华部分,并没有普及到家喻户晓,只为少数专家所掌握。这套技术现今已无人继承,成了个别学者终生研究的课题。[①]

有人认为结绳记事与文字产生有关,具体可参看本节"契刻"部分。

(二)八卦

在记录文字产生的文献当中,常常把八卦与文字并提:

《尚书·序》曰:"伏羲氏之王天下也。始画八卦,造书契,以代结绳之政,由是文籍生焉。"

《周易·系辞下》:"古者庖牺氏之王天下也,仰则观法于天,俯则观法于地,观鸟兽之文与地之宜,近取诸身,远取诸物,于是始作八卦,以通神明之德,以类万物之情……上古结绳而治,

---

① 徐振亚.秘鲁旅行笔记[M].南昌:江西美术出版社,2009.

后世圣人易之以书契,百官以治,万民以察,盖取诸夬。"《说文解字·叙》有一段与之几乎完全相同的内容,就源于此。

汉代有人认为八卦是一种文字,如《乾凿度》:"☰,古文天字。☷,古文地字。☲,古文火字。☵,古文水字。☴,古文风字。☳,古文雷字。☶,古文山字。☱,古文泽字。"

后人多加以申述的是"☷"。如《易·坤》释文:"坤,本又作巜,巜今字也。"《左传·昭公二十九年》:"其坤曰,见群龙无首。"《释文》作"巜",云"本又作坤。"《广雅·释诂》:"巜,顺也。"又"巜,柔也。"《后汉书·舆服制》:"黄帝、尧、舜垂衣裳而天下治,盖取诸乾巜。"是"坤"亦作"巜"。郑樵在《六书略》中对"巜"为"坤"进行了解说:"坤卦之☷,必纵写而后成'巜'字。"即他认为"巜"为"☷"之变,明"☷"为古"坤"字,即古"地"字。"巜"字在石刻文字中有作"巛""巛""川"诸形者,其实是"川"字;《玉篇》"坤"字条下无"巜",而"川"字条下有"巜"字,文献中假借"川"作"坤"。

认为卦形符号是文字的另一个证据是水卦符号"☵"。"☵"与汉字中的"水"有相似之处,古文字中的"水"经常写作"〰",水平放置作"〰",与卦形符号"☵"相似。但古文字中的"水"鲜有作平卧放置的,在《说文》中只有"益""频"的小篆字形所从的"水"作平卧放置。特别是在出土的先秦铜器和竹简文献中,卦符都是由数字符号组合而成的,因此说"☵"即古"水"字并没有充足的证据。

因此,我们认为上述八卦符号与文字没有什么直接联系。

(三)契刻记事

这里首先要明确区分两个概念,一是"契刻符号",一是"文字"。文字就是一种符号,在书写手段不发达的时代,文字常常用契刻的方式表现,如甲骨文。从这个角度来说,文字就是契刻符号。但是有另外一类契刻符号,比如下文将要提到的,刻"3"形符号一个,代表100元等,这些符号不能称之为文字,在本章节中,我们把这类区别于文字的符号称为"契刻符号"。

古代文献中常常"书契"并提,如上文提到的:

《易·系辞》:"上古结绳而治,后世圣人易之以书契。"

《帝王世纪》曰:"黄帝垂衣裳,苍颉造文字,然后书契始作,则其始也。"

《尚书·序》曰:"伏羲氏之王天下也。始画八卦,造书契,以代结绳之政,由是文籍生焉。"

"书"指"文字","契",甲骨文作"𭥆",意为用刀契刻。"书"和"契"的区别主要在于书写工具不同,"书"用毛笔,而"契"用刀。"书"和"契"的内容可能也不同。"书"的内容包括生活的各个方面,是真正的文字。而"契"的侧重点是一些比较简单的表达特定含义的刻画符号。可以记数目或者其他简单事件,多数指买卖、债务等券契。如:

《释名·释书契》:"契,刻也,刻识其数也。"

《列子·说符》:"宋人有游于道,得人遗契者,归而藏之,密数其齿。告邻人曰:'吾富可待矣。'"

无论结绳还是契刻,都必须借助语言的解释,因而它们都不是文字;同时,结绳和契刻的符号意义,都是当事人临时约定的,离开这个范围,便失去了意义。契刻的齿可以代表财富的计数,但契刻本身并无固定的价值。所以《列子》中记载的宋人是非常可笑的。

北京民族文化宫陈列过西盟佤族的两件木刻。莫阿寨艾给向艾草借鸦片烟60两,言明年利30两,双方"打木刻"为凭。木刻一端刻60道,另一端刻30道,分别代表本钱和利钱,每遇10道,划"×"形符号一个,表示整数,然后一刻为二,各执其一。后来艾给无力还账,艾草又送去木刻一个,一端刻五个小缺口,表示"如你不能还清,我要来拉走牛一头或小孩一个"。这是以木刻催债。

红河哈尼族典当土地契约木刻,除了一般的缺口或刻道外,还出现了各种符号。中央慰问团收集到这样的一件木刻:一根圆形木棒,长20厘米,正面刻"＊"形符号一个,代表100元,一个"×"符号代表50元,两个"｜"形符号各代表10元,五个圆点各代表1元,表示典价为滇币175元。另外一侧各刻三个圆点,代表双方中证人三人。木棒从中一剖为二,当事人双方各执其一。这是以木刻为契约。

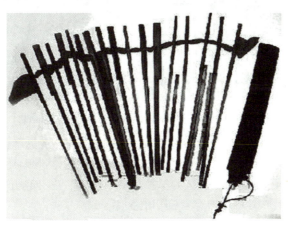

基诺族刻木记事(来源于云南档案信息网)

福贡人民政府曾收到来自贡山的一件木刻。一端交叉形符号"×"表示相会;另一端刻一圆圈"○",代表一个凳子;上边刻三缺,代表三个人;下边刻二缺,代表两件东西。木刻的意思是:"你们派来的人我们已经相会,带来两件东西也已收到;派我两个弟弟及一个随从共三人去你处,送你一个凳子。"这是以木刻写信。①

这些契刻符号离开特定的语言环境都是毫无意义的。

现在我国的某些少数民族还是只有契刻符号而无文字,而且这些契刻符号并没有进化成文字。也可以从旁证明文字跟契刻的本质区别。如:基诺族,云南独有的少数民族。主要聚居在西双版纳州景洪市所属基诺乡和猛哇乡,现今总人口11000多人,语言属汉藏语系藏缅语族彝语支。没有形成其他支系,无文字。基诺族主要靠刻木来记录一些重要的事件。

这些材料都能说明契刻符号和文字是两个不同的体系。有文字的民族和无文字的民族都曾经使用契刻记事的方法。有文字的民族,将契刻作为辅助交际手段;无文字的民族,其契刻最终也未能演进成文字。

此外,《周易·系辞》郑玄注云:"书之于木,刻其侧为契,各持其一,后以相考合。"也说明"书"与"契"的不同。

然而文字与契刻符号之间也不是完全没有联系,它们往往同时作为人类的交际工具,某些文字形体的创制可能受到契刻符号的启发。

有人认为结绳和契刻两种记事方法与文字产生有关。如古文字学家唐兰就认为,用绳子在一个骨筹上缠绕,横绕一道代表"一",横绕两道代表"二",横绕三道代表"三",横绕四道代表"四",绕成"×"字形代表"五",绕成"∧"字形代表"六",绕成"十"字形代表"七",绕成"八"字形

---

① 陈五云.从民俗看文字的起源[J].天津师范大学学报,1999(06).

基诺族的刻木记事(来源于西双版纳档案信息网)

代表"八",竖绕一道代表"十"。用刻画的笔道代替缠绕的绳子来记事就是契刻记事。出土的仰韶时期的骨契上发现有刻画成"Λ""×"字形的(见其《中国文字学》)。

上述缠绕绳子的形状及刻画符号确实与古文字中一、二、三、四、五、六、七、八、十字的形状相似,古汉字中的数目字可能与它们有着密切的关系。

第二节 与汉字起源有关的考古发现

"仓颉造字"只是一个传说,精密复杂的汉字系统,不可能由个人创造。结绳、八卦和汉字之间也没有必然联系。甲骨文是目前我们所能见到的最早的完整汉字体系。研究汉字的产生,需要通过现有文字材料并结合早期刻画符号进行分析。

一、贾湖龟甲刻符

贾湖遗址位于河南漯河市舞阳县北舞渡镇贾湖村,遗址南距舞阳县城 22 千米。1983—2001 年,河南省舞阳县贾湖新石器时代遗址曾先后进行了 7 次科学发掘。根据历年来多个样本的碳十四测年数据和释光测年数据的综合分析结果,贾湖遗址第一期的绝对年代为距今 8500~9000 年,第二期为距今 8000~8500 年,第三期为距今 7500~8000 年。《发掘简报》指出:"……发现了包括迄今所知世界最早的五声至七声音阶骨笛……最早的用龟现象以及最早的具有文字性质的甲骨契刻符号等。"[①]目前掌握的契刻符号有 16 例,分别刻于 14 件甲、骨、石、陶器上,共同特点均是刻画而成。[②] 有人认为有 20 例,如下图所示。[③]

[①] 河南省文物考古研究院,中国科学技术大学科技史与科技考古系,舞阳县博物馆.河南舞阳县贾湖遗址 2013 年发掘简报[J].考古,2017(12).

[②] 河南省文物考古研究院,中国科学技术大学科技史与科技考古系.舞阳贾湖(二)[M].北京:科学出版社,2015.

[③] 刘志一.贾湖龟甲刻符考释及其他[J].中原文物,2003(02).

第二章 汉字的起源

贾湖刻符

目前,世界上公认最早的文字是出现在古代中东地区的楔形文字,距今 5000~6000 年;学界公认的中国最早的古文字是商代中晚期的殷墟甲骨文,距今不过 3300 年左右,而贾湖甲骨的年代却距今 7000 年以上。在贾湖遗址出土的遗物中,发现了一些刻画符号。关于这些符号的性质,发掘者认为"具有原始文字的性质,与商代甲骨文可能具有某种联系,而且很有可能是汉字的滥觞"。① 著名古文字学家胡厚宣肯定地认为,贾湖考古发现的契刻符号就是文字。② 北京大学考古文博学院的葛英会也认为"这些符号应该是一种原始文字"。香港中文大学的饶宗颐曾对贾湖刻符及相关问题进行了深入的探讨,细致地对每一个符号进行了考证,并提出"贾湖刻符对汉字来源的关键性问题,提供了崭新的资料"。而以著名古文字学家裘锡圭为代表的学者的意见却相对谨慎得多,他们认为这些符号肯定是当时的人们有意识刻画的,但不能确证为文字。

贾湖契刻符号发现之后,张居中和李学勤教授等合作撰写的《The earliest writing Sign use in the seventh millennium BC atJiahu, HenanProvince, China》一文在英国《古代》(Antiquity)杂志发表,引起国内外一些媒体的关注,国外感兴趣的学者在《科学》网站进行了讨论,BBS 专门报道了讨论情况。不少学者对此持审慎态度。原因之一,是这些刻符大多为单字,难以判断其记录了什么内容。原因之二,贾湖遗址距今 7000 年以上,早于安阳甲骨文四五千年,居然有与之如此接近的字形,其书写方式和字形基本结构等也有很高的相似性,让人难以置信。

据《科学》网站报道,一些西方学者对这些刻符和文字之间的关系持怀疑态度。美国波士顿大学的考古学家 Robert Murowchick 就说:"这里并没什么新东西。"他和其他一些学者拒绝接受这些看似简单的几何符号与早期的文字存在某种必然联系的观点。Murowchick 表示"文字的发展当然有一个漫长的过程,但没有证据显示这些龟壳就是其中关键的一环。"③

专家们的分歧并不意外,有关中国文字的起源,在学界一直是一个颇具争议的问题。殷墟甲骨文发现之后,人们总是在猜测,在如此成熟的文字系统出现之前,一定有其源远流长的创制过程。

贾湖甲骨刻符与殷墟甲骨文之间,有可能是一脉相承的。刻画符号的发现,在史前考古报告中并不鲜见。如仰韶文化、崧泽文化、大汶口文化出土的陶器上都出现了刻画符号。贾湖遗址发现的刻画符号与殷墟甲骨文相比较,两者在年代上相距四五千年,比西安半坡仰韶文化陶器上的刻画符号和山东大汶口文化陶器上的刻符早两千年。从贾湖契刻符号的形体来看,不

---

① 河南省文物考古研究所.舞阳贾湖[M].北京:科学出版社,1999.
② 胡厚宣.要找寻炎黄时代的古文字[J].炎黄春秋,1993(01).
③ 张居中.贾湖刻画符号的发现与汉字的起源[N].中国文物报,2003-12-5.

少与安阳殷墟甲骨卜辞和金文的字形近似。如：

贾湖刻符	甲骨文	金文
⬬	⬬ 目	⬬ 目（屮目父癸爵）
日	日 日	⊖ 日（服尊）
一	一	一（舀鼎）
二	二 上	二 上（启卣）
八	八	八（静簋）
◇	ψ 心	ψ 心（獣簋）
田	田 田	田 田（扬簋）
工	工 工	工 工（免卣）

这些甲骨契刻符号，多载于随葬的带孔龟甲甲版上，与安阳殷墟甲骨文有诸多相似之处。一是书写工具相同，皆以利器为工具把符号刻在龟甲、骨器上；二是地域相近，舞阳县和安阳的直线距离只有 300 千米左右；三是这些刻符象形程度较高，与甲骨文、金文多有类似。从这些现象看来，殷墟的甲骨卜辞可能与此一脉相承。过去发现的新石器时代晚期刻画符号，例如仰韶文化半坡类型的符号，极少有象形的；大汶口文化陶器和良渚文化陶器、玉器的符号，则象形因素较多，因而不少学者认为是原始文字。就这一点而言，贾湖这些符号与真正的文字更为接近。

但是仅从这些零星的刻符就断定它是文字，略显证据不足。一种成熟的文字应该具备固定的形、音、义，同时还要与语言相联系，也就是能组合起来表达一定的意义。而贾湖甲骨刻符的音、义都难以考证，而且这些符号大多是单独出现，也就不可能有上下文。同时，这些符号的数量有限，现在还不能断定它是成体系的。有关考古工作者也认为，以安阳殷墟甲骨卜辞为标志，中原地区在我国古代率先进入了有文字的历史时期。但在形成这种体系已经较完整和成熟的文字之前，我国文字从发端到成形必然有一个漫长的发展历程。贾湖刻符很有可能是汉字的来源之一，但它还未发展为成熟的文字。

二、安徽双墩刻符[①]

双墩遗址出土的文化遗物距今 7000 年左右，是目前淮河中游地区已发现的年代最早的新石器时代文化遗存。1986 年，安徽双墩古文化遗址开始试掘，至 1992 年三次发掘出土了 600 余件刻画符号，是我国目前出土刻画符号最多的一处新石器时代遗址。出土数量如此之多，在中国新石器时代遗址中是比较罕见的。双墩刻符不仅数量多，内容丰富，而且形体结构也比较复杂。这些刻符从内容上可以分为象形符号、几何符号和含义不明的刻画痕迹，这里为了表述的方便，都称之为刻画符号。其中，象形符号共 124 例，几何符号 292 例，其他 217 例，共计 633 例。

[①] 本节所有图片均来自安徽省文物考古研究所，蚌埠市博物馆编.蚌埠双墩——新石器时代遗址发掘报告[M].北京:科学出版社,2008.

• 第二章 汉字的起源•

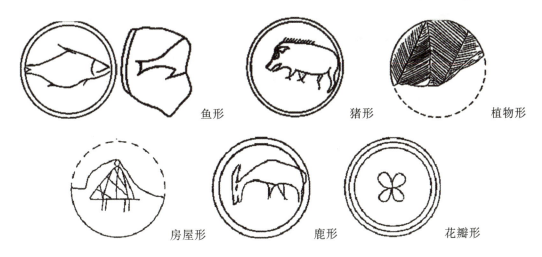

双墩符号·第一类·象形符号

双墩遗址符号基本上都是刻画在陶碗的外圈足内,只有少数符号刻画在豆圈足内或碗的腹部等器物的不同部位。

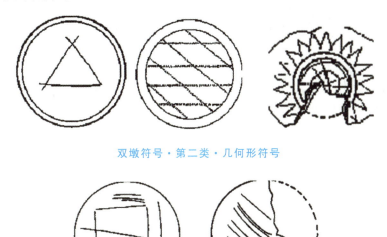

双墩符号·第二类·几何形符号

双墩符号·第三类·含义不明的刻画痕迹

以新石器时代刻画符号来探索文字的起源,是学术界研究的重要课题。2005年11月12日至13日,召开了"蚌埠双墩遗址暨双墩文化学术研讨会"。北京大学教授李伯谦认为:"双墩刻画符号数量大、内容丰富、时代早,在研究文字起源形成这一学术问题中具有不可替代的地位。"黄德宽指出:"双墩符号已进入表达观念的阶段;具有文字书写特点;在不同遗址中出现,符合文字固定形态和文字社会性;多种组合符号具有表达复杂和完整的情节的特点,表意功能强;符号内容多样,既有物象,又有意象,体现了'仰观象于天,俯则观法于地,观鸟兽之文,与地之宜,近取诸身,远取诸物'的文字特征;体现淮河流域先民对生活、环境和宇宙地理观察的深层次的思想观念;具有可解读性。"李修松认为:"符号数量多,内涵丰富,结构复杂,不少符号反复出现,使用频率高,具有明显的记事性质和表意功能以及可解释性,是中国文字起源的重要

23

源头之一。"任式楠说:"符号种类繁多,在国内同时期文化遗存中是独一份。刻画在器底,具有神秘性。符号复杂应为少数特殊人物掌握,可能与某种仪式有关。"葛英会认为:"符号可以称为后来汉字的先驱。双墩符号是目前我国发现的新石器时代刻画符号中内容最丰富的一批,符合构成汉字的象形符号,是在当时人类对世界的观察和对自然环境的认识基础上产生的,对文字学研究和原始社会学的研究有着重要意义。"王永波认为:"符号数量大,内容丰富,是中国文字起源的一个重要的源头。符号多出现在碗底,应该有更重要的作用和意义。"李学勤认为:"双墩符号年代这么早,在发掘面积这么小的范围内出土大量的刻画符号,特别令人惊奇,这简直是过去不能想象的,在整个世界古代文明研究中和世界考古学上也是极为罕见的。这些发现不仅对探讨中国文字起源以及文明起源的问题,有着非常重大的意义,而且使文字起源的学术理论有了一次重新检讨的机会。不仅对这个地区,对中国,而且对整个人类文字起源问题应该怎样去研究,通过什么样的方法和途径,遵照什么样的理论和学说来研究,给了一个考量和反省的机会。"[①]通过分析这633个刻画符号,可以得出以下一些结论:

猪形(91T0620:15)　　　　　　　　　　　植物形(91T0621:86)

其一,这些符号是有意识刻画的,有特定的目的,可以表达一定的观念。

其二,象形类符号简单却传神,显示出高超的技巧,说明当时人们已经具备了创制和使用文字的智力水平。

其三,象形类符号只有124例,而且多重复,几何类和其他残破的或者难以分析的刻画痕迹占大多数,这些刻符和真正的文字还有一段距离。但是,文字已于那个时候开始起源了。这些象形符号就是原始文字的来源之一。

三、仰韶、崧泽、良渚、龙山、马家窑等文化遗址发现的刻符

这些刻符性质相同,故而放在一起介绍。

仰韶文化指在西安半坡、临潼姜寨、零口、垣头、长安五楼以及铜川李家沟等地出土的遗址,距今6000多年。从这一文化遗址中出土的陶器上带有一些刻画符号。

郭沫若、于省吾、李孝定、陈炜湛等学者认为半坡陶文是中国文字的起源,我国有文字的历史已有6000年之久。

---

① 安徽省文物考古研究所,蚌埠市博物馆编. 蚌埠双墩——新石器时代遗址发掘报告[M]. 北京:科学出版社,2008.

• 第二章 汉字的起源•

半坡遗址所出陶符

零口、垣头、莘野、李家沟、五楼遗址所出陶文
(第一、二个陶符为零口所出,第三个陶符为垣头所出,第四个陶符为五楼所出,
第五个陶符为莘野所出,第六至十三个陶符为李家沟所出)

姜寨文化陶器刻符

1960年至1961年,上海市文物管理委员会在上海市青浦县(现青浦区)崧泽村进行考古发掘,从出土陶器中发现,在个别器物的肩部,有刻画符号,共4种。它的时代,据出土的人骨经碳十四测定,为公元前"3911±213"年与公元前"3233±140"年。

25

良渚文化是我国江浙地区一种新石器时代文化,年代为公元前2600—2150年。1936年首次发现于浙江省余杭县(现余杭区)良渚镇,它分布在长江下游太湖周围。在良渚镇遗址出土的陶器中,共发现陶符9种。1960年与1966年上海市文物管理委员会先后两次在上海马桥镇遗址发掘,该遗址的第五文化层属于良渚文化系统,在出土陶片中发现4种符号。

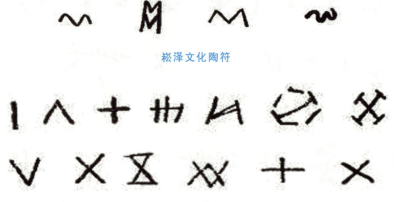

崧泽文化陶符

良渚文化陶器刻符

据目前所知,在全国龙山文化遗址出土的陶器和陶片中,有刻画符号共4种,年代在公元前2500年左右。

马家窑文化主要分布在甘肃西部洮河流域与青海东部湟水两岸的黄土高原地带,年代在公元前2600年左右。

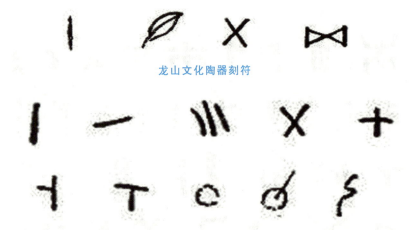

龙山文化陶器刻符

马家窑陶器刻符

上述仰韶、崧泽、良渚、龙山、马家窑等文化遗址中发现的陶符,皆属于新石器时代晚期的遗物,它们的形体一般都比较简单。进入商代以后,虽然汉字日臻成熟,但陶符仍继续出现。如河南偃师二里头早商遗址出土陶片,共发现24种符号。郑州南关外发现9种,二里冈发现18种。这些遗址出土的陶符,绝大部分刻在大口尊的内侧。陶符自新石器时代仰韶文化开始,中间经过商代,直到春秋战国时期仍然继续出现,不仅始终是每器只用一个符号,而且一直是独立存在,从不和汉字共同使用。自商代到春秋战国时期,汉字已有很大的发展和变化,春秋战国时代的汉字已相当成熟。可是,陶符仍非常原始,形体依然如旧。从而可见,它同汉字不属于同类事物,有本质的差别。①

但是这些符号跟汉字之间绝不是毫无联系,汉字在创制和发展的过程中,可能与这类符号长期并存并受其一定的影响,吸收了其中的一些形体。古文字中的数字"五"跟良渚文化刻符"𐆄"及龙山文化刻符"⋈"就非常接近。

四、大汶口刻符

大汶口文化(公元前4300—前2500年),是新石器时代的典型文化形态。以泰山地区为中心,东起黄海之滨,西到鲁西平原东部,北至渤海南岸,南及今安徽的淮北一带,河南省也有少部分这类遗存的发现。因首先发现于大汶口莒县陵阳河与诸城前寨等遗址,因此把以大汶口遗址为代表的文化遗存命名为"大汶口文化"。在这个文化遗址中发现的彩陶器皿上发现如下刻符:

大汶口刻符

李学勤认为,甲骨文不是最早的汉字,汉字的演变在它以前肯定有一个很长的过程。半坡类型的陶器符号有的简单,有的则相当复杂,接近文字,比如临潼姜寨的一个符号就很像甲骨文的"岳"字。龙山时代的文化、二里头文化的陶器,也发现了不少符号,很像是文字。总的说来,从仰韶文化以来,陶器符号可以说是向甲骨文那样的文字趋近。上面谈到的各种符号,性质如何,学术界尚有不同意见。还有一种陶器符号,大多数学者认为可能是原始文字,这就是大汶口文化的陶器符号。且良渚文化玉器符号已经发现11种,其中5种和大坟口文化陶器符号相同或近似。两者符号的相通,很可能标志着这些符号是原始文字。②高明也把大汶口刻符看作文字。

第三节 汉字的来源

通过对贾湖、双墩、仰韶、崧泽、良渚、龙山、马家窑等地发现的刻画符号的分析,这些符号大体上可以分为两类:一类是象形符号,如贾湖刻符、双墩刻符中的一些象形符号,这类符号跟文字的关系非常密切,很可能是文字起源的最初形态;另一类是不规则的几何符号,这些符号跟文字是不同的两种体系,同时它们跟文字之间也有一定的联系,某些文字可能借鉴了这类符号的一些形体。汉字形体的来源不止一种。

---

① 高明.论陶符兼谈汉字的起源[J].北京大学学报(哲学社会科学版),1984(6).
② 李学勤.走出疑古时代[M].长春:长春出版社,2007.

一、图画

自古就有"书画同源"之说。张彦远在《历代名画记·叙画之源流》中说:"颉有四目,仰观天象。因俪乌龟之迹,遂定书字之形。造化不能藏其秘,故天雨粟;灵怪不能遁其形,故鬼夜哭。是时也,书画同体而未分,象制肇创而犹略。无以传其意故有书,无以见其形故有画,天地圣人之意也。"

早期金文

《说文·叙》也说:"仓颉之初作书,盖依类象形,故谓之文。其后形声相益,即谓之字。文者,物象之本;字者,言孳乳而浸多也。"许慎把汉字分为两种:一种是依类象形的"文";一种是形声相益的"字"。其中"依类象形"指的就是描摹物体之形。而形声相益的"字",其基础也是"文"。早期的汉字——甲骨文和金文,虽然已经是成熟的文字,但其象形程度依然很高,带有很浓的图画色彩。特别是商代和西周早期的金文,这些金文形体,象形程度非常之高。可以看出,汉字中象形程度较高的文字是起源于图画的。我国很多少数民族,甚至世界上很多其他民族都曾经用图画记事,虽然这些图画绝大多数并未能进化为文字,但足以说明图画有很强的记事功能,具备发展成为文字的基础,这些我们可以从下面的原始岩画与坡牙歌书中清楚地看出这一点。

(一)岩画

岩画是指人类在不同的历史时期用石制、金属制或其他工具,用凿刻、磨制、划刻或描绘等方法,在露天的石块、石壁、地面,或在洞窟内的石壁上所制作的各种图形。这些图形包罗万象,有动物、人物、植物、器物和天象、地理、符号、几何图形等。岩画反映了制作者及所属群体的思维方式及特征,反映了他们的生存环境、经济形态、社会形态、宗教信仰等自然和人文的多方面内容。岩画遗址遍布五大洲70多个国家的150多个地区。已被记录的岩画图像超过3500万个。早期岩画出现在旧石器时代晚期。从那时起,直到今天,某些原始部落仍在制作岩画,人类制作岩画的历史延续了数万年。由此可见,岩画是人类社会一个普遍而持久的文化现象,现在,人们可以通过岩画和其他相关线索,重现人类远古的历史,所以,岩画被称为刻在石头上的史书。在没有文字的时代,岩画便成为人类记叙自身历史的主要方式之一,具有很强的记事功能,如阴山岩画、宁夏岩画等,因而极有可能是文字起源的基础。

• 第二章 汉字的起源 •

宁夏岩画

岩画中的一些图像跟中国古文字极为类似，试比较下列岩画与古文字字形。

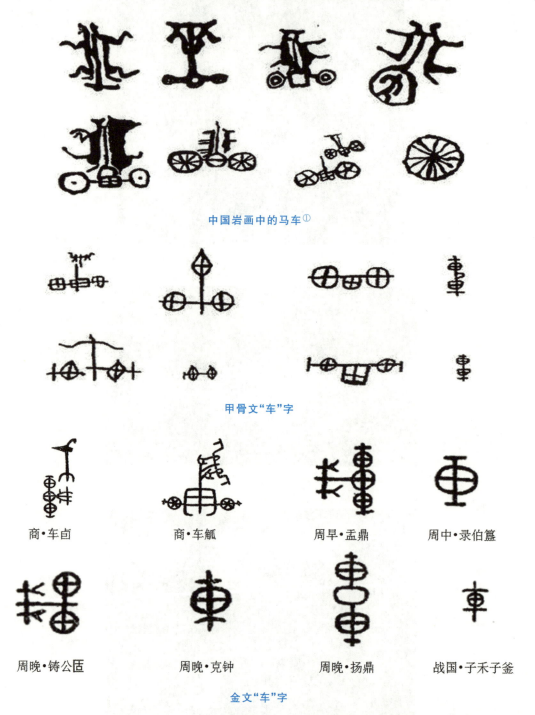

中国岩画中的马车①

甲骨文"车"字

商·车卣　　商·车觚　　周早·盂鼎　　周中·彔伯簋

周晚·铸公臣　　周晚·克钟　　周晚·扬鼎　　战国·子禾子釜

金文"车"字

---

① 宋耀良.中国岩画与甲骨文、金文[J].文艺理论研究,1992(3).

阴山和乌兰察布草原岩画中的舞人

甲骨文中的"舞"字

(二)坡芽歌书①

2006 年,富宁县对全县壮族文化资源进行全面普查时,在剥隘镇坡芽村发现了"坡芽歌书",原件为一块画有 81 个奇特图画符号的土布。当地村民称之为"布瓦吩"。壮语中的意思是"把花纹图案绘在土布上的山歌",翻译成汉语即为"歌书"。据持有者介绍,这是祖传的一份歌书,上面记载了 81 首壮族情歌。这 81 个符号,一是形固定,歌书的书写符号相对抽象而固定,用一个符号记录好几句话;二是音固定,这音不是一个字音,而是一首歌;三是义固定,其内涵丰富。在距离坡芽村较远的归朝镇,一些歌手还能识别一半以上的符号。这说明坡芽歌书并不是坡芽村的专利,它拥有一定范围的使用人群。遗憾的是,调查组没能发现第二份歌书的样本,也没能找到别的符号。

通过上述分析,坡芽歌书是介于图画和文字之间的图画文字。首先,它初步具备文字的特点,具有固定的形、音、义;还有一定的使用范围。但是,这些歌书符号只用于书写歌书,没有其他用途,且数量有限,很难说它是真正意义上的文字。这种介于图画和文字之间的符号,却正好可以证明文字和图画之间的密切关系,也可为汉字来源于图画提供佐证。

二、原始刻符

上文提到的贾湖刻符中的"一""八",跟汉字中的"一""八"一样。良渚文化刻符中的"∧""X""十",跟汉字"六"、"五"、"七"的最初写法相同。龙山文化刻符中的"⋈"跟汉字"五"的最初形体也相同,甲骨文中即可见到这种写法的"五"。学者们比较一致的观点是,古汉字中这些数字的写法很有可能是吸收了史前陶器刻符的形体。陶器刻符并不是随意刻画的,而是有一定目的,表示某种含义,文字从这些符号中吸取一些成分是非常有可能的。

三、结论

考察文字起源与发展的历史进程,可以得出以下结论:

---

① 孙伯君.富宁壮族"坡芽歌书"首引海外关注[N].中国社会科学院报,2009-2-17(001).

坡芽歌书

  汉字的产生有着复杂多样的来源,其最主要的来源是原始记事图画。在图画的基础之上进行抽象成为象形文字。象形文字又构成了其他类型文字的基础。在文字产生之前,先民把图画作为记事的主要手段之一,这在世界的岩画系统中可以明显地看出。古文献中也有相应的记载,如《说文·叙》说:"仓颉之初作书,盖依类象形,故谓之文。其后形声相益,即谓之字。文者,物象之本;字者,言孳乳而浸多也。"加之早期汉字甲骨文、金文高度的象形化,据此推测,汉字是起源于图画。

  部分文字形体来源于原始刻符。

  在文字产生之前,结绳曾作为一种重要的记事手段,其表意功能非常强大,如印加人的"奇普"和中国境内一些民族用过的结绳记事。结绳中的某些形态可能启发了某些数目字的产生。

  人们把记事的图画、刻画符号等一切可以利用的元素进行加工整理,经过漫长的历史过程,积少成多,逐步创造了汉字。在汉字创制过程中不乏一些杰出人物,比如"仓颉""沮诵"等,他们曾对汉字进行加工整理,对汉字的形成起到了重要的推进作用。

  自贾湖契刻符号到商代甲骨文,至少经历了4000多年的历程。商代甲骨文之前的汉字体系究竟如何,目前还没有可以说明的材料。

本章小结

  本章介绍了古代文献中对汉字起源的传说和相关记载。逐一分析了结绳、八卦、契刻和汉字起源的关系。根据对早于甲骨文的几种与汉字相关的考古材料的分析,得出汉字的主体起源于图画的结论,而且汉字形体的来源不止一种。

思考与练习

既然汉字早在甲骨文之前就已经存在并发展了,而且史前陶器、玉器等上面都发现了各类刻符,为什么没有见到早于甲骨文的汉字?

本章主要参考文献

[1] 安徽省文物考古研究所,蚌埠市博物馆.蚌埠双墩——新石器时代遗址发掘报告[M].北京:科学出版社,2008.
[2] 陈五云.从民俗看文字的起源[J].天津师范大学学报,1999(06).
[3] 盖山林.阴山岩画[M].北京:文物出版社,1985.
[4] 高明.古陶文汇编[M].北京:中华书局,1990.
[5] 高明.古文字类编[M].上海:上海古籍出版社,2008.
[6] 高明.论陶符兼谈汉字的起源[J].北京大学学报(哲学社会科学版),1984(06).
[7] 拱玉书,颜海英,葛英会.苏美尔、埃及及中国古文字比较研究[M].北京:科学出版社,2009.
[8] 河南省文物考古研究所.河南省舞阳贾湖新石器时代遗址第二至六次发掘简报[J].文物,1989(01).
[9] 河南省文物考古研究所.舞阳贾湖[M].北京:科学出版社,1999.
[10] 河南省文物考古研究院,中国科学技术大学科技史与科技考古系.舞阳贾湖(二)[M].北京:科学出版社,2015.
[11] 黄德宽,陈秉新.汉语文字学史[M].合肥:安徽教育出版社,2006.
[12] 李学勤.走出疑古时代[M].长春:长春出版社,2007.
[13] 李学勤.中国古代文明与国家形成研究(第二版)[M].北京:中国社会科学出版社,2007.
[14] 刘志成.汉字学[M].成都:天地出版社,2001.
[15] 裘锡圭.文字学概要(修订本)[M].北京:商务印书馆,2013.
[16] 容庚.金文编[M].北京:中华书局,1998.
[17] 宋衷(汉)注,秦嘉谟(清)等辑.世本八种世[M].上海:商务印书馆,1957.
[18] 宋耀良.中国岩画与甲骨文、金文[J].文艺理论研究,1992(03).
[19] 唐兰.中国文字学[M].上海:上海古籍出版社,2005.
[20] 王宁.汉字学概要[M].北京:北京师范大学出版社,2001.
[21] 徐振亚.秘鲁旅行笔记[M].南昌:江西美术出版社,2009.
[22] 杨润陆.现代汉字学通论[M].北京:长城出版社,2000.
[23] 张玉金,夏中华.汉字学概论[M].南宁:广西教育出版社,2001.
[24] 中国社会科学院考古研究所.甲骨文编[M].北京:中华书局,2004.

第三章 汉字的性质

本章导读

所谓汉字的性质,是指汉字本身与构成汉字的符号之间的形、音、义关系,此问题与文字类型的问题密切相关。文字类型问题的研究始于西方,与西方文字理论相比,中国传统的文字理论更多倾向于汉字本体的研究,着眼点多在汉字本身使用的字符上。

19 世纪末,西方学者首先提出了文字发展三阶段的演化公式,把文字的发展分为图画文字、表意文字和表音文字三个阶段,认为文字的发展演进是由图画进化到表意,再由表意进化到表音。而 Leonard Bloom−field(中国学者多称其为"布龙菲尔德")把文字的发展过程划分为"记事图画、图画文字、表意文字、音节文字、字母文字"五个阶段,汉字位于第三阶段,属于表意文字。西方学者进而认为具有表意属性的汉字是比西方字母文字低级的文字。这些理论传入我国,对我国的汉字学研究产生了重大影响,一些学者先后提出了汉字是象形文字、表意文字、意音文字等各种说法,至今尚没能形成一致的意见。那么,汉字究竟是什么性质的文字?汉字是不是低级的文字?本章拟对此问题进行讨论。

学习目标

通过对本章内容的学习,使学生了解汉字性质的研究背景和研究意义;理解中外学者对汉字性质的各种观点;对汉字性质各种观点所产生的理论基础和理论依据进行讨论;通过对学者所提出的各种观点的分析,形成自己的汉字性质观点。

第一节 有关汉字性质的既有观点

一、文字的性质

自从有了人类,就有了语言,语言是人类诞生的标志之一。文字就不同了,文字是人类文明发展到一定阶段的产物。汉族是世界上具有悠久文明历史的民族之一,汉字是世界上起源很早的一种文字,也是世界上古老文字体系中一直延续使用到现在唯一的文字体系。汉字很早就形成了一套完整成熟的文字体系,具有独特的构形特点,是与汉语特点相适应且迄今为止唯一能够准确记录汉语的符号体系,是在华夏民族文明长期发展过程中自然形成的产物。

所谓汉字的性质,是指汉字本身与构成汉字的符号之间的形、音、义关系。各种文字的字符,大体上可以归纳为三类,即意符、音符和记号。跟文字所代表的词在意义上有联系的字符是意符,在语音上有联系的是音符,在语音和意义上都没有联系的是记号。①

---

① 裘锡圭.文字学概要[M].北京:商务印书馆,1988.

• 第三章 汉字的性质 •

英文是一种表音文字，并不是说英文只有音没有义，而是说构成英文的字符，即26个字母是表音的。比如说"tree"这个单词，既有读音[tri:]，也有词义——树，是由t、r、e、e四个字母（字符）组成的，这四个字母与"tree"之间只有语音上的联系，没有意义上的联系，所以说它是表音文字。同样，汉字虽然也有固定的读音，但这只是文字作为记录语言的符号应有的职能，与文字性质无关。这里讨论的文字的性质是指文字本身所使用的字符的性质，比如"樹"是由"木""尌"两个字符构成的，"木"与"樹"有意义上的联系，所以称之为意符，"尌"与"樹"有声音上的联系，所以称之为音符。"树"是"樹"的简化字，也就是声符"尌"简化为"对"，"对"已经不表音了，"又"是"壴"的简化符号，也不表音，它们在读音和意义上与"樹"都没有联系，所以，"对""又"对于"樹"字来说，都只是记号。

二、有关汉字性质的既有观点

（一）汉字是象形文字

孙诒让在《名原》中曾把汉字发展分为三个阶段：其初汉字如巴比伦、埃及古石刻文，画成其物，全如作绘，这个阶段为"原始象形字"；其次汉字发展为像一般甲骨文那样的"省变象形字"；最后汉字发展为篆书那样截然有别于图画的"后定象形字"阶段。后来，一些人受其影响，认为汉字为"象形文字"，如吴玉章在《新文字与新文化运动》中就认为中国的汉字注重形体，表示一个物件的词，就是这个物件的图形，因此汉字属于象形文字系统。

（二）汉字是表意文字

汉字为"表意文字"的观点源于西方，瑞士语言学家费尔迪南·德·索绪尔在《普通语言学教程》中曾论述世界上文字只有表意、表音两种体系，表意体系的文字一个词只用一个符号表示，而这个符号却与词赖以构成的声音无关。这个符号和整个词发生关系，因此也就间接地和它所表达的观点发生关系。这种体系的古典例子就是汉字。表音体系的文字的目的是要把词中一连串连续的声音模写出来。表音文字有时是音节的，有时是字母的，即以言语中不能再缩减的要素为基础。

上述观点在国内很有影响。张世禄于20世纪40年代在《文字学与文法学》一文中就认为中国文字是介于图画文字和拼音文字两个阶段中间的表意文字：汉字一方面还保持着一些图画文字的遗迹，另一方面却又具有很丰富的标音成分。但是我们既不能纯粹从形体上看出意义，又不能完全依据字体的分析得到确凿的音读，而只是把许多字体作为习惯上各种意义的符号罢了，所以称为表意文字。并认为汉字是现今世界上表意文字的唯一代表。

叶楚强1965年5月12日在《光明日报》上发表《精简汉字字数的根据和方法》一文指出汉字是表意文字：文字符号表达的语言单位，和整句话相适应的就是图画文字；和词或词素相适应的就是表意文字；和音节相适应的就是音节文字；和音位相适应的就是拼音文字。每个汉字基本上是汉语单音节词和词素的记号，必须从这个角度去理解表意文字，而不要以为从汉字字形本身上可以看出汉字的意义来。

20世纪70年代出版的《辞海》在语言文字分册中界定表意文字时提出汉字是表意文字：用一定体系的象征性符号表示词或语素的文字，不直接或不单纯表示语音。通常把古埃及文字、楔形文字和汉字看作表意文字。

35

王力在《正字法浅谈》中也指出汉字的字形、字音和字义三方面是互相联系的,并认为汉字是表意文字,不是表音文字,因为同音的字并不一定同形。

高校一些《现代汉语》教材也认为汉字是表意字,如黄伯荣、廖序东主编的《现代汉语》,胡裕树主编的《现代汉语》等。

王宁在《汉字汉语基础》中明确提出汉字是表意文字,并指出汉字义、形两要素间的本末关系:"早期的汉字是因义而构形的,也就是说,汉字依据它所记录的汉语语素的意义来构形,所以词义和据词而造的字形在汉字里是统一的。这一点,在小篆以前的古文字阶段表现得更为明显。"在《论汉字简化的必然趋势及其优化的原则》一文中,又进一步指出汉字的性质及汉字的形音义三者的关系:"汉字是表意文字。这样定性只是说,汉字是因义构形的,因此,它的形体直接带来的信息是意义,由义而知音。这与拼音文字直接带来语音信息,由音而知义,正好相反。"

孙钧锡在《中国汉字学史》中认为汉字从本质上说是表意符号,因为汉字没有变成字母,它同语言的声音的联系不像拼音文字那样是直接的。

郑振峰在《20世纪关于汉字性质问题的研究》《从汉字构形的发展看汉字的性质》两篇文章中论证了"汉字为表意字"。他认为应该通过文字记录语言的方式,即构形原则,从整个文字构形系统演变规律的角度来判定文字的性质。他指出,汉字是根据语言的意义来构造字形的文字体系,通过构形直接记录语义,间接记录语音,因而汉字为表意体系的文字。

(三)汉字是表音文字

1979年,吉林大学古文字研究室在《古文字研究工作的现状及展望》一文中指出:古代汉字并不是通过它的符号形体本身来表达概念,绝大多数古文字在形体本身与所要表达的概念之间并无任何直接的关系,所以古文字只能是表音文字。后来,上文作者之一的姚孝遂在其《古汉字的形体结构及其发展阶段》一文中进一步指出:"就甲骨文字的整个体系来说,就它的发展阶段来说,就它的根本功能和作用来说,它的每一个符号都有固定的读音,完全是属于表音文字的体系,已经发展到了表音文字的阶段,其根本功能不是通过这些符号形象本身来表达概念的,把它说成是表意文字是错误的。"刘志成在《汉字学》中也支持古文字是表音文字的观点。

周大璞在《假借质疑》一文中也指出:假借的出现,表明汉字已经由象形的图形开始变成标音的符号,这是汉字发展史上从象形表意阶段向表音阶段过渡的开端,值得大书特书。

(四)汉字是拼形文字

张恩普在《汉字的性质、特点与汉字拼写》中认为:早期的汉字是所谓的象形字。后来,象形字满足不了记录语言的需要,就出现了占汉字百分之九十五以上的会意、指示、形声字。这些字往往以象形字或其他独体字为基本图形,通过图形拼合的方式来达到记录汉语的目的。由于基本图形多为形义统一体,所以,汉字的意义一般可由图形拼合表示出来。因此,汉字不是表意文字,而是拼形文字,它具有表意直接、图形整一、结构立体等特点。

(五)汉字是意音文字

徐银来在20世纪30年代曾指出汉字为"音义系文字"(徐银来说转自苏培成《二十世纪的现代汉字研究》)。

周有光先后在《文字演进的一般律》《文字类型学初探》《比较文字学初探》等论著中进一步系统论证了汉字是意音文字的观点。

裘锡圭在《文字学概要》中,从字符的功能入手来探讨汉字的性质。他把各种文字的字符分为意符、音符和记号三大类,跟文字所代表的词在意义上有联系的字符是意符,语音上有联系的是音符,都没有联系的是记号。他认为:一种文字的性质是由这种文字所使用的符号的性质决定的,汉字在象形程度较高的早期阶段(大体上可以说是西周以前),基本上是使用意符和音符(严格说该称为借音符)的一种文字体系;后来随着字形和语音、字义等方面的变化,逐渐演变成为使用意符(主要是义符)、音符和记号的一种文字体系(隶书的形成可以看作这种演变完成的标志)。他还指出:如果一定要为这两个阶段的汉字分别安上名称的话,前者似乎可以称为意符音符文字,或者像有些文字学者那样把它简称为意音文字;后者似乎可以称为意符音符记号文字。考虑到后一个阶段的汉字里的记号几乎都是由意符和音符演变而来,以及大部分字仍然由意符、音符构成,也可以称这个阶段的汉字为后期意符音符文字或后期意音文字。

唐兰在《中国文字学》则以为汉字是含有义符的注音文字。

(六)汉字是语素(词)文字

赵元任提出汉字为语素文字。20世纪80年代,他在《语言问题》一书中提出此说。他根据文字记录语言尺寸的大小,认为汉字是用一个文字单位写一个词素"典型的最重要的例子"。他说的词素其实就是语素。

吕叔湘在《汉语文的特点和当前的语文问题》一文中,按文字代表语言的方式把文字分为三类:一类是音素文字,如英语、法语,一个字母代表一个音素;第二类是音节文字,如日语的假名、阿拉伯语字母,一个字母代表一个音节;第三类是语素文字,它的单位是字,不是字母,字是有意义的。汉字是这种文字的代表,也是唯一的代表。

张玉金在《论汉字的性质》中也认为记录古今汉语的汉字都可以称之为语素文字:古文字阶段的汉字是语素+形意音+图符文字,隶楷阶段的文字是语素+意音区别+字符字。古文字阶段的汉字跟文字画的性质不同,文字画的性质应是章句+形意+图符文字。

持汉字为语素文字观点的学者还有很多,如李荣、朱德熙、苏培成等。

美国语言学家布龙菲尔德最早明确提出表词文字这一名称。20世纪30年代,他在《语言论》中指出,汉字是所谓表意文字,表意文字又是一个很容易引起误会的名称。字并不是代表实际世界的特征"观念",而是代表写字人的语言的特征。因此所谓表意文字不如叫作表词文字或言词文字。

王伯熙在《文字的分类和汉字的性质》一文中认为汉字是表词文字:从文字符号所记录的语言单位这个方面来看,汉字应该属于表词文字,因为它的每个独立字符基本上都是音义结合体,即形、音、义的统一体,是词的书面符号。

词和语素都是音、义结合体,因此,语素文字也好,词文字也好,本质上是一致的。

(七)汉字是语素-音节或音节-语素(词)文字

叶蜚声、徐通锵认为汉字是语素音节文字。他们在《语言学纲要》中指出,每一个汉字基本上记录语言中的一个单音语素;少数语素不止一个音节,只能用几个字表示,但每个字记录一个音节。因此汉字是语素音节文字。

尹斌庸在《给汉字"正名"》一文中认为:一个汉字基本上代表一个语素,从语音上说,一个汉字又表示一个音节。因此把汉字定名为音节-语素文字，或简称为语素文字。

周丹平在《汉字性质思考》中认为汉字字符中音符与意符是以现成字表意和表音，而意符表意又针对语言中最小的意义单位——语素；表音既针对语素，同时又针对音节，因此，汉字应是语素-音节文字。

刘精盛在《论汉字构形的优势和表意文字说的片面性》中认为："表意性是汉字的本质特点之一，但由此把汉字称为表意文字却失之偏颇，因为此说没有反映汉字构形的多重本质属性，汉字应该是在以事物形体揭示词义的象形文字基础上发展起来的有象形、形声、假借三类而以形声文字为主的语素文字兼音节文字。"

高明在《中国古文字学通论》中认为汉字本身既是一个音节符号，又包含一定的词义，汉字不仅每字各代表一个音节，而且还具有独立的词义，所以应该称为"音节词字"。

（八）汉字是意音·语素音节文字

胡瑞昌在《汉字的性质及其前瞻》一文提出此说。指出"意音"指汉字这种符号系统90%以上的符号是意音结合体符号（形声字），少数字是象形字、会意字、指事字。象形、会意、指事字既是表意，又兼含表音，所以这种符号的整个系统是"意音结合体的符号系统"。"语素音节"指的是符号单位所记录的语言单位是"语素"，而"语素"又是以"音节"为单位的。

（九）汉字是表意文字和意音文字的集合

20世纪20年代，沈兼士在北京大学讲授《文字形义学》时把世界文字总括为"意字"和"音字"两类，意字用文字来形容事物的状态，如文字画，楔形文字，中国的象形、指事、会意各字皆是；音字的性质以表示声音为主，如欧美各国通用的拼音文字，中国的形声字皆是。沈兼士把汉字中的象形、指事、会意字归入"意字"，形声字归入"音字"，可见其认为汉字兼有"意字"和"音字"。

李文的《再论汉字的性质》一文，从字符层面讨论汉字的性质，认为汉字在其字符层次上，有意符和音符两个组成单位，汉字是表意文字和意音文字的集合。

（十）汉字是用表意构件兼及示音和记号构件组构单字以记录汉语语素和音节的平面方块型符号系统

李运富、张素凤在《汉字性质综论》一文中认为：汉字是用表意构件兼及示音和记号构件组构单字以记录汉语语素和音节的平面方块型符号系统，表意是汉字构形的主体，同时兼用示音构件和区别性记号构件。可见他是从汉字字符的功能、汉字记录语言及语音单位的尺度、汉字的平面形态三个角度来界定汉字的性质。

（十一）不同发展阶段的汉字性质不同

20世纪初，钱玄同在《汉字革命》一文中提出文字发展三阶段论："汉字的变迁，由象形而变为表意，由表意而变为表音。表音的假借字，和拼音文字只差一间。"其三阶段实际上可以合并为表形（表意）和表音两个阶段。

刘又辛在《汉字发展史纲要》中，把文字的发展分为三个阶段，并将造字法分为三种：表形法、表音法和表形兼表音的方法。他认为，单用表形法造字的阶段是图画文字阶段，属于人类文字发展的第一阶段，象形字、会意字和指事字都是表形字，即图画文字；以表形字为基础，以表音文字为主体的文字发展阶段,属于人类文字发展的第二阶段,主要是假借字,商、周时代的古汉字属于这一阶段;在此之后,世界文字的发展走向两条不同的发展道路:一条沿着表音文字的方向继续发展,于是表形文字逐渐被淘汰,逐渐演变成纯粹表音的音节文字或字母文字。这是世界大多数文字所走的道路。另一条道路,保留了一部分表形字和借音字,但主流却向表形兼表音的形声字方向发展。这是汉字所走的道路,从秦汉到现代汉字都属于这个阶段。他在《汉语汉字答问》一书中明确提出汉字是"形音文字"。

张树铮在《汉字性质平议》中,从汉字发展的三个阶段来分析汉字性质。他认为:第一阶段是甲骨文、金文阶段,汉字的画图性强,表意性强,形声字少,特点是以表意为主,这时的汉字属于标意文字中的表意文字。第二阶段是小篆阶段,汉字的表意性已大大减弱,而含有表音成分的形声字大大增加,以已经削弱了表意性的表意字为基础,以部分表音的形声字为主体,所以这时的汉字属于标意文字中的意音文字。第三阶段是隶书、楷书阶段,汉字的表意性丧失殆尽,而含有表音成分的形声字随着汉语语音的演变而逐渐降低其"表音率",只是作为记录一个语素义(或词义)的书面符号,接近于比较纯粹的标意文字。

司玉英在《也谈表意文字与词文字、语素文字的关系——兼与郑振峰先生商榷》一文中认为:表意文字是记录语言单位的意义的文字,分为词文字和语素文字,古代汉字是词文字,现代汉字是语素文字。

袁庆德的《关于汉字性质的再认识》一文,从汉字记录汉语的方式出发,将汉字分为古今两个阶段:古代汉字是表意谐声文字,现代汉字是表意、谐音、记号文字的集合。

也有研究者分别从不同角度并结合汉字发展的不同阶段来界定汉字的性质。据田笑霞的《汉字性质研究述评》一文,杨润陆就认为,从记录语言的方法看,汉字属于意音文字;从记录语言单位的大小看,古代汉字属于表词文字,现代汉字属于语素文字或语素音节文字;从记录语言的文字字符看,汉字属于意符·音符·记号文字。王伯熙也认为,从文字的体制、记录汉语的方式、语录语言的单位三个角度对汉字性质做出的判断:小篆以前的汉字是一种象形拼符表词文字;汉隶以后的汉字是一种方块拼符表词文字,或者也可以说现代汉字是一种方块拼符语素文字。

第二节　汉字的性质

一、对诸说的评说

纵观诸家对于汉字性质的定性,可以说各执一词,各具道理。总结起来,主要观点涉及六个方面:①象形文字;②表意文字;③表音文字;④意音文字;⑤语素文字;⑥分阶段说。其实,仔细分析,之所以有这些分歧,主要原因是对汉字性质论证的角度、切入点或者说标准不统一,还有一些观点是应当排除的。

首先,我们不赞成语素文字的说法。汉字的性质是指汉字本身形体所体现的汉字的类别,如果将其提升到语言层面,从语言词汇角度分析汉字性质,则是与本命题不相干的。

其次,我们也不赞成分阶段说。汉字的分阶段说虽然有一定的道理,比如如果我们认同西方学者的文字发展的三个阶段说,就不能回避这个问题——汉字也是分阶段发展演变的。汉字可分为两个阶段:小篆以及小篆之前的古文字、隶楷阶段的今文字。但是,同世界上其他民族的文字一样,汉字也是一个成熟稳定的符号系统,其性质是不应因其历史的演变过程而分段对待的。比如说,我们不能因为汉字曾经经历过图画文字阶段,就把汉字定性为图画文字。甲骨文是已经成熟的汉字系统,六书造字法尽显其中,所以自殷商中晚期至今,汉字的性质没有发生大的变化。

下面我们主要对表意文字、表音文字、意音文字等说法进行讨论。

(一)表意文字

汉字在形成、演化的过程中,从无到有,从低级到高级,从萌芽到成熟。原始汉字是图画文字,是由文字画演变而来。沈兼士说:"余认为文字之起源,实由记事之绘画。"唐兰也说:"文字本于图画。"汉字在造字之初,各种造字方法也不是平等使用的。许慎的六书理论——指事、象形、形声、会意、转注、假借,看似在造字方面地位是平等的,实则不然。就造字数量上而言,指事字最少,形声字最多,转注是个模糊不清的概念,除了原则上接受许慎说的"考、老"两字外,其余文字均无定论,而假借只是用字法,不会产生新字。

所以,历史上就有人对六书是造字之本有所质疑,如清代学者戴震提出的"四体二用"说:"大致造字之始,无所凭依,宇宙间事与形两大端而已:指其事之实曰指事,一二、上下是也;象其形之大体曰象形,日月、水火是也。文字既立,则声寄于字,而字有可调之声;意寄于字,而字有可通之意。是又文字之两大端也。因而博衍之,取乎声谐,曰谐声;声不谐而会合其意,曰会意。四者,书之体止此矣。由是之于用,数字其一用者,如初、哉、首、基之皆为始,卬、吾、台、予之皆为我,其义转相为注,曰转注。一字具数用者,依于义以引申,依于声而旁寄,假此以施于彼,曰假借。所以用文字者,斯其两大端也。"即指事、象形、形声、会意,为造字之本,转注、假借为用字之法。

唐兰、裘锡圭等学者也认为六书的分类不尽合理,所以提出了新、旧两种三书说。裘锡圭的"三书"说为表意、形声、假借,按照戴震的"四体二用"学说,我们也可以将其分为"二书一用":"表意""形声"是造字法,"假借"是用字法。

形声字是怎样产生的呢?裘锡圭认为:"最早的形声字不是直接用意符和音符组成的,而是通过在假借字上加注意符或在表意字上加注音符而成的。就是在形声字大量出现之后,如清末以来为了翻译西洋自然科学,特别是化学上的某些专门名词,而造'锌''镭''铀'等形声字的情况,仍然是不多见的。"[①]按照上述裘锡圭的理论可知,形声字产生的基础和前提是先有假借字和表意字。

根据戴震的四体二用理论,假借不是造字之法,而是用字之法,应该是来自裘三书说的另外两个,即来自表意或形声。这样,形声字的造字基础,包括造形声字所使用到的假借字、表意字、意符、音符,归根到底都属于表意字范畴。

所以,汉字的造字基础是表意字,这是由构成汉字的所有基本字符的性质决定的,从这一点来看,有的学者把汉字的性质定为表意文字是有道理的。再者,形声是表音和表意的结合,形声字同时具有表音和表意两个方面,表音性提高的同时,表意性也随之提高,表明汉字在向表音化发展的同时,仍然坚持并发展了汉字的表意性。

---

① 裘锡圭.文字学概要[M].北京:商务印书馆,1988.

（二）表音文字

汉字是表音文字的观点支持者甚少，虽然我们也不完全赞成这种观点，但是这种看法是建立在对甲骨文的充分研究和理解之上的，是重要而不可忽视的看法。甲骨文是目前所见到的最早的成系统的古汉字，是真实反映早期汉字使用情况的第一手材料，而传世文献的文字是经过汉代学者整理而流传至今的。目前学者所见到的刻本多为明清时期的，用这些文献跟战国时期的楚简，甚至是传抄的古文《穆王天子传》相比，其用字情况差别是十分巨大的，更不要说是与时代更早的甲骨文相比了。甲骨文假借字数量之多，是后世文字难以相比的，从这一点上看，就甲骨文时期来说，认为汉字是表音文字是有一定道理的。

假借字的产生，应该是汉字走向成熟的关键一步。汉语词汇是数量巨大而音节多变的，没有假借的用字方法，单凭表意字是不可能完成记录汉语这一繁重任务的。原因有二：一是客观世界有万事万物，不可能一一对应地为其造字；二是有很多词义很虚的词难以为之造字。假借字的产生与表意字的产生是完全不同的，它不经过造字而是借用已有的字形来记录语言词汇，这样，这个字的本义与它所表示的词，在意义上没有任何关系，只是读音上存在关系，换句话说，假借字作为记录语言的工具，只有记音的功能。比如说古文献中常见到的"辟"字，在先秦还没有"避""僻"等形声字时，它常被借用来记录"避""僻"等词，是纯粹的记音。

可以设想，如果当时汉字走向全面假借记音，通过简化字形来淡化文字的表意性，不向形声化方向发展，那么汉字或许就演变为表音文字。比如"甲""乙""丙""丁"等字，其造字本义是什么已无关紧要，在甲骨文中已经假借为天干字，而其天干字义又是什么，恐怕除了表示十个数字顺序以外，没有实质的意义，因此，这些字可以认为只有记音的作用。如果汉字不向形声字方向发展，比如"钾""亿""病""顶"等形声字，用"甲""乙""丙""丁"等字表示，其他汉字也是如此，全部用简单字符假借，那么汉字就成为表音文字。还有，音译词如"首尔""圣弗兰西斯科""火奴鲁鲁"等，如果翻译为"汉城""旧金山""檀香山"合理却未必合法。从这一点来看，汉字是具有表音性的。

但是，汉字并没有走向全面假借，也没有建立起一套记音字母，所以从本质上说，汉字不是表音文字。

（三）意音文字

汉字并没有向表音文字发展，而是创造了除表意、假借之外的第三种，也是最为重要的造字法——形声。对汉字中的形声字的界定是看文字中有无形符和音符，所谓音符，其专职功能应该是表音，只有这个字符参与构成形声字，并起表音作用时，才是音符。比如"青"作为音符，在"清""请""情""蜻""精""睛"等形声字中，只起表音作用，这是音符的特殊作用，与文字三要素"形音义"中的"音"是不同的，也就是说，每个文字都有固定的读音，但是不一定都有表音符号。

形声字与表意字、假借字的不同之处是有重要的两部分：意符和音符。承认形声字音符的概念，就必须接受形声字具有表音性质；同样，承认形声字意符的概念，就必须接受形声字具有表意性质。这样，形声字在裘锡圭的三书说中，成为表意的表意字、表音的假借字之外的第三种——既表意又表音的文字。从这个角度看，认为汉字是意音文字的观点，是有它的道理的。

在形声字中，虽然声旁能够表音，但是我们不能据此认定汉字形声字具有表音属性。上文提到，假借字和形声字的声符，本身都是表意的。就一个形声字而言，其声符似乎直接与所标记的语言单位的读音发生联系,但就这一声符的读音而言,其与语言单位的联系仍处于第二层次上,其读音是依附于本是表意字的意义上的读音。所以,我们不赞成汉字为意音文字的观点。

(四)关于记号

记号也是有其基本字符义的。记号的来源较为复杂,基本来源有二:一是简化字所采用的简化符号,如"又"符在简化字中"广泛"地使用,见简化字章节。二是隶变时省并、分割出的部首,原本独体字分解出一些部首。如"春"字,本是从"艹"从"日""屯"声的形声字,省并后已经看不出意符"艹"和音符"屯"的形体了。"秦"本是从"艹""午""禾"的会意字,隶变后已经看不出前两个意符的形体了。同样,原来是独体的一些象形字,隶变后分解成为一些部首的合体字。如"虎"字,隶变后成为从"虍""几"的合体字。记号化还导致许多原本不同的偏旁相混,如《说文》中的"曹"字从"曰","旨"字从"甘","晋"字从"曰","最"字从"冃","鲁"字从"白(音 zī)",现在楷书都写作"曰"形。同样还有,楷书的"肉""月"两个偏旁在形体上也是没有分别的,如从"肉"的"胖""胃""肿""脂"等字,与从"月"的"望""霸""期""明"等字,以及"肽""胺"等字,所从的偏旁都没有区别了。

虽然记号的来源复杂,但是记号一旦形成,也会有自己的字符义。比如说人们在介绍自己的姓氏时,通常会说:"我姓耳东陈(陳)""我姓文刀刘(劉)""我姓立早章""我姓草头黄",这几个姓氏字里面就拆除来了一些记号字,而这些记号字都能各凭自己的音义表述出来,这就证明记号是可以有意义的。

记号能够表意,有的是因为其本身就是文字的简化,它承袭了原字的字义,如:"艹""辶""彳""虍"等意符已经记号化,可以作为义符,看到"青""风""东""凶""虎"等声符,也能联想到这些声符原是单独存在的文字,这些单独存在的文字是有其本身字义的。有的则是因为汉字记号化后,其形体稳定下来了,也会使这些记号与词义一一联系起来,如前文说过,字形"夫"来源很是复杂,是"秦""奏""泰""奉"等字所从的偏旁,在字形来源上与"春"字的上部无关,但是由于"春"是常用字,所以其被称作"春"字头。

前面说过,英文单词"tree"的t、r、e、e四个字母单词与"tree"之间没有意义上的联系,汉字"树"是"樹"的简化字,其偏旁"对"在意义上与"樹"也没有联系,"对""又"对于"樹"字来说,只是记号。但是,英文字母与汉字的记号还是有区别的。t、r、e、e四个字母是没有词义的,而"对""又"等记号是有字义的,而且汉字中的大部分记号都可以单独成字或有符号义。

总之,把汉字的性质定为表意字,是符合汉字的基本特点的。

二、汉字形体的优越性

关于汉字性质的最初认识来源于西方。西方传统分法将人类文字的发展划分为图画文字、表意文字和表音文字三个阶段,或者是记事图画、图画文字、表意文字、音节文字、字母文字五个阶段,各个阶段是由低级向高级发展的。西方学者认为汉字是表意文字,西方的字母文字是表音文字,实际上是把汉字看成了文字发展的低级阶段,这是对汉字模糊认识的体现,也可以说是对汉字发展的一种偏见,带有强烈的庸俗进化论色彩,也是在对汉字了解片面的情况下做出的错误结论。

我们之所以不赞同上述观点,首先,"记事图画"不是文字,不应该划入文字发展阶段中去,这个阶段即使保留,也是前文字阶段。第二,"图画文字"和"表意文字"不是同级的概念,"图画文字"难道不表意吗?我们认为"图画文字"是"表意文字"的初级阶段,"表音文字"和高级阶段的"表意文字"都是从"图画文字"上直接或间接发展而来的。第三,"表意文字"未必劣于拼音文字,它有着自己形体上的表意优势。

目前见到的最早的成系统的汉字是甲骨文,虽然甲骨文主要是卜辞,但是其内容已经涉及当时社会生活的方方面面,甲骨文是能够准确地记录它们的,说明甲骨文能准确、完整地记录语言。并且,从甲骨文的文字形体分析看,象形、指事、会意、假借、形声等应有的各种造字法都已具备,这些都说明甲骨文已经是相当成熟、完善的文字系统,而成熟、完善的文字系统应当是高级的文字体系;像朝鲜文、日本假名,虽然是表音文字体系,可是仍然要借助于汉字才能准确、完善地记录语言,可见它们并不比汉字高级。甲骨文时期的汉字已经发展到文字的高级阶段。隶楷阶段的汉字字体是篆书字体的完善。一方面是进一步强化了字形的笔画化和记号化,使得汉字更具抽象的表义性;另一方面是汉字进一步的形声化,使得汉字表义性和表音性更为显著。

英文单词是由 26 个字母组成,汉字进入隶楷阶段后,由横、竖、撇、点、捺、折等基本笔画构成。英文单词的组成方式是一维线性的,是字母按先后不同的顺序依次简单排列而成的;汉字的构成方式则是二维平面的,是其基本笔画的复杂多样的多重位置组合,更具表意性。汉字与英文单词的构形差别,用数学概念来做个比喻,就相当于平面坐标系与数轴间的差别。因此,在构形方式和表意性上,汉字具有自己独特的优点。

四角号码检字法和计算机的五笔输入法,把汉字构形的平面性这一优点充分显现出来。特别是在机打越来越普遍、手写越来越少的计算机时代,汉字输入速度要比西方拼音文字快捷得多。在高度发达的信息技术时代,汉字与西方字母文字相比,更是显示出自己的优势。

最后,汉字的形体发展是社会长期进化的自然选择,是与汉语语言特点相适应的唯一文字系统,拼音化道路未必符合记录汉语言的需要。

本 章 小 结

本章主要介绍了目前学术界对汉字性质的各种不同观点,这些观点包括汉字是象形文字、表意文字、表音文字、意音文字、语素文字,以及文字分阶段说。我们在分析上述各种观点的本质之后,基本上同意汉字是表意文字的观点。最后,根据汉字的性质,认为汉字是有独特优势(表意)的、成熟的、符合汉语特点的文字体系。

思 考 与 练 习

1. 对于汉字的性质有哪些不同观点?持各种观点的主要学者有哪些?
2. 你认为汉字的性质是什么?请说明原因。
3. 汉字是低级阶段的文字吗?说说你的看法。

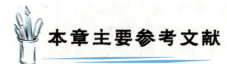

本章主要参考文献

[1] 布龙菲尔德著,袁家骅译.语言论[M].北京:商务印书馆,1980.
[2] 费尔迪南·德·索绪尔.普通语言学教程[M].北京:商务印书馆,1980.
[3] 高明.中国古文字学通论[M].北京:北京大学出版社,2004.
[4] 胡瑞昌.汉字的性质及其前瞻[J].嘉应大学学报,1995(2).
[5] 胡玉树.现代汉语[M].上海:上海教育出版社,1987.
[6] 黄伯荣,廖序东.现代汉语[M].北京:高等教育出版社,1991.
[7] 中国古文字研究会,吉林大学古文字研究室.古文字研究(第一辑)[M].北京:中华书局,1979.
[8] 李荣.汉字的演变与汉字的将来[J].中国语文,1980(1).
[9] 李文.再论汉字的性质[J].南京师范大学学报(社会科学版),1997(2).
[10] 李运富,张素凤.汉字性质综论[J].北京师范大学学报(社会科学版),2006(1).
[11] 刘精盛.论汉字构形的优势和表意文字说的片面性[J].延安大学学报(社会科学版),2005(4).
[12] 刘又辛.汉字发展史纲要[M].北京:中国大百科全书出版社,2000.
[13] 刘又辛.汉语汉字答问[M].北京:商务印书馆,1997.
[14] 刘志成.汉字学[M].成都:天地出版社,2001.
[15] 吕叔湘.语文近著[M].上海:上海教育出版社,1987.
[16] 裘锡圭.文字学概要[M].北京:商务印书馆,1988.
[17] 沈兼士.沈兼士学术论文集[M].北京:中华书局,1986.
[18] 司玉英.也谈表意文字与词文字、语素文字的关系——兼与郑振峰商榷[J].北华大学学报(社会科学版),2005(2).
[19] 苏培成.二十世纪的现代汉字研究[M].太原:书海出版社,2001.
[20] 孙钧锡.中国汉字学史[M].北京:学苑出版社,1991.
[21] 孙诒让.名原.载宋镇豪,段志宏主编.甲骨文献集成(38册)[M].成都:四川大学出版社,2001.
[22] 田笑霞.汉字性质研究述评[D].长春:吉林大学,2008.
[23] 王宁,庞月光.汉字汉语基础[M].北京:科学出版社,1999.
[24] 王伯熙.文字的分类和汉字的性质[J].中国语文,1984(2).
[25] 吴玉章.文字改革文集[M].北京:中国人民大学出版社,1978.
[26] 姚孝遂.古文字研究(第四辑)[M].北京:中华书局,1980.
[27] 叶楚强.精简汉字字数的根据和方法[N].光明日报,1965-5-12.
[28] 叶蜚声,徐通锵.语言学纲要[M].北京:北京大学出版社,1981.
[29] 尹斌庸.给汉字"正名"[J].中国语文通讯,1983(6).
[30] 袁庆德.关于汉字性质的再认识[J].大连大学学报,1994(2).
[31] 詹鄞鑫.20世纪汉字性质问题研究评述[J].华东师范大学学报(哲学社会科学版),2004(3).

[32] 张恩普.汉字的性质特点与汉字拼写[J].东北师范大学学报(哲学社会科学版),1998(4).
[33] 张世禄.中国文法改造讨论集[M].上海:上海学术社,1940.
[34] 张树铮.汉字性质平议[J].临沂师范学院学报,2004(4).
[35] 张玉金.论汉字的性质[J].辽宁师范大学学报(社会科学版),2001(5).
[36] 赵元任.语言问题[M].北京:商务印书馆,1980.
[37] 郑振峰.20世纪关于汉字性质问题的研究[J].河北师范大学学报(哲学社会科学版),2002(3).
[38] 郑振峰.从汉字构形的发展看汉字的性质[J].古汉语研究,2002(3).
[39] 周大璞.假借质疑[J].武汉大学学报(人文科学版),1982(2).
[40] 周丹平.汉字性质思考[J].黔东南民族师范高等专科学校学报,2003(4).
[41] 周有光.文字演进的一般律[J].中国语文,1957(7).
[42] 周有光.文字类型学初探[J].民族语文,1987(6).
[43] 周有光.比较文字学初探[M].北京:语文出版社,1998.
[44] 朱德熙.语法丛稿[M].上海:上海教育出版社,1990.

第四章 汉字字体的发展与演变

┃本章导读┃

甲骨文以前的汉字体系目前还未明晰,考察汉字字体的演变,只能从甲骨文和商代金文开始。以小篆为界限,汉字字体发生了根本性变化,即从线条变为由笔画构成的抽象符号。因此,汉字字体的演变分为两个大的阶段,古文字阶段和隶楷文字阶段:前一阶段以甲骨文、金文、战国文字、小篆为代表,时间大约对应殷商至秦;后一阶段包括隶书、草书、行书、楷书,时间上自汉代一直延续至今。每个阶段下,再详细阐述汉字字体演变的具体过程。①

┃学习目标┃

通过对本章内容的学习,学生应该能够做到:初步了解各阶段汉字字体发展演变的过程与规律;能够辨认各种字体;春秋战国时期汉字字体演变的地域特点;认识在汉字字体演变过程中简化与形声化是主要趋势。

裘锡圭认为:"从形体上看,汉字主要经历了由繁到简的变化。这种变化表现在字体和字形两方面。字形的变化指一个个字的外形变化。字体的变化则指文字在字形特点和书写风格上的总的变化。"②黄德宽等更详细地阐述了字体与字形的区别:形体包括字体与字形。文字在一定发展阶段的总体风格特征与单个字的个体特征是两个层面的问题,把二者区分开来研究要更为严密和科学。汉字字形研究,主要是对某一阶段汉字字形构成单位的观察和笔画形态变化及其组合方式的分析,并探讨汉字字形发展演变的规律。汉字字体研究主要是分析某一时代汉字通行体呈现出的阶段性风格特征,偏重于宏观上整体把握一个时期或历史阶段的汉字形体风格特征。字形和字体作为两个概念应该区分开来,但是字形与字体是互相依存、不可分割的。③

区分字体与字形是阐述汉字形体发展的第一步。从严格意义上讲,本章节所介绍的是汉字字体的发展演变。

对汉字发展演变的研究,除了描述形体发展之外,还致力于揭示汉字内在的发展变化。如形声化、同源分化、汉字谱系、隶变、构形方式等。汉字的构形研究在教材第五章介绍。

汉字字体发展的总体趋势是简化,也伴随着部分汉字的繁化现象。关于汉字的简化与繁化,第六章之"繁简字"部分予以介绍。本章从字体的角度简要描述各个阶段汉字通行体呈现

---

① 黄德宽等提出了汉字发展的"四阶段"论,即史前文字阶段、古代汉字阶段、近代汉字阶段、现代汉字阶段,划分更加精细。可参见黄德宽等《古汉字发展论》(中华书局 2014 年,第 11 页)。

② 裘锡圭.文字学概要(修订本)[M].北京:商务印书馆,2013.

③ 黄德宽,等.古汉字发展论[M].北京:中华书局,2014.

出的阶段性风格特征。

第一节　古文字阶段汉字字体的发展演变

一、考察古文字阶段汉字字体演变所依据的材料

考察古文字阶段汉字字体演变最可靠的材料应当是考古发现的各类古文字材料。先按时间顺序分别介绍殷商及西周春秋文字材料,然后按地域分别介绍六国文字及秦系文字材料。汉字字体发展演变是渐进的,各个字体的发展在时间上互相交错。按殷商、西周春秋、六国及秦系的顺序安排,仅仅是模糊的时间顺序。

(一)商代文字

1. 甲骨文

商代文字材料,数量最多、最具有代表性的当属甲骨文。"甲骨文"即龟甲和兽骨上的文字。绝大多数是用刀刻的,少数用毛笔书写。19世纪末甲骨文发现于商代后期王都的遗址殷墟,在今河南安阳西北小屯村一带。大约公元前14世纪,商王盘庚迁都到此。直到公元前11世纪商纣王亡国,一共经历了二百七十多年。甲骨文是这一时期商朝统治者的占卜记录。其中大部分是商王的占卜记录,小部分是跟商王有密切关系的大贵族的占卜记录。占卜的范围非常广泛,例如一旬之中会不会有灾祸,天会不会下雨,农业能不能有收成,打仗,疾病,做梦,甚至妇女生男还是生女等都要占卜。占卜所用的材料大多数是龟腹甲、背甲或者牛的肩胛骨,偶尔用鹿角等其他兽骨。占卜之前先去除龟甲表面的胶质,刮削平整。然后在背面或钻或凿,多数钻、凿兼施。先钻圆孔再凿长槽,然后用火灼,使正面的角质呈现裂纹,这些裂纹有横有竖,叫作"卜兆"。占卜之后,将所卜之事刻写于卜兆的旁边,所以甲骨文也叫"卜辞"。商代人有时也在卜甲或卜骨上刻记一些与占卜无关的事情。这类文字也称为甲骨文,所以甲骨文的范围实际上比甲骨卜辞广一些。

除了殷墟有发现甲骨文,1953年郑州二里岗商代遗址也出土了少量牛骨刻辞。

商朝灭亡后,刻着文字的甲骨埋藏在殷墟地下。人们认识它的价值,并得知其确切的出土地点,有一个曲折的过程。当地的农民在犁田的时候发现了甲骨文,后被古董商转售于京津一带,直到1899年王懿荣认识其为古物而高价收购,甲骨文引起了人们的关注和研究。迄今为止,经过私人挖掘和公家的考古发掘,出土的有字甲骨累积有十多万片。其中少数是完整的卜甲和卜骨,绝大多数是面积不大的碎片,有的碎片上只有一个字。还有些甲骨上没有文字,因为占卜后并不是每次都刻写卜辞。有字甲骨的实际数量应该远远多于目前所见的这些。罗振常在《洹洛访古游记》中记载,当时出土的甲骨大都卖给药铺,有字的不好卖,所以人们把文字除去之后再售出,有些字多的不易除去,就填入枯井。

有大批甲骨流散国外,收藏数量最多的是日本,其次是加拿大、英国和美国,这些甲骨多数已著录出版。

《甲骨文合集》6057 正

2. 青铜器铭文

在青铜器上铸刻铭文的风气，于商代中晚期开始流行，到周代达到高峰。先秦称铜为金，所以铜器铭文又称为"金文"。由于钟和鼎在周代各种有铭铜器里占比较重要的地位，所以也有人称金文为"钟鼎文"。有铭文的先秦铜器早在汉代就有发现。许慎在《说文解字·叙》里说，各地"往往於山川得鼎彝，其铭即前代之古文"。西汉张敞"好古文字"，宣帝时美阳（今陕西扶风）出土古铜鼎，他曾释读其铭文，事见《汉书·郊祀志下》。此后各代都有所发现。自宋代起就有人专门搜集研究。宋代赵明诚说："盖收藏古物实始于原父（刘敞），而集录前代遗文，亦自文忠公（欧阳修）发之，后来学者稍稍知搜抉奇古，皆二公之力也。"①收集著录铜器铭文当以刘敞和欧阳修二人为先。

商代铜器上的铭文大都很简单，多数只有一到六个字，主要记制器者的名字或者所纪念的先人称号，如下图的"司母戊鼎"。商代后期稍晚的时候，出现了一些篇幅较长的铭文，但是已经发现的商代铭文最长的也不过40多字。

---

① 赵明诚.谷口铜甬铭跋尾·金石录(卷十二)[M].济南:齐鲁书社,2009.

• 第四章 汉字字体的发展与演变 •

《甲骨文合集》584 正

司母戊鼎

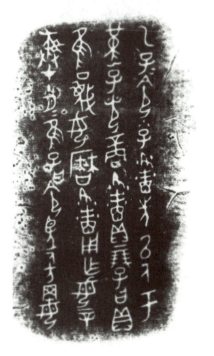

小子䙴卣

3. 陶器文字

商代文字材料除了甲骨文与金文，还有陶器文字。陶器文字简称"陶文"，是刻画、书写在陶器上的文字。新石器时代陶器上就出现了刻画符号。从商代起历朝历代都有陶文。商代陶器文字往往单个出现，数量不多，江西吴城商代遗址、河南安阳殷墟、河北藁城台西商代遗址、河南郑州二里岗商代遗址、江西新干大洋洲乡商墓、河南郑州小双桥商文化遗址、郑州商城商都遗址等都有发现。

河北藁城台西商代遗址出土的陶文①

江西吴城商代遗址出土的陶文

（二）西周春秋文字

1. 金文

西周至春秋文字整体风格上难以截然分开，因此放在一起阐述。考察西周春秋时期文字字体的特点，主要资料是金文、甲骨文和盟书（玉石文字）。西周是铜器铭文的全盛时期。这一时期的铜器上，常见百字以上的铭文，二三百字的也不少见，如西周早期的大盂鼎，有291字，小盂鼎有400字左右，可惜大部分残泐，几乎无法释读。西周中期的墙盘有284字，后期的散氏盘有350字，毛公鼎有近500字。春秋时期仍有长篇铭文。宋代发现的齐灵公大臣"叔夷"所作的一件镈，铭文493字。同时出土的叔夷钟上，铸有内容相同的铭文。但是春秋时代长篇铭文的数量比西周要少很多。西周铜器大多为周王朝贵族、臣僚所铸，春秋铜器几乎都是各个诸侯国所铸。从目前发现的铭文内容看，记述了训诰册命、家族事迹、军事行动、刑事诉讼、土地转让、盟誓契约等多方面情况，是不可或缺的重要史料。

---

① 高明.古陶文汇编[M].北京：中华书局，1990.

• 第四章　汉字字体的发展与演变 •

毛公鼎铭文

毛公鼎

周原甲骨

2.西周甲骨文

(1)周原甲骨

1977—1979年,陕西省岐山县凤雏村一座西周宫殿建筑遗址的窖穴内出土了大批周初甲骨。时代跨越王季、文王和武王。其中具有学术价值的带字甲骨共二百九十多片。大部分为龟腹甲,极少数为牛肩胛骨。周原甲骨刻辞记述了周人田猎、祭祀、战争等重要国事。文字的特点是小如粟米,需要用五倍放大镜才能看清楚。同时,周原甲骨卜辞中无贞人署名,卜辞结构也区别于商代卜辞。周原甲骨文有"汝公""毕公""虫伯""楚子""师氏"等爵位官名,显示了相当成熟的文化。

大王迁居周原的地理位置,据《史记·周本纪》记载:"古公亶父复修后稷、公刘之业,积德行义,国人皆戴之……乃与私属遂去豳,度漆、沮,踰梁山,止於岐下。豳人举国扶老携弱,尽复归古公於岐下。及他旁国闻古公仁,亦多归之。"岐山一带周初宫殿基址的发现,证明了《史记》的可靠性。《诗经·大雅·緜》:"……古公亶父,来朝走马。率西水浒,至于岐下。……爰契我龟:曰止曰时,筑室于兹。"结合文献及岐山一带西周宫殿遗址的考古发现,可以得知岐山一带为古周原,因此这批甲骨称为"周原甲骨"。

此外,西周刻字甲骨在陕西长安张家坡、北京昌平白浮、山西洪赵坊堆等地也有发现。

(2)周公庙甲骨文

周公庙遗址位于陕西省岐山县城以北约7千米的凤凰山南麓。从2004年起,至2009年12月,陕西省考古研究所(现陕西省考古研究院)与北京大学考古文博学院联合组成的周公庙考古队对这一遗址进行了数次考古发掘,已在五个地点发掘出土卜甲与卜骨近万片,其中有刻辞的达八百余片,已辨识的文字约二千五百字,内容丰富,主要包括人名、地名、事件等,成为目前中国出土西周甲骨文字最多的遗址。②

3. 盟书

盟书又称"载书",是古代记载盟誓各方缔约内容的文书材料,多为石简或玉片。春秋战国时期,天子与诸侯之间、诸侯之间、诸侯与卿大夫之间,为政治目的常举行盟誓活动。仅《左传》所记,春秋时期诸侯国之间举行的盟誓就达200多次。盟书一式两份,一份藏于盟府,一份埋入地下或沉入河里。盟书与甲骨、金文、简牍都不同,盟书用毛笔书写在玉片或石片上,大多呈朱红色,少数为墨色。

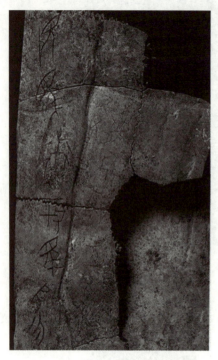

周公庙甲骨①

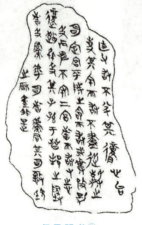

侯马盟书③

温县盟书④

---

① 周原考古队.2003年陕西岐山周公庙遗址调查报告[J].古代文明.2006(05),彩版12.
② 李学勤.论周公庙"薄姑"腹甲卜辞[J].文博,2017(02):36.
③ 山西省文物工作委员会.侯马盟书[M].北京:文物出版社,1976.
④ 河南省文物研究所.河南温县东周盟誓遗址一号坎发掘简报[J].文物,1983:84.

考古发掘的盟书主要有两批：

其一为侯马盟书。侯马古文化遗址是春秋晚期的晋国都城遗址，自1956年以来，进行了多次的调查和发掘工作。1965年冬，在侯马遗址的东南部发现了大量的盟书，其中可以辨识并予以临摹者656件。出土盟书的遗址位于侯马市东部浍河北岸的台地上。每片上的字数不等，最多的一片达220余字。内容主要分为：宗盟类、委质类、纳室类、卜筮类、诅咒等。侯马盟书对研究中国古代盟誓制度、古文字及晋国历史有重要意义。

其二为温县盟书，又称"沁阳玉简"，是河南温县武德镇西张计村出土的春秋晚期晋国卿大夫之间举行盟誓时记载誓辞的文书。1942年前后，沁阳地区出土一批书写盟辞的石片，被称为沁阳盟书。1980年开始，考古工作者对位于温县城东北12千米的沁河南岸的盟誓遗址进行了发掘，出土了书写盟辞的石片，全为墨书。至今公布90多片。其时代与侯马盟书接近。内容有事主效忠类、祝祷类、祈福类、谨防类等。

（三）六国文字和秦文字

从春秋晚期开始到战国时代，中国社会发生了剧烈变化。文字的使用范围、使用人群都大大扩展。汉字的字体发生了前所未有的变化，俗体字、异体字等迅速发展。此时，随着政治上的分裂，字体也开始朝着两个不同的方向发展，一是继承殷周传统并进一步发展，以秦系文字为代表；二是走上具有鲜明地域特色的方向，包括晋、齐、楚、燕等国的文字。本小节将这两种类型的文字材料分别加以介绍。

1.六国文字材料

战国时代遗留的文字材料种类丰富，下面择要介绍。

（1）简帛文字

《尚书·多士》中说："惟殷先人，有册有典。"甲骨文"册"字作"𠕋"，象形意味很浓，其中的直竖代表简，外围的圈代表把简串起来的绳；又作"𠕋"，上面代表简，下面是人的双手。说明早在殷周时期，人们就已经使用竹简书写。这些典册的内容无疑非常重要，可惜竹木易腐，现在还未能发现商代竹简。已发现的简帛文字，最早的为战国时代。晋、楚、秦都有竹简文字，以楚简为最多。秦简放在下一小节中介绍。

《晋书·束皙传》记载："初，太康二年，汲郡人不准盗发魏襄王墓，或言安釐王冢，得竹书数十车……漆书皆科斗字。"其中有《纪年》《易经》《易繇阴阳卦》《国语》《穆天子传》等内容，共75篇左右。这些古书被人们统称为《汲冢竹书》，但《汲冢竹书》原简早已失传。这批竹简一般认为是战国时代的晋系文字。

代表性的楚简包括信阳楚简、郭店楚简、包山楚简、望山楚简等。近年来，还有几批竹简十分引人注意。

一是上博简。上博简，全名上海博物馆藏战国楚竹书，是20世纪90年代上海博物馆于香港收集的楚国竹简。

二是清华简。2008年7月15日，清华大学入藏一批竹简等文物。竹简是楚地出土的战国简册。内容以书籍为主，其中有极为重要的经、史类书，大多是已经发现的先秦竹简中从未见过的，具有极高的学术价值。总数约有2500枚，自从2008年入藏清华大学起，清华简就一直是古代文史学者的研究焦点。这批竹简由于很早就被随葬于地下，没有经历秦始皇焚书的劫难，因此最大限度地保存了先秦典籍的原貌。

　　三是安大简。2015年，安徽大学入藏一批战国早中期的战国竹简，该批竹简包括多种珍贵文献，除《诗经》以外，其他文献未流传于世。安徽大学汉字发展与应用研究中心的黄德宽、徐在国诸师按照内容整理并分辑出版了这批竹简：《安徽大学藏战国竹简（一）》(2019)、《安徽大学藏战国竹简（二）》(2022)。安大简对《诗经》研究及古文字研究具有极为瞩目的价值。①

　　用帛作为书写材料也很可能早就存在，因为早在殷周时期，甚至更早人们就掌握了养蚕丝织的技术。同样，因为材料难以保存，目前并未发现商周时代的帛书。出土于长沙子弹库战国楚墓的帛书是目前所见到的最早的古代帛书，现存于美国大都会艺术博物馆。

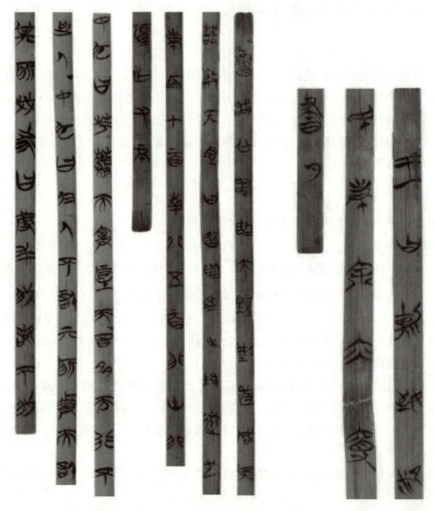

安徽大学藏战国竹简　　　　　　清华大学藏战国竹简

---

　　① 滕壬生的《楚系简帛文字编（增订本）》（湖北教育出版社2008年）罗列有多批次楚系简帛，可以参看；近年来出土了多批次楚系简牍。

• 第四章 汉字字体的发展与演变 •

上海博物馆藏楚简

望山简

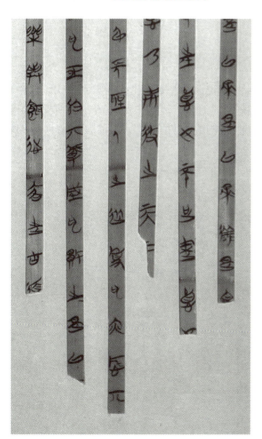

郭店简

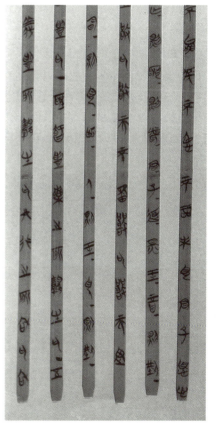

包山简

子弹库楚帛书(部分)

(2)玺印文字

现存的出土古玺印多为战国时代制作。据古籍记载,尧舜时代已经开始使用玺印,但是从传世和出土的实物来看,玺印被普遍使用是春秋战国时期。战国时期,不论官印私印,都称为"玺"。战国玺印大多数是铜质印,还有金印、银印、铁印、玉印等。印钮形式有鼻钮、仿器用钮、人形钮、动物形钮等,印文有阳文和阴文。

战国玺印文字

(3)货币文字

我国铸造金属货币一般认为始于春秋中晚期。《国语》记载周景王"铸大钱"可以证明。而到战国时期在很多地方开始大量流通。已发现的先秦货币绝大部分是战国时代的青铜币,也有金币、铅币。

铜币按形制可分为：

①刀币：形状像刀形，流行于齐、燕、赵。有齐刀、莒刀、尖首刀、明刀、针首刀、小直刀等。

②布币：形状像铲形，主要流行于三晋和燕。有空首布、平肩弧足空首布、斜肩弧足空首布、锐角布等。

③圆钱：包括圆孔钱、方孔钱等。出现得比较晚，齐、燕、三晋都使用过。

④铜贝：或称"蚁鼻钱"，只通行于楚国。

⑤金币：又称为"金版"，是一种版状金币，使用时临时称量，虽然印有文字，但并非真正的铸币。这种金币上的印文多数写作"郢爯"。

以上只是大概的分类，事实上先秦货币的形制非常复杂。货币文字数量虽然不多，但仍然有很高的文献学、史学价值。其内容多数为地名，可以为研究春秋战国时期，特别是战国时期各国疆域提供可靠的证据。有的还标明重量或价值。①

战国货币文字

（4）陶文

前面已经谈过史前陶器刻符。陶符自新石器时代开始，经过商代，直到春秋战国时期仍然继续出现。战国时代的陶文，一般只有几个字，大多是印文，内容为陶工人名、官名、做器的地名、督造者名等。多数是在陶器烧制之前用玺印打上去的，少数是在烧制前后刻画上去的。所以大部分陶文实际上是玺印文字。在已发现的六国陶文里，齐、燕两国的数量最多。

（5）铜器铭文

铜器铭文从西周开始到战国早期，其内容并无很大的变化，主要是器主叙述做器缘由，述祖宗功德，并祝愿子孙长久保有器物等。从战国中期开始，这种传统内容显著减少，"物勒工名"式的铭文大量出现。"物勒工名"即在所做的器物上标记做器年份、主管做器的官吏和做器人的名字，字数不多。在形式上，举行祭祀、宴飨等所用的食器、乐器等大大减少，兵器占了很大比重。但是旧式的长篇铭文也并未绝迹，例如战国早期的曾侯乙编钟和中山王墓出土的铜

---

① 上海博物馆青铜器研究部.先秦钱币[M].上海：上海书画出版社，1994.

战国陶文

鼎和铜方壶。

(6)兵器铭文

兵器铭文是战国时期文字的重要组成部分之一,通常比较简单,字数不多。内容多记铸造之地、做器者名、督造者名等。

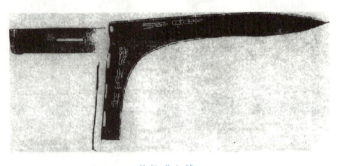
曾侯戉之戟

除了上述材料,传世文献中也保存了六国文字,称为"传抄古文"。"传抄古文"主要见于《说文解字》、三体石经和《汗简·古文四声韵》,其他字书如《玉篇》《一切经音义》《篆隶万象名义》《龙龛手鉴》《类篇》《集韵》《隶释》等也收录了一些"传抄古文"。

安徽大学徐在国教授主持完成的国家社会科学基金项目《传抄古文的整理与研究》,最终成果为专著《传抄古文字编》。这部专著将传抄古文资料汇为一编,取材宏富,甄择有方,体例完善,字形精准,是第一部传抄古文的文字编,对古文字的研究尤其是对战国文字的研究将起到积极作用。

这些古文字虽然也是六国文字,但其在辗转传抄的过程中,产生了种种变异,与出土的战国文字有了不同程度的差别,因此,研究汉字字体的演变,一般不用此类材料。

2. 秦系文字材料

秦系文字指春秋战国时代的秦国文字和小篆。春秋战国以前,各国的文字大体上都沿袭西周晚期的写法。周平王东迁之后,秦迁都于雍,承袭了西周的故地,同时承袭了西周的文化。因此,春秋战国时期秦的文字和西周文字是一脉相承的。战国开始之后,由于政治上的分歧,文字开始有了地域性的变化,出现了风格的不统一。秦系文字多继承,与西周和春秋前期的文字相比,除了书写风格逐渐趋于规整匀称外,结构上的变化并不明显。剩余的六国文字,呈现出不同的发展趋势,逐渐有了各自的一些特色,尤其是楚文字,个性鲜明。总体而言,文字的结构没有根本性变化,变化明显的是书写风格。因此,我们把秦文字和六国文字分别加以介绍。

（1）秦简牍

云梦秦简

秦简牍是战国晚期秦国至秦代的竹简和木牍。下面择要简述[①]:

1975年,在湖北云梦睡虎地秦墓出土1150多枚竹简。这是历史上第一次发现秦简,内容丰富。这批竹简叫作"云梦秦简"或"睡虎地秦简"。

1986年,在甘肃天水放马滩1号墓中,出土秦简460枚。

1989年,云梦龙岗出土秦简290多枚。

1993年,湖北江陵王家台出土秦简800多枚。同年,荆州周家台出土秦简381枚。

2002年,湖南里耶古城出土了38000枚秦简牍。其中有字迹的约17000枚。

---

① 陈伟.秦简牍合集(一)[M].武汉:武汉大学出版社,2014.

2005年,里耶古城出土51枚简牍。

2007—2008年,湖南大学岳麓书院入藏秦简2000余枚。

2010年,北京大学入藏秦竹木简783枚,竹木牍27件。

1980年,四川青川郝家坪秦墓出土了2件木牍,其一内容为秦武王二年颁布的田律,称为"青川木牍",是目前所见年代最早的秦牍。云梦睡虎地秦墓除出土了大批竹简文字之外,还出土了2件有字木牍,其内容为前线士兵写给家中的信件。天水放马滩秦墓出土4件木牍。1986年湖北江陵岳山出土秦木牍2件。云梦龙岗出土秦牍1件。

(2)石刻文字

秦石刻较早的是春秋战国时代的"石鼓文"。所谓"石鼓",因其像鼓,故名之。高约90厘米,直径约60厘米。内容主要是狩猎、田渔、宗庙祭祀等。于唐初在"岐州雍城(今陕西宝鸡市凤翔区)南"发现,出土时有十个石碣。石鼓文大体上看应属于春秋战国间的秦国文字。

秦国的诅楚文共有3件。一为巫咸文,宋嘉拓年间在凤翔开元寺附近出土。苏轼在嘉祐六年作有《凤翔八观诗》记录此事。二为大沈厥湫文,宋治平年间当地农民得之于朝那湫旁(在今甘肃径川内)。厥湫,系指湫渊。三为亚驼文,原藏洛阳刘忱家。郭沫若认为其为宋人仿照巫咸文和大沈厥湫文伪造。

据《史记》记载,秦始皇统一中国后,从公元前219年至220年的10年中,巡行天下,在峄山、泰山、琅玡台、之罘、碣石、会稽等地刻石铭功。它们分布于河北、山东、浙江等省区。现有3块遗石的残片传世:峄山刻石、泰山刻石、琅玡台刻石。

石鼓文

诅楚文

---

① 徐自强,吴梦麟.古代石刻通论[M].北京:紫禁城出版社,2003.

泰山刻石　　　　　　峄山刻石

(3) 金文

战国时代秦国金文多见于兵器、权量、虎符等器物上。其中最有名的是秦孝公十八年所做的商鞅量（也称商鞅方升）的铭文。

商鞅量

杜虎符　　　　　　新郪虎符铭文

(4) 玺印文字

战国后期和统一后的秦印发现得很多。印文多数是篆文，也有不少是古隶。

商鞅量铭文

秦玺印文字

（5）陶文

秦陶文[①]

---

① 袁仲一,刘钰.秦陶文新编[M].北京:文物出版社,2009.

秦国陶文是刻画或戳印在砖瓦、陶器、陶俑、陶马等器物上的文字。多发现于咸阳遗址、始皇陵和秦都雍城,其年代为战国中期至始皇年间。陶文多数只有一两个字或者三四个字。陶俑陶马上的文字多为做器的陶工名,砖瓦、陶器上的文字多为秦制陶作坊的标志。私营制陶作坊以制作生活用器为主,官营制陶作坊以制作砖瓦为主。陶文中小篆与隶书并存。

二、古文字阶段汉字的字体演变

古文字阶段的汉字由弯曲的线条构成。线条的长短不一,粗细不均,因此商及西周早期的汉字写法不定,大小参差,异体众多,风格迥异。自西周中后期始,字体开始变得规整方正,初步具备了方块汉字的轮廓。线条也开始平整起来,字形大小均匀,行款排练整齐。历经春秋时代至战国,汉字字体发展出现了分歧。秦系文字字体与殷商、西周文字一脉相承,至小篆、秦隶而终结,书写风格变化不大。东方六国文字则呈现出各自的地域特色。但是,由于六国文字品类多样,包括简帛、玺印、陶文、货币、铜器、石刻等,齐、楚、晋、燕各系内部文字风格并不统一,而是多种多样。所谓"地域特色",是相对而言,每一系文字中都有一些代表文字较为明显地区别于它系。比如晋系文字中的中山王方壶和圆壶文字,字体颀长,线条细劲,特色鲜明,但并非所有的晋系文字都具备这种风格。楚文字中的曾侯乙编钟铭文婀娜多姿,婉媚流畅,但楚简文字与之并不相同。除了书写风格的不同,各系文字在构造上也常常有所差别。齐系文字的"陈"和楚系文字的"陈"判然不同。

(一)商代文字的字体特点

商汤立国之时,文字已经发展到成熟阶段。商代文字的代表是甲骨文和金文,此二者的字体有不同的特点。甲骨文由于是用刀刻在坚硬的甲骨之上,非常费时费力,所以字体多方折,棱角分明,笔画细硬,有明显的刀锋。在遇到圆形时,只能勾画轮廓。而金文则保留着毛笔字的样子,字体婉转圆润,笔画较粗,遇到圆形时多为填实的。如:

由于甲骨文多是占卜记录,刻写又非常困难,因此,它是一种日常使用的比较简便的俗体字。金文用于庄重严肃的场合,是当时的正体字,其字体往往比较保守,因而很多金文字体比甲骨文更为象形。西周早期的金文,象形程度依然很高。所以,不能把象形程度的高低作为判断字形发展先后的依据。

总的来说,商代汉字具有如下特点:

1. 象形程度高

商代后期的文字,跟图画已经有了本质区别。但是作为一种文字,其象形程度依然很高。有些字只要抓住事物的特征,多一笔少一笔,都不影响人们的识读和使用,因此写法很不固定。在商代金文和甲骨文里,这种现象尤其突出。

2. 字形的方向和写法不固定,大小不一,布局上参差错落

不论在甲骨文还是金文里,几乎每个字都有不少异体字。如:

"子"字在甲骨文中有多种写法：

"强"字中的"口"位置不固定：

"车"字的"车头"方向很随意：

小臣午方鼎铭文

从整篇甲骨文或者金文来看，其布局并不整齐，字体的大小也相差很多，可参看左图的小臣午方鼎铭文。

3. 合文众多

古文字阶段的汉字有一个独特结构，即合文，它贯穿于古文字各阶段。甲骨文中尤为常见。合文又称合书，是将两个或三个字合成一个字来写。有二字合文，如（八月）、（五十）、（五千）、（四千）、（报乙）；有三字合文，如（十一月）、（四祖丁），有的合文还共用构字笔画或部件，如（公子）、（子孙）等。

羡文（即装饰性构字部件或笔画）也是古文字各阶段常见的现象，可参见第六章"繁简字"部分。

（二）西周春秋时期文字的发展演变

把文字的发展分为几个阶段，是相对而言的，因为文字的发展是一个持续的过程，不可能断然分开。每一次大的变化，都是逐步发生的，有一个过渡阶段。西周早期金文的字体跟商代晚期并没有太大的差别。到西周中期，即康、昭、穆诸王时代，字形趋于整齐方正。到恭、懿诸王以后，变化才剧烈起来。表现在以下几个方面：

1. 字形变得大小均称，布局整齐

看恭王时期的墙盘铭文拓片。

2. 线条化，平直化，简化

商代晚期和西周早期金文字形，多填实的团块，笔画不均匀且多波磔，象形意味还比较浓。到了西周春秋阶段，填实的团块变成了线条，粗笔变细，这叫作"线条化"。有波磔的笔画变得均称润滑，象形程度大大降低，这是"平直化"。这两种变化实质上就是"简化"。象形程度继续降低，书写变得相对容易。如：

从春秋晚期起，随着政治上的分裂，各国的文字逐渐走上了具有地方特色的发展道路。但文字的演变是一个渐变的过程，这一变化起于春秋中晚期，贯穿整个战国。除秦系文字之外，

• 第四章 汉字字体的发展与演变•

墙盘铭文拓片

六国文字风格多变,特色鲜明。

(三)六国文字的发展变化

春秋战国之交,周王室权力失落,诸侯国割据而治,言语异声,文字异形,从而造成了各国文字的差异越来越明显。地处宗周故地的秦在文化上比较落后,反而继承了西周文字并在此基础上继续发展。东方六国文字按地域可以分为齐、楚、晋、燕四个系列。近年来,战国文字分域研究成果丰富,为更细致地观察各系文字的字体特点提供了条件。它们之间彼此不同,内部风格也不统一,跟秦系文字有较大差异。各国文字的差异主要体现在书写风格的不同上,字形结构也常见差异,但并未发生根本性变化,还属于由线条构成的文字。字形结构上的变化要到隶书,不规则的线条变成相对固定的笔画,才发生了本质变化。需要强调的是,六国文字具有各自的特点,是相对而言的。某国文字具有某种特点,并不是说该国的所有文字都绝对具有这样的特点。有些文字能够典型地体现出某个地域的特色,有些文字则没有明显的地域特色。

中山王壶铭文

65

1. 晋系文字

晋系文字内涵相当广泛，不但韩、赵、魏三国属于这一系，中山国、东周、西周、郑、卫等小国文字也都属于这一系。① 晋文字特点是结构修长，笔画细劲，字体工整秀丽。晋玺印文字也多具备这种风格。

2. 楚系文字

楚系文字的内涵也相当广泛。以楚国为中心，还包括蔡、曾、吴、越、徐、黄等小国。楚文字尚华藻，字多秀丽。这种字体非常柔美，装饰性强。著名的曾侯乙编钟文字能够非常典型地反映出这种特色，而楚简文字则呈现出另外一种区别于中原地区各国文字的特色。

3. 齐系文字

齐系文字是以齐国为中心的鲁、邾（郳）、滕、薛、莒等地文字。东周齐系文字材料种类十分丰富，包括铜器铭文、兵器铭文、玺印、货币、陶文等。时间上，从春秋早期至战国晚期的文字材料都有发现。徐在国所著的《新出齐陶文图录》是一部研究战国齐系文字的重要著作。齐系文字字体稍长，笔画较细，不像西周文字字形方正。

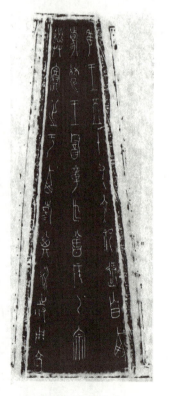
曾侯乙编钟文字

齐陈曼簠铭文

---

① 刘刚认为郑、卫两国文字的归属尚存疑问，可参其《晋系文字的范围及内部差异研究》，复旦大学2013年博士学位论文。

4.燕系文字

燕系文字有兵器铭文、玺印、铜器铭文、货币、陶文等。燕国有铭兵器相当丰富,是观察燕系文字的主要材料。燕玺数量众多,内容丰富,印文所反映的地理、官制、军事制度等是研究相关问题的宝贵资料。燕官玺制作通常较为规范,形制比较统一,其文字风格较为统一,线条匀称,结构工整规矩。① 燕铜器数量有限,少见长篇铭文,因此,燕文字材料比较零散。有许多独特的构形特点且难以被释读。"爪形合并"就是其中一个具有很浓地域性色彩的构形特征。②

六国文字的发展,到秦始皇统一中国,实行"书同文字"的政策以后,画上了句号。从那以后,六国文字不再流行,或存在于字书、文献当中,或随着青铜器、简牍、玺印、陶器等埋藏在地下。

(四)秦系文字的发展

春秋时代的秦文字与西周晚期文字很接近。到战国时代,礼器、乐器铭文几乎绝迹,主要以简牍、玺印、量器、兵器、陶文、石刻、货币等形式呈现。秦系文字中的铜器铭文(包括量器、虎符)和石刻文字还是继承了西周文字的传统。秦玺印也较为接近这类风格。其变化主要表现在:字形规整匀称程度的不断提高,其发展的最终结果为小篆。

作为战国秦文字大宗的简牍文字和兵器文字则与铜器铭文和石刻文字不同,更加简化而草率,已经可以看到隶书的意味。秦隶最大的特点是,把秦篆的圆转笔画分解为方折笔画,并进一步线条化。这无疑是对规范秦篆结构的一次大破坏。秦隶是古文字发生质变的过渡状态。从秦简牍上可以看到从小篆到隶书的转变。

燕王戎人矛(部分)

里耶秦简③

---

① 曹锦炎.古玺通论[M].上海:上海书画出版社,1996.
② 张振谦.说燕系文字的"爪形合并"[J].古籍研究,2015(01):169-172.
③ 湖南龙山出土里耶秦简选刊[J].中国书画,2003(05).

第二节 隶楷阶段汉字字体的演变

一、考察这一阶段汉字字体演变的材料

(一) 简(牍)帛文字

两汉时期,竹简或木简仍然是主要书写材料,牍也使用得比较多。东汉造纸术改进后,纸开始成为书写材料,但晋代政府文书等重要文献仍然用简牍,直到南北朝时期,纸才彻底代替简牍。

目前的简牍按用途大致可分为两种,一种是日常使用的简牍,另一种是墓葬简牍。日常使用的汉简中,有一大批是边塞汉简,是指在西北地区两汉和魏晋时代的边塞遗址里发现的汉简和魏晋简。除了边塞汉简之外,还有发现于驿置机构的汉简。

日用的汉简按出土时间先后和出土地点主要有以下几种。

1. 敦煌汉简

敦煌汉简指20世纪初以来,在河西疏勒河流域汉塞烽燧遗址陆续出土的竹、木简牍,因最先发现于敦煌而得名。敦煌汉简自首次面世至今,其间不断有新发现,截至目前,共出土2480余枚。[①] 包括:

1906年4月27日,英籍匈牙利人马尔克·奥莱尔·斯坦因开始了他的第二次中亚考察。斯坦因再次发掘尼雅遗址,发现汉文简牍12枚,佉卢文木简1枚。12月上旬,斯坦因抵达罗布沙漠,挖掘楼兰遗址,获得500多件珍贵文物,其中汉简173枚。1907年3月12日,斯坦因抵达敦煌,开始在疏勒河上游调查。在敦煌西北的汉代长城烽燧遗址内,发掘汉简708枚,帛书3封。1909年春,斯坦因将获取的简牍委托给法国著名汉学家埃玛纽埃尔-爱德华·沙畹进行整理、翻译和考释。1910年11月,沙畹教授完成了对简牍的翻译、考释工作,其成果在1913年由牛津大学克拉兰顿出版社出版。1913年12月,远在日本的罗振玉收到了沙畹寄来的"手校之本"。[②] 罗、王二人从沙书图片中选取了木简和纸片589枚,根据简牍的性质和内容重新分类。这些简牍被分为三大类:书籍、书信和簿记丛残。分类后两人分工合作,1914年写成《流沙坠简》。这些简最早者为西汉武帝天汉三年(公元前98年),最晚者为东汉顺帝永和二年(公元137年)。原简现藏伦敦不列颠博物馆。

1913—1915年,斯坦因进行第三次中亚考察。在敦煌汉代烽燧遗址掘得84枚简牍,在安西、酒泉采得105枚简牍。原简现藏伦敦不列颠博物馆。

1920年,周炳南在敦煌小方盘古城附近掘得17枚简牍。原简藏敦煌研究院。

1944年,前西北科学考察团历史考古组夏鼐等在敦煌小方盘古城遗址掘得149枚简牍。原简现藏台北图书馆。

1976年,甘肃文物工作队(现文物考古研究所)和敦煌县文化馆在小方盘古城遗址周围掘

[①] 甘肃省文物考古研究所.敦煌汉简[M].北京:中华书局,1991.
[②] 罗振玉,王国维.流沙坠简[M].北京:中华书局,1993.

得汉代简牍 1217 枚。原简现藏甘肃文物考古研究所。

1977 年,嘉峪关市文物保管所在玉门花海农场附近的汉代烽燧遗址中采得 91 枚简牍。原简现藏嘉峪关长城博物馆。

1981 年,敦煌博物馆在酥油土汉代烽燧遗址采得 76 枚简牍。原简现藏敦煌博物馆。

1986－1988 年,敦煌博物馆在全市文物普查中,采得汉简 137 枚。原简现藏敦煌博物馆。

根据敦煌汉简中的年号简,时间上限为汉武帝元鼎三年(公元前 114 年),下限为东汉桓帝永兴元年(公元 153 年)。[①]

敦煌汉简中可以看到隶书、行书、草书等字体。

2. 罗布泊汉简(楼兰汉简)

楼兰简纸文书包括木简和纸。1901—1980 年,楼兰简纸的出土,先后共有五批:第一批出土文书是 1901 年 3 月斯文·赫定在罗布泊发现木简 121 件;1906 年 12 月斯坦因首次带领考察队共发掘简纸文书 201 件,木简 166 件;1909 年 3 月橘瑞超带领日本大谷探险考察队共发掘简纸文书 49 件,木简 4 件;1914 年 2 月斯坦因进行了第二次探险发掘,共发掘简纸文书 103 件,木简 59 件;1980 年 4 月,新疆社会科学院侯灿率队第一次进入罗布荒原进行探险发掘,共发掘简纸文书 65 件,木简 63 件,残纸 2 件。[②] 楼兰简纸文书经历了三国、西晋和前凉时代,根据纪年简的记载,考释的上下限为公元 252—330 年。[③]

3. 居延汉简(居延旧简或旧居延汉简)

居延地区先秦称作弱水流沙,秦汉以后始称居延。1930－1931 年西北科学考察团瑞典人贝格曼等在今甘肃省和内蒙古自治区的额济纳河流域数十个地点采得汉简 1 万多枚。原简于 1940 年运往美国国会图书馆保存,现存于台湾"中央研究院"历史语言研究所。这些地方的边塞在西汉属于张掖郡居延和肩水两都尉管辖,因此,这里出土的汉简习惯上称为"居延汉简"。由于 1972—1974 年破城子和金关遗址出土汉简,这批简被称为"居延旧简"或"旧居延汉简"。居延汉简的内容主要是当时边塞屯戍的日常生活档案兼及汉代社会生活的方方面面。这批简牍中年号最早的为汉武帝太初三年简(公元前 102 年),最晚的为东汉光武帝建武七年简(公元 31 年),大部分为木质简牍,还有少量竹简。[④] 居延汉简上大多为隶书,少量为草书。

4. 居延新简

1972—1974 年间,由甘肃省文化厅文物处、甘肃省博物馆文物队、酒泉地区及当地驻军等单位组成的居延考古队调查和发掘了肩水金关、甲渠侯官(破城子)、甲渠塞第四燧三处遗址,出土汉简 19400 余枚;1976 年,该队在额济纳旗布肯托尼以北地区调查获简 173 枚;1982 年,甘肃省文物工作队于甲渠侯官遗址发现 22 枚汉简。[⑤]

[①] 饶宗颐,李均明.敦煌汉简编年考证[M].台北:新文丰出版公司,1996.
[②] 侯灿,杨代欣.楼兰汉文简纸文书集成[M].成都:天地出版社,1999.
[③] 罗见今.楼兰简牍年代补释[J].内蒙古师范大学学报(自然科学汉文版),2007(06):741.
[④] 中国社会科学院考古研究所.居延汉简甲乙编·上册[M].北京:中华书局,1980.
[⑤] 甘肃省文物考古研究所,甘肃省博物馆,文化部古文献研究室,中国社会科学院历史研究所.居延新简·甲渠侯官与第四燧[M].北京:文物出版社,1990.

1990年,《居延新简·甲渠侯官与第四燧》出版。

甘肃简牍保护研究中心、甘肃省文物考古研究所、甘肃省博物馆、中国文化遗产研究院古文献研究室、中国社会科学院简帛研究中心已出版:《肩水金关汉简(壹)》,中西书局,2011年;《肩水金关汉简(贰)》,中西书局,2013年;《肩水金关汉简(叁)》,中西书局,2014年;《肩水金关汉简(肆)》,中西书局,2015年。

5. 悬泉汉简

"悬泉汉简"因出土于汉代悬泉置遗址而得名。"置"是驿站。遗址位于现敦煌市以东。汉代烽燧散布周围。1990年到1992年,甘肃省文物考古研究所对该遗址进行了抢救性发掘。出土有简牍、帛书、纸文书、墙壁题记等各类重要文物7万余(枚)件,其中有字简牍近2万枚。悬泉汉简中最早的纪年简是汉武帝元鼎六年(公元前111年),最晚为东汉安帝永初元年(公元107年)①。

6. 额济纳汉简

1999年9月至2002年10月,内蒙古自治区文物考古研究所、阿拉善博物馆、额济纳旗文物保护中心组成联合考古队,对额济纳旗境内的汉代居延遗址进行了分阶段考古调查,并对其中部分遗址进行了试掘,发现了500多枚汉简,命名为"额济纳汉简"。时代以西汉中期至东汉早期者居多,最早纪年属汉宣帝神爵三年(公元前59年),最晚者为东汉光武帝建武四年(公元28年)②。

敦煌汉简早期隶书

---

① 甘肃简牍博物馆,甘肃省文物考古研究所,陕西师范大学,清华大学出土文献研究与保护中心.悬泉汉简(一)[M].上海:中西书局,2019.

② 孙家洲.额济纳汉简释文校本[M].北京:文物出版社,2007.

• 第四章　汉字字体的发展与演变 •

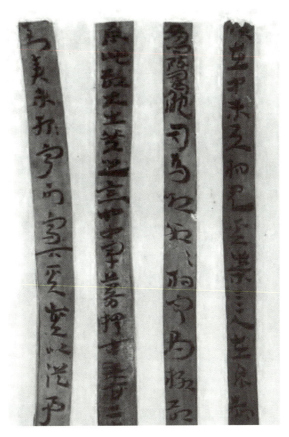

敦煌汉简草书

敦煌汉简行书

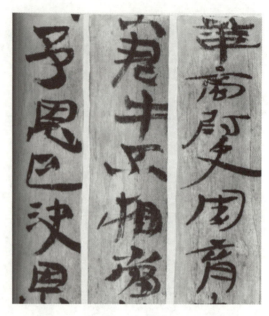

居延汉简隶书

居延汉简草书①

悬泉汉简草书及行书②

---

① 中国社会科学院考古研究所.居延汉简甲乙编·上册[M].北京:中华书局,1980.
② 甘肃简牍博物馆,甘肃省文物考古研究所,陕西师范大学,清华大学出土文献研究与保护中心.悬泉汉简(一)[M].上海:中西书局,2019.

• 第四章 汉字字体的发展与演变•

楼兰汉简①

7.墓葬汉简

墓葬汉简就是在墓葬里发现的汉简,多数是书籍和记录随葬物品的"遣册"。边塞汉简里没有西汉早期的简,而墓葬汉简里武帝初年以前的简很多。墓葬汉简主要有以下几批:

(1)武威汉简

1959年,甘肃省武威磨咀子6号墓中出土汉简480枚,包括《仪礼》简469枚,分为9篇。《仪礼》简为《仪礼》的版本、校勘提供了重要资料。多数简册保存完好。1964年,文物出版社出版了甘肃省博物馆、中国科学院考古研究所整理的《武威汉简》,公布了这批简牍资料。

1972年,在甘肃省武威旱滩坡的一座东汉早期墓葬中出土了医药简牍,为研究我国古代医学提供了重要资料。1975年,文物出版社出版了甘肃省博物馆、武威县文化馆整理的《武威汉代医简》。

(2)马王堆汉简

1972年,湖南省长沙马王堆1号汉墓(下葬年代约文帝晚年)出土竹简312枚,是记载随葬物的"遣册"。

1973年发掘的长沙马王堆3号汉墓(文帝十二年下葬),除了出土大批珍贵帛书外,还出土竹木简600余枚(包括少量木牍),一部分是遣册,一部分是讲养生之道和房中术的书。

(3)银雀山汉简

1972年4月,山东临沂银雀山1号汉墓(约武帝初期)出土竹简6000枚左右,但大部分已残碎,包含《孙子》《齐孙子》(即《孙膑兵法》)《晏子》《太公》《尉缭子》等古书的部分抄本,以及很多其他古书(绝大部分是佚书)。同时发掘的2号汉墓出土武帝元光元年历谱一份。

(4)凤凰山汉简

1973年和1975年,考古工作者两次发掘了湖北江陵凤凰山的西汉前期墓地,在好几个墓

---

① 侯灿,杨代欣.楼兰汉文简纸文书集成[M].成都:天地出版社,1999.

里都发现了遣册。在1973年发掘的10号墓里,还发现了内容主要为乡文书的一批竹简和木牍。

(5) 阜阳汉简

1977年,安徽阜阳双古堆1号汉墓(约文帝时)出土竹简6000余枚,其中有《诗经》《仓颉篇》等书的部分抄本,可惜都已残碎。

(6) 大通上孙家寨汉简(金城汉简)

1979年,青海博物馆考古工作队在大通县上孙家寨115号西汉晚期墓内出土简牍400多枚,经整理编缀,完整、较完整者240余枚。主要是有关兵法、军法、军爵律和其他古书籍残目。大通在汉代属金城郡,故又称金城汉简。

(7) 张家山汉简

1983年12月—1984年1月,江陵张家山247号、249号、258号三座西汉前期墓出土大量竹简。247号墓出简1000多枚,其中有汉律,《秦谳书》《盖庐阖闾》《脉书》《引书》《算数书》和历谱、遣册等。249号墓有《日书》。258号墓有历谱。

(8) 尹湾汉简

1993年春,江苏省连云港市考古工作者于江苏省东海县温泉镇尹湾村6号汉墓中发掘出土一批西汉成帝时期的简牍,计有竹简133枚,木牍23方,4万余字。内容包括东海郡政府文书档案、术数历谱、私人文书与墓主日记、汉赋佚篇。

这些汉简中,银雀山、马王堆、阜阳、凤凰山、张家山等地的汉简属于西汉早期。除了上述几批汉简,河北定县八角廊汉墓、江西南昌海昏侯汉墓等也出土了许多汉简。此外还有很多零星出土的汉简。

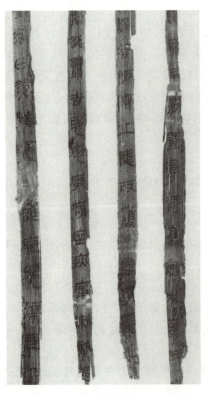

阜阳汉简

马王堆汉简

• 第四章 汉字字体的发展与演变 •

现存帛书原物主要有三批。一是英人斯坦因于 1908 年在敦煌发现的两件帛书。二是长沙子弹库楚帛书,时代约在战国中晚期。1942 年子弹库楚墓出土了该批帛书,该墓于 1973 年被重新发掘。三是湖南省博物馆经科学考古发掘,于 1973 年在长沙马王堆三号汉墓中发现 30 件左右西汉帛书。汉帛书抄写年代的下限是汉文帝十二年,即公元前 168 年。① 这些帛书除少数用篆文外,都用早期隶书即古隶抄写。

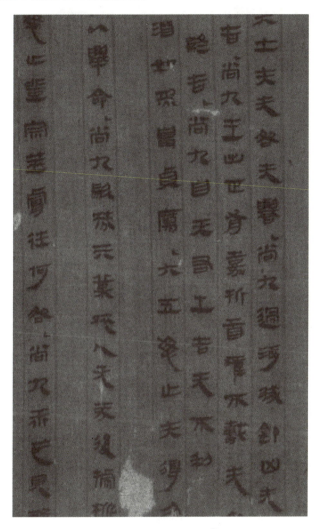

马王堆汉帛书(部分)②

(二)故纸文字

魏晋时代的楼兰遗址里,除木简外,还出土了一些字纸,年代跟同出的简差不多。

楼兰纸质文书的发掘,历经了一个多世纪,先后共有五批。1901 年 3 月,斯文·赫定在罗布淖尔发现了楼兰古城,在城中挖掘获得了一批简纸。其中残纸 36 片。英国学者斯坦因,

---

① 陈松长.帛书史话[M].北京:社会科学文献出版社,2012.
② 裘锡圭.长沙马王堆汉墓简帛集成(一)[M].北京:中华书局,2012.

1906年和1914年两次到楼兰地区进行考察。1906年他发现了第二批简纸文书,其中有残纸35片。日本大谷探险队的橘瑞超,1909年3月,1910年末至1911年初两次对楼兰遗址考察探险,掘获了第三批汉文简纸文书,其中有残纸15片。斯坦因1914年在对楼兰的第二次考察中得到残纸44片。新疆社会科学院考古研究所于1980年4月首次对楼兰遗址进行考察,侯灿率队掘得残纸2片。通过历次对楼兰遗址考古发掘出土的五批文书,发掘编号共有575号,考释编号共有709号。

楼兰纸质文书上可以见到楷书、草书、行书、介于楷书和行书之间的行楷等字体。

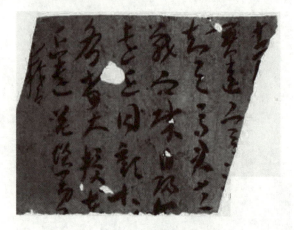

楼兰字纸草书①

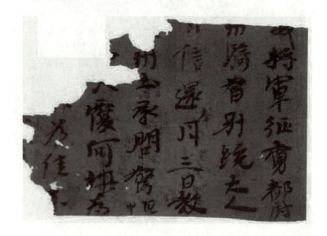

楼兰字纸行楷

(三)石刻墓志文字

这一时期的石刻文字主要是碑文。刻碑的风气大概在东汉才兴起,东汉中晚期最兴盛。所以前人搜集的汉代石刻大多属于这一时期。西汉至东汉早期石刻都不多。东汉碑刻一般使用隶书,多数是新隶体。南北朝以后,楷书成了碑刻上的主要字体。

墓志的材料有的用石,有的用砖。所以不能笼统地称为石刻。

---

① 侯灿,杨代欣.楼兰汉文简纸文书集成[M].成都:天地出版社,1999.

• 第四章 汉字字体的发展与演变 •

东汉曹全碑[1]

西晋左棻墓志

东晋王兴之夫妇墓志

北魏穆玉容墓志

---

[1] 刘正成.中国书法全集·三国两晋南北朝墓志[M].北京:荣宝斋出版社.1995.

二、隶楷阶段汉字字体的演变

本阶段汉字字体发展的一个突出特点是变化剧烈,产生了很多新字体,同时彻底打破了小篆以前象形文字的规范,从此以后,象形文字退出历史舞台。下面以众多新字体的产生和发展为线索来梳理这一阶段汉字字体的演变情况。

(一)隶书兴起,篆文式微

上一小节,谈到秦系文字发展情况的时候,秦始皇的"书同文字"消灭了六国文字,把中国的文字统一于小篆。同时,当时的俗体字中已经酝酿着一种新字体,那就是隶书。在秦简当中,就可以看到这种趋势。那时的字体还不是成熟的隶书,称之为"秦隶"或"古隶",里耶秦简上就是这种文字。西汉早期简帛上的隶书,也是这种"古隶"。如马王堆汉简和阜阳汉简中的隶书。这种字体保留着较多的篆意,典型的隶书特征还没有形成。新莽时期开始产生重大的变化,产生了点画的波尾的写法。到东汉时期,隶书产生了众多风格,并留下大量石刻。《张迁碑》《曹全碑》是这一时期的代表作。隶书于此时完全成熟。

大约在东汉中期的时候,从日常使用的隶书里演变出了一种隶书的俗体,这种俗体抛弃了典型隶书收笔时上挑的笔法,较多地用尖撇,呈现出由隶书向楷书过渡的面貌,称为"新隶体"。在敦煌汉简中可以看到这种字体。新隶体在魏晋时代仍然流行。

(二)草书的形成和发展

汉代通行的字体除了隶书之外,还有草书。"草"即"简便、粗疏"的意思。"草书"有两种含义:一种是广义上的"草书",凡是写得潦草的字都可以算;另一种是狭义的"草书",是一种特定的字体,它的产生有特定的时代背景,写法有一定的规矩和习惯。这里介绍狭义的"草书"。在秦简及西汉早期简中,虽然可以看到某些笔画或部件草率的写法,但绝大多数字形隶书的意味还很浓,应该处于草书正在萌芽并形成的阶段。如:

睡虎地秦简

银雀山汉简

直到居延汉简、敦煌汉简和楼兰汉简中,出现了大面积的草书字形,可以推断最晚在西汉中期,草书已经形成了。可见草书和隶书是同时萌芽并发展的。

(三)行书的形成

不少人认为行书是在楷书基础上形成的,把楷书写得草率一点就是行书,这是不对的。张怀瓘在《书断》中说:"行书者,乃后汉颍川刘德昇所造,即正书之小讹,务从简易,故谓之行书。"并且形容这种字体"风流婉约"。从目前见到的文字材料来看,这种说法是可靠的。

在敦煌汉简上可以见到下图所示的这种行书,它既不是隶书,也不是草书,应该就是早期行书。这种字体笔画多有连笔,但又不像草书那样难以辨认,很多笔画还保留着隶书的特点,早期行书是从隶书脱胎而来的。

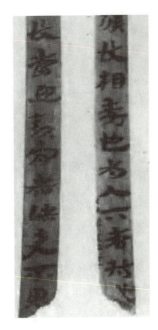

行书

还有一种字体介于行书和楷书之间,比楷书多了一些连笔,但是连笔又没有行书那么普遍,称之为"行楷"。行楷在楼兰简纸中比较常见。

(四)楷书的形成与发展

考察前面介绍的各种文字材料,可以发现,在南北朝时期的碑刻上,可以见到标准的楷书。东汉至两晋的碑刻还是隶书的天下。因此有人认为此前的楷书,如三国时期曹魏著名书法家钟繇的楷书和东晋王羲之的楷书都是不可靠的。这是一种误解。古人在不同的用途上往往使用不同的字体,文人学士特别是书法家所用字体跟一般场合所用的字体也是不同的。碑刻用在庄重肃穆的场合,因此用字比较保守。所以不能单一地因为碑刻用字的情况就断定楷书的产生时间。事实上,在魏晋时代的楼兰字纸上,就可以看到与楷书相似的字体。因此,楷书产生于魏晋,到南北朝时期之后才成为主流。至此,汉字字体的演变尘埃落定,楷书最终成为人们最常使用的字体。

楼兰字纸楷书

 本章小结

根据目前所见到的各个时代的汉字材料,汉字字体的发展经历了这样的过程:由象形到不象形,由复杂到简单,书写难度降低。从字体的角度看,汉字的发展顺序如下:

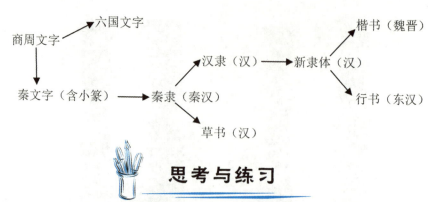

 思考与练习

汉字为什么会产生如此众多的字体？这些字体的产生大约在什么时候？为什么在这时产生这些字体？楷书之后为什么没有新字体的产生？

本章主要参考文献

[1] 陈伟.秦简牍合集(一)[M].武汉:武汉大学出版社,2014.
[2] 高明.古陶文汇编[M].北京:中华书局,1990.
[3] 甘肃简牍博物馆,甘肃省文物考古研究所,陕西师范大学,清华大学出土文献研究与保护中心.悬泉汉简(一)[M].上海:中西书局,2019.
[4] 甘肃省文物考古研究所.敦煌汉简[M].北京:中华书局,1991.
[5] 何琳仪.战国文字通论(订补)[M].南京:江苏教育出版社,2003.
[6] 黄德宽.汉字构形方式的动态分析[J].安徽大学学报(哲学社会科学版),2003(7).
[7] 黄德宽,陈秉新.汉语文字学史(增订本)[M].合肥:安徽教育出版社,2006.
[8] 黄德宽,等.古汉字发展论[M].北京.中华书局.2014.
[9] 侯灿,杨代欣.楼兰汉文简纸文书集成[M].成都:天地出版社,1999.
[10] 李零.简帛古书与学术源流[M].北京:生活·读书·新知三联书店,2004.
[11] 李学勤.简帛佚籍与学术史[M].南昌:江西教育出版社,2001.
[12] 裘锡圭.长沙马王堆汉墓简帛集成(一)[M].北京:中华书局,2012.
[13] 裘锡圭.文字学概要(修订本)[M].北京:商务印书馆,2013.
[14] 上海博物馆青铜器研究部.先秦钱币[M].上海:上海书画出版社,1994.
[15] 施谢捷.古玺汇考[D].合肥:安徽大学,2006.
[16] 唐兰.中国文字学[M].上海:上海古籍出版社,2005.
[17] 赵超.中国古代石刻概论[M].北京:文物出版社,1997.
[18] 王宁.汉字学概要[M].北京:北京师范大学出版社,2001.
[19] 王恩田.陶文图录[M].济南:齐鲁书社,2006.
[20] 徐自强,吴梦麟.古代石刻通论[M].北京:紫禁城出版社,2003.
[21] 徐在国.古陶文著录与研究综述[J].贵州师范大学学报(社会科学版),2016(2).
[22] 徐在国.新出齐陶文图录[M].北京:学苑出版社,2014.
[23] 袁仲一,刘钰.秦陶文新编[M].北京:文物出版社,2009.
[24] 张玉金,夏中华.汉字学概论[M].南宁:广西教育出版社,2001.
[25] 庄新兴.战国玺印分域编[M].上海:上海书店出版社,2001.

第五章 汉字的结构

┃本章导读┃

汉字属于表意体系的文字,它同拼音文字的区别在于,文字符号不直接反映语音。相反,字形与字义之间的联系非常密切,分析字的形体结构,是进一步认识汉字的形、音、义的基础,这在汉字学以致整个传统语言学研究中都占有极其重要的地位。

汉字是形、音、义的结合体,见其形近而知其音和义,所以分析汉字的构造,是为了更好地了解字义。例如"徒"字,《说文》分析为:"步行也。从辵,土声。""徒"的本义是徒步行走。这个本义可以从"徒"的造字结构得到说明。"从辵",表明字义跟动作有关;"土声",表明它是一个从"土"得声的形声字。分析汉字的结构,还有助于我们了解字的古代读音。例如在《山海经》的《夸父逐日》中,我们说"父"通"甫","甫"小篆写作 ,从"用""父"声,因此二字是可以相通的。

汉字的构造不同于汉字的书写结构,从这个角度看,"徒"的结构可以分为"彳""走"两个部分,但是这种分析可以告诉我们"徒"字的写法,却不能回答"徒"字的本义是什么的问题。所以,我们这里所谈的汉字的结构指的是汉字的形体结构。对汉字结构进行分析,掌握汉字的造字方法,便于更好地掌握汉字的形、音、义的本源,从而正确地认识和使用汉字。

┃学习目标┃

汉字是表意体系的文字,传统的汉字结构理论主要是六书说。通过本章的教学,要求学生了解并掌握汉字的基本字形,对汉字进行结构分析,以便更好地掌握汉字的形、音、义的本源,正确地认识和使用汉字。掌握汉字的造字方法,认识汉字的结构规律,既有利于识字教学,正确地辨析词义,也有利于对汉字的进一步整理和对未来汉字的进一步改革。

第一节 传统的汉字结构理论

传统的关于汉字结构的理论,主要是六书说。

一、六书说的形成

六书的名称,最早见于成书于战国时代的《周礼·地官·保氏》:"保氏掌谏王恶而养国子以道,乃教之六艺:一曰五礼,二曰六乐,三曰五射,四曰五驭,五曰六书,六曰九数。"说明在先秦时期已有了"六书"的概念。这里只是列举了六书的名目,内容具体所指是否即后来解释的六种造字法,历来说法很多。不过从一些先秦古书的记载来看,在春秋战国之际分析汉字结构的风气是比较流行的。

《左传·宣公十二年》:"楚子曰:'夫文,止戈为武。'"(楚成王说)

《左传·宣公十五年》:"故文,反正为乏。"(伯宗说)

《左传·昭公元年》:"秦医和曰:'于文,皿虫为蛊。'"(医和说)

《韩非子·五蠹》:"古者仓颉之作书也,自环者谓之私,背私谓之公。"

许慎在《说文解字》里解说字形的时候,采用了据说是孔子的说法,例如"一贯三为王。""牛羊之字以形举也。""视犬之字如画狗也。"

及至汉代,这种分析汉字构造的实践活动随着文字教学的深入而加深,其解析文字的言论也多为许慎所引据,例如:

《说文·艹部》:"折,从斤断草,谭长说。"(卷一)

《说文·卜部》:"贞,一曰鼎省声,京房所说。"(卷三)

《说文·卜部》:"用,从卜从中,卫宏说。"(卷三)

以上这些解释未必都是正确的,但是它反映了人们对汉字结构分析认识的过程。到了汉代,统治阶级重视对文字教育以及古文经的发现,进一步加强了对文字现象的整理与研究(有《仓颉篇》《急就篇》等)。人们对汉字结构内部感性认识不断积累和提高,终于上升到一种理性思维。到了东汉,先后有班固、郑众、许慎三家把《周礼》的六书解释为六种造字法。

班固在《汉书·艺文志》中说:"周官保氏,掌养国子,教之六书,谓象形、象事、象意、象声、转注、假借。"《周礼》郑玄注引郑众说:"六书,象形、会意、转注、处事、假借、谐声也。"许慎的《说文解字·叙》:"《周礼》八岁入小学,保氏教国子先以六书,一曰指事,二曰象形,三曰形声,四曰会意,五曰转注,六曰假借。"三家对六书的分类基本一致,但具体名称和次第不同。但是如果从他们的师承关系上考察,可以看出来龙去脉。西汉末年古文经学派创始人刘歆作《七略》。班固的《艺文志》实际上本于《七略》,则关于六书的细目,可以说源自刘歆;郑众的父亲郑兴是刘歆的弟子;许慎出自贾逵门下,贾逵的父亲贾徽也是刘歆的弟子,所以三人关于汉字的结构的认识可以说同出刘歆一源。这三人中,班固、郑众只有名称而无界说,只有许慎在前人基础上既规定六书界说,又举出了例子。班固的排序比较符合汉字自身的发展趋势,即由浅入深、由简单到复杂,许慎的命名则更具概括性,所以后世研究六书,一般采用许慎的命名,顺序则用班固的[①]。

二、六书说的内容

许慎不仅对当时存在的"六书"名称加以归纳,提出自己的看法;而且他更给每一种字类都规定了界说,举出了例字。这种对汉字结构所作的说明,奠定了汉字形体学的基本理论,人们习惯上称这种基本理论为"六书说"。后来六书说的内容不断丰富,成为传统文字学理论的基本组成部分。

(一)象形

许慎在《说文解字·叙》里给象形的界定是:"象形者,画成其物,随体诘诎。"并举出了"日""月"二字作为例证。"诘诎"即"曲折"之意。象形这类字是把事物的形态描绘下来,随事物不同的形体而曲折变化,具有很强的直观性。这样看来,凡是有形可象的都可以用这种方式表现出来,比如天象、地理、人体、动物、器物、宫室等。下面略举数例加以说明。

[①] 现代有的学者因为意识到从文字的发展规律来看假借先于形声,所以将假借放在形声的前面,例如梁东汉的《汉字的结构及其流变》、张桂光的《汉字学简论》等。本书还是依据传统,采纳班固的顺序。

《说文·雨部》:"雨:水从云下也。一象天,冂象云,水霝其间也。"(卷十一)雨字甲骨文写作"𠕳""𠕲""𠕱""𠕴"等形,正像有雨滴从天空降落之形。

《说文·雲部》:"雲:山川气也。从雨、云,象回转形。云,古文省雨。"(卷十一)云字的甲骨文写作"𠄢""𠄣""𠄤""𠄥"等形,可证《说文》"雲"字古文写法渊源有自。

《说文·鹿部》:"鹿:兽也。象头角四足之形。鸟鹿足相似,从匕。凡鹿之属皆从鹿。"(卷十)鹿字的甲骨文写作"𢊁""𢊂""𢊃""𢊄"等形,突出鹿的角、大大的眼睛和奔跑的四肢。

《说文·目部》:"人眼。象形。重童子也。凡目之属皆从目。"(卷四)目字的甲骨文写作"𠄔""𠄕""𠄖",眼眶、眼珠子和瞳孔的形象一目了然。

常见的象形字还有:

楷书	小篆	甲骨文	楷书	小篆	甲骨文
示			网		
牛			人		
止			舟		
行			页		
册			水		
豕			犬		
又			马		
虎			鱼		
自			车		
木			子		
日			矢		
月			女		

至于像一、二、三、四、方、圆等字的类属的讨论,学术界一直都没有停止过。有的学者认为是"纯符号指事字",如杨五铭的《文字学》,陈世辉、汤余惠的《古文字学概要》等。裘锡圭在《文字学概要》里则称之为"抽象字",认为它们是由抽象的形符造出来的。

郭沫若在《卜辞通纂·考释》里说:"十位数字,于文字之结构上,可以判为二系,一至三为一系,五至十又为一系,是也。""数生于手,占文一二三四作一二三三,此手引之象形也。"很明显,郭氏以一、二、三、四诸字为像手形的象形字。近年张桂光的《汉字学简论》中认为"一、二、三、四"都是横放算筹代表个位数的算筹形象,"十、廿、卅、卌"则是以竖放的算筹代表十位数的算筹形象的写照,都应该属于象形字。至于"方""圆""回""凵""小""丫""凹""凸"等字,他认为实际上是抽象的象形字,古人在造字时,思维已有了抽象水平,这些抽象概念可以用手势之类表达,理解为手势之类的象形字也是合适的。

象形的特点是具有很强的直观性,凡是有形可象的大多可以用这种方式表现出来,因此象形字是汉字造字的基础,后面要讲到的会意字、形声字都是在它的基础上产生的,一部分指事字也是以它为基础造出来的。但是由于文字演变,很多象形字在小篆里已经失掉了其本来面目。许慎依据的资料主要是战国时期流传下来的,他不清楚文字的发展变化情况,根据变化了的字形进行说解,出现错误自然是难免的。例如,《说文》中的"止"字:"下基也。象草木出有址,故以址为足。"甲骨文中"止"写作" "" "" ",像人足趾形,为趾本字。《说文》中的"申"字:"神也。七月阴气成体,自申束,从臼,自持也。"《说文》的解释令人匪夷所思。甲骨文中"申"字写作" "" "" ",像雷电闪耀屈伸的形状,可证《说文》中申字古文写法不误。假借为干支用字。

象形字与原始的图画关系非常密切。当图画表示的概念确定了,抽象成线条成为形象化的符号,与语言里的词发生了联系,有了一定的读音,就成为文字。因此,象形字可以记录语言里的词,但它毕竟刚从图画脱胎出来,只能反映人类思维最初阶段的水平,是最原始的一种造字法,不可避免会有它的缺陷和局限性。主要表现在以下几个方面:第一,象形字一般是对具体事物的描写,用这种方法造字数量是有限的,而且多半是名词,远远不能满足记录语言的需要。第二,事物的名称有具体的,又有抽象的。抽象的概念无形可象,画不出来,如要把方位词"东"画出来,就不好表现。第三,一些物体的局部不易用象形表现出来,如要画树根(本)或者树梢(末),不画出树来就不好表现。第四,靠勾廓的方式,一些形近的事物不好区分,如虎与豹、狗与狼等。第五,只有语法意义而没有词汇意义的虚词更是不好表现。因此,总结象形造字法的不足,可以帮助我们更好地认识其他造字法,客观地进行文字学理论的学习。

(二)指事

许慎在《说文解字·叙》里给指事的界定是:"指事者,视而可识,察而见义。"并举出了"上""下"二字作例证。意思是看了就可以认识,进一步考察就知道它的意义。指事字是以象形字为基础的,但它不是通过形体直接表现事物的形态,而是通过一些特定的符号的提示作用表达一定的意义。甲骨文中,"上"写为" "","下"写为" ",以一长横线做标准线(或代表地平面),上边或下边的短画,表示物体所处的位置,起到指示事类的作用。例如:

甘,《说文》:"美也。从口含一,一,道也。"甲骨文写作" ","口"中加一短画,表示口中有物。①

曰,《说文》:"词也。从口乙声,亦象口气出也。"甲骨文写作" ",从"口"为象形,一短横表示词、气从口出。

刃,《说文》:"刀坚也。象刀有刃之形。"甲骨文写作" ","刀"字是象形,在"刀口"上加上一点作标记,提示其锋利之所在。

亦,《说文》:"人之臂亦也。从大,象两亦之形。"甲骨文写作" ",是"腋"的本字。所从的"大"象人形,用两个点指示腋窝之所在。臂亦即臂腋。典籍中尚未见到使用本义的例子,《说文》保存了该字的古义。

以上几个字是在象形字的基础上添加指事符号来表示新造字的含义,应该算是指事字中常见的情况。另外,有的学者指出指事字中还有一些变例。一类是在象形字的基础上,减去某

---

① 或以为"甘"本是"含"的表意初文,甘美之物是人所爱含的东西,所以由"含"派生出"甘"这个词(裘锡圭先生在《文字学概要》第146页)。

些部件以揭示字义之所指。例如小篆的"孑""孓"二字,分别写为"𤔔""𤔕",都是以象形字"子"为基础,用省减去字形的右边笔画,来提示"孑"的"右无臂也""单也"的意义;用省减去字形的左边笔画,来提示"孓"的"左无臂也""短也"的意义。同样的还有"片"字,小篆写作"片",以象形字"木"为基础,用省减去其字形左半来表示"劈木成片"的意义。另一类是在象形字的基础上,改变一下方向位置从而揭示字义的。例如,甲骨文的"屰"字写作"屰",以正立着的大人形倒置,来提示"不顺"之意。甲骨文的"左"字写作"左",以改变又(右手象形)方向示意。这种以改变象形字的方向来提示新造字的词义的字例还见于《说文》。例如"県"小篆写作"県",是一种断首倒悬的酷刑,将象形的"首"字倒置,以提示其"倒首"之意。"弃"字上部所从的"𠫓"字,小篆写作"𠫓",将象形"子"字倒置,来表示"不顺忽出也"之意。此外还有"𠂢"(从反"永",即"派"的表意初文)、"𠤎"(从倒"人",变化的"化"字的表意初文)、"𠄌"(从反"亅",表钩识意)等。需要注意的是,《说文》对反向指事字的分析不一定可靠,例如《说文》说"乏"小篆写作"乏",从反"正",但是甲骨文"乏"字写作"𠂉"或"𠂋"。《说文》引《左传》说"反正为乏",战国中山王墓铜壶"乏"字为"𠂉",可证《说文》于字形分析不可信。这种"反向指事字",裘锡圭在《文字学概要》里称作"变体字"。

于省吾在《甲骨文字释林·释古文字附划因声指事字的一例》一文中指出,有一类指事字的特征是在某个独体字上附加一种极简单的点、画作为标志,赋予它以新的含义,但仍以原来的独体字为音符,而其音读又略有转变。例如:

白——百　　　　　　口——甘
史——吏　　　　　　母——每
人——千　　　　　　月——夕

这一观点的提出,对研究文字的发展与演化有着理论意义,是对传统六书的补充。

指事字的造字法比较抽象,因此这种字的数量其实是不多的。清代文字学家朱骏声统计《说文》里指事字一共 129 个,王筠在《说文释例》里统计的还要多很多,但有一些是不可信的。许慎作《说文解字》时依据的主要是秦汉时期的文字资料,没有看到更早的甲骨文、金文材料,因此在说解文字时难免有一些错误。例如,"朱"字甲骨文写作"朱""朱",这个字的构形是在象形字"木"上加指事符号"·"或"一",表示木干处,这个意思后来写作"株"。文献中有表示其本义的用例,如《韩非子》:"兔走触株,折颈而死。"《说文》:"朱,赤心木,松柏属。从木,一在其中。"《说文》于字形分析不误,但是字义应该是其后起义。再如,"孔"字金文写作"孔",构形是在象形字"子"字上加指事符号"ヽ",指示小儿头角上有孔,就是小儿头上的囟门,囟门就像窗孔,所以孔有"孔洞"的意思。孔洞的地方则通达,所以可以引申为"通达"义。《说文·乚部》:"孔,通也。从乚,从子。乚,请子之候鸟也,乚至而得子,嘉美之也。古人名嘉,字子孔。"许慎不明孔字古字写法,不知道它是一个指事字,所以字义分析上也出现了错误。

(三)会意

许慎在《说文解字·叙》里给会意的界定是:"比类合谊,以见指㧑。"并举了"武""信"二字作例证。谊,即义。指㧑,即指向,指相关的两个字结合在一起体现出新的意义。"比类合谊,以见指㧑。"就是说把两个相关的字合在一起,两字意义相合表示的就是新字的字义。"武"和"信"就属于这类字。许慎认为"武"是由"止""戈"二字合成的,"止戈"意味着停止争斗,《说文》:"武,楚庄王曰,夫武定功戢兵,故止戈为武。"是源自《左传》:"夫文,止戈为武,定功戢兵。""武"的最终目的是停止战争,这反映的是古人对"武"字的看法,但并不符合武的造字本义。"止"在古文字中都表示"行动"义,如"之、出、各、走、前"等字所从"止"皆表示前进义,"停止、制止"义是后来的引申义。"武"表示的应该是"武力行动、征讨"的意思。信,《说文》:"诚也。从人从言,会意。"人言为信,也是当时的一种观念,强调言要有信。从古文字资料来看,战国的中山王方壶写作"",从"言""身";古玺写作"",从"口""千","身"或"千"都可以看作"信"的声符。说明《说文》的"信"字出现得比较晚,表达的意义也比较抽象。随着文字的发展变化,后世出现了不少这样的抽象会意字,如少力为"劣",不正为"歪",不好为"孬",小土为"尘",入米为"籴"等。这种靠偏旁所具含义的联合来表意的会意字,或可称之为以意会意。

向,《说文》:"北出牖也。从宀从口。《诗》曰:塞向墐户。"甲骨文写作"""""",像壁上有窗孔。①

臽,《说文》:"小阱也。从人在臼上。"臽即陷的本字,甲骨文写作"",表一个人掉到陷坑里会陷落之意。

及,《说文》:"逮也。从又从人。"甲骨文写作"""""",像用手把人抓住,相及之意甚明。

祭,《说文》:"祀也。从示,以手持肉。"甲骨文写作"""""",与《说文》解释相合。

休,《说文》:"息止也。从人依木。"甲骨文写作"""""",像人倚靠树休息。②

折,《说文》:"断也。从斤断草。谭长说。"篆文"折"从"手",写作"",甲骨文写作"""""",与《说文》解释相合,篆文从"手",乃从"草"之讹。

取,《说文》:"捕取也。从又从耳。《周礼》获者取左耳。司马法曰:载献聝。聝者,耳也。"甲骨文写作""""""等,以手取耳意甚明。

析,《说文》:"破木也。一曰折也。从木从斤。"甲骨文写作"""""",会以斧斤斫木之意。

戍,《说文》:"守边也。从人持戈。"甲骨文写作"""""",像人持戈护卫。

陟,《说文》:"登也。从阜从步。"甲骨文写作"""""",足趾登山,会登攀之意。

(四)形声

许慎在《说文解字·叙》里给形声的界定是:"形声,以事为名,取譬相成。"并举"江""河"二字为例。形声,顾名思义,是由形旁和声旁两部分组成。一般认为"以事为名"说的是形,"取譬相成"说的是音。这里的"名"即"字"的意思,是说根据事类选取一个字做意符,再选取一个读音相同或相近的字作为声符,这个意符和声符组合成的字就是形声字。"江"和"河"都是水名,

---

① 或以为"向"的字形可能表示在屋子里用口发出声音产生回响,是"响"的初文(裘锡圭《文字学概要》,146页)。

② 结合"休"字的古文字字形及其在文献中的用例,裘锡圭先生指出"休"字的本义应该是人在树荫下休息(裘锡圭《文字学概要》,141页)。

都跟水有关,所以选取"氵"旁做表意偏旁,"工"和"可"就是声旁。《说文》中的会意字都标明从某某,形声字则标明从某、某声。根据这个通例可知,一个合体字,如果偏旁中没有声符,就是会意字;反之,偏旁中有声符就是形声字。需要说明的是,我们分析形声字的声符,一定要以古音为标准,不能光看其现代的读音。"工"和"可"在古代的读音与江和河一定是相同或相近的,所以可以用作声符,我们现在读起来差异比较大,是语音发展变化的结果。据有的学者统计,在现代汉字里,形声字的声符能够准确标示其读音的还不到五分之一,所以对于形声字的声符,我们要有历史的观点。而《说文》中的形声字则比较好分辨,例如:"祸,害也,神不福也。从示呙声。""祇,敬也。从示氏声。""祖,始庙也。从示且声。"

在六书中,形声是一种最高产的造字法。形声字由形符和声符两部分组成,这样前面讲过的象形、指事、会意三种字都可以成为形符、声符来组合成新字。而且,形声字本身就可以作为一个声符去组成新字。下面通过一个例子来说明形声字的组字能力。我们以"父"为基本字形,可以产生出"斧""釜""蚥""布"等字;以"甫"为基本字形,可以产生出"尃""铺""浦""埔""莆""脯""捕""哺""通""晡""辅""榑""畺"等字;以"尃"为基本字形,可以产生出"溥""博""搏""膊""愽""傅""缚""敷""赙"等字;以"溥"字为基本字形,可以产生出"薄""簿"等字;以"薄"为基本字形,可以产生出"礴""欂""鑮"等字。这种造字法弥补了象形、指事造字法的局限,而且具有比较灵活的应变能力。比如,为适应近代化学的需要,就造出了氧、氢、氦、氖等形声字;为适应近代物理学的需要,就造出了气、氕、氚等形声字。形声字的这种造字能力,使得汉字的数量急剧增加。据学者统计,《说文》中的形声字约占80%,在现代汉字中约占90%,从这个数量上可以看出形声字的重要性。但是,从另一个角度看,它也增加了使用汉字的难度,例如《汉赋》中形容水声、水势的形声字有:淘涌、滂濆、潋汩、澎濞、沉瀯、滞沛、潢漾,等等,这些字不仅大多数不见于先秦文字,而且后代很多字也都不再使用。我们在看到形声造字法优势的同时,也要看到这种开放式方法的局限性。

唐代的贾公彦在《周礼疏》中把形声字划分为六种结构形式,并举例子说明,如:

①左形右声,江河;
②右形左声,鸠鸽;
③上形下声,草藻;
④上声下形,婆娑;
⑤外形内声,圃国;
⑥外声内形,阛阓。

最后两个例字唐兰改做"闻"和"问"。这种结构形式是根据已经较为规范的楷书来立论的,对于古汉字字形则不完全适用,因为古文字的特点之一即偏旁位置不固定,例如"讼"字,金文写作"𤴔",或写作"𤴔"。

形声字是由意符和声符两部分组成的。意符表示形声字的意义,声符表示形声字的读音。意符表意并不意味着与形声字的意义相同,意符与形声字的意义相同的,可以称作等义字,例如"爸"所从的意符"父"与"爸"同意;"船"所从的意符"舟"与"船"同意。这种情况很少见,多数情况下意符表示形声字所属的意义范畴。意符相同的形声字,在意义上大都和意符所标示的事物或行为有关,例如以"木"为意符的形声字:橘、橙、柚、梨、桃、棠、榆、桂、杨、柳、桶、柏、梧、桐,等等,都是和树木有关系的字;以"贝"为意符的形声字:财、货、贿、资、赍、赠、赏、赐、贷、责、贸、赊、账、贪、贵、贱,等等,都是和财物有关的字。

讨论形声字意符的时候,要注意以下几种情况:

第一,有些形声字我们看不出它的意符和《说文》所提供的古义有什么直接联系,例如《说文》:"试,用也。从言式声。"以言字为意符的形声字要么和言语有关,如"语""谈""请""访""谋""读""训"等;要么和人的品格有关,如"谨""谦""诚""谅"等。"试"字的意义与意符"言"字所表示的意义范畴没有什么联系,在这种情况下,我们宁愿说"试"的本义可能早已消失了。

第二,有一些后起的形声字的"意符"不一定表示本义所属的意义范畴。例如"悬"字,从"心""县"声,但是"悬挂"跟"心"有什么关系呢?"悬挂"的"悬"本作"县",《说文》:"县,系也。"金文写作"",像树上系挂着一个人头,是"悬挂"的本字。后来"县"假借为州县的"县",又造了后起的从"心"的"悬"来表示"悬挂"义,所从的"心"旁跟"悬挂"义是没有什么联系的。

第三,有些意符由于它们表示的意义范畴关系密切,可以互相通用,造成很多异体字。例如,"言""口""欠"三个意符关系较近,所以咏—詠、啸—歗、訢—欣成为异体字。这种情况也见于《说文》,如:"哲,知也。从口,折声。悊,哲或从心。""唾,口液也。从口,垂声。涶,唾或从水。"

关于形声字还有三个问题需要加以说明,一个是"亦声"的问题,一个是"右文说"的问题,还有一个是"省声"的问题。

在形声字中意符表意,有时候这个意符还兼有标音的作用,《说文》里称作"亦声",常见的术语是"从某,某亦声"。后来的学者把这种现象也叫作"会意兼形声"。例如《说文》:"诏,告也。从言从召,召亦声。""谊,人所宜也。从言从宜,宜亦声。"

形声字中这种声符兼表意的现象,后来演绎为"右文说"。真正提出这一学说的是宋代的王圣美。王圣美,字子韶,曾作《字解》,与王安石的《字说》齐名。因藏于家中,故后世不传。沈括的《梦溪笔谈》(卷一四):"王圣美治字学,演其义为右文。古之字书皆从左文。凡字类在左,其义在右。如木之类其左皆从木。所谓右文者,如戋,小也,水之小者曰浅,金之小者曰钱,歹而小者曰残,贝之小者曰贱。如此之类,皆以戋为义也。"

清代和近代都有不少学者研究过"右文"现象并取得了可观的成果。清代最著名的当属段玉裁的《说文解字注》了。段玉裁是在汉字音近义通的范围之内,运用右文法来探寻汉字源头的,即"凡从某字皆有某之义"。他的创新在于:从语音的角度审视汉字,把声符看作形声字的记音符号,声符不同但是读音相同或相近的形声字,只要所表的意义相通,也可以联系在一起。这种利用汉字形体的结构进行的同源词研究,是对右文说的继承。同时他又认为"古今先有声音而后有文字",提倡"以声为义"说,主张直接从声音来探求词义,所以能够在一定程度上突破字形的束缚来探求同源词,克服了右文说的缺点,把右文说的研究推向一个新的发展高度。近代的研究当中当首推沈兼士,他于1933年写下著名的《右文说在训诂学上之沿革及其推阐》一文,归纳出了右文的七种表达方式:①右文之一般公式;②本义分化式;③引申义分化式;④借音分化式;⑤本义与借音混合分化式;⑥复式音符分化式;⑦相反义分化式。并在此基础上将其归纳为"由本义分化及由借音分化的两派"。"两派""七表式"无疑构建了新的右文说体系,在展示了"右文"与孳生字各种灵活的音义关系的同时,用超出传统右文的狭隘界域的方法,提升了"右文说"在词族系联中的综合效用。

右文说的出现,打破了长期以来"以形索义"一统天下的局面,不但在方法上,而且在理论上都对训诂学的发展起了举足轻重的作用。后世的学者受到右文说启示,从词源学的角度出发,通过汉字的谐声系统,丰富了词汇系统的整理。但与此同时,右文说的局限性仍然存在,这主要体现在两个方面:一是在某些形声字中,右文在字体结构中位置并不居右,造成名实不符;二是某些文字在寻求词源的时候,依据右文说无法得到翔实的结果。

省声也是《说文》标音的一种方式,就是省去形声字一部分声符的现象。之所以立省声之名,原因在于同从一声符的形声字,它们的声符往往小有变异。弄清楚省声问题,对于正确认识形声字有帮助。例如"融"字,《说文》说"从鬲,蟲省声"。在简化字里"虫"读 chóng,古代读音里"虫"读 huǐ,"蟲"读 chóng。"融"字的声符应该是"蟲",而不是"虫",《说文》所说不误。省声可以分作三类情形:第一类是把字形繁复或占面积太大的声旁省去一部分,例如"袭",《说文》:"从衣龖省声。"所录籀文正作"从龖从衣",不省。又如"珊,从玉,删省声""雷,从雨畾省声"都属于这种情况。对于一般人来说,这一类字的声旁多数已经丧失表音作用。第二类是省去声旁的一部分,空出的位置就用来安置形旁。例如"夜"字,《说文》:"从夕,亦省声。"这种写法的"夜"已见于金文。《说文》所收的"蹇""骞""寨"等字都分析为从"寒"省声。第三类是声旁和形旁合用部分笔画或一个偏旁。例如"齋"(斋的繁体)字,《说文》:"从示齊省声。""齋"字中的"二"是"齊"字下部与"示"字共用。"羆",《说文》:"从熊,罷省声。"该字中的"能"即可看作"罷"的下部,也可看作"熊"的上部。

虽然省声的现象很常见,但是《说文》中的省声有一些是不正确的说解。有的是许慎误析字形所致。例如,"龙"本来是一个象形字,《说文》说:"从肉,飞之形,童省声。"显然是不正确的。有的是把非省声字当作省声字,如"咺"字,《说文》:"从口,宣省声。"其实"宣"字本身就从"亘"得声,二者同音,"咺"也当从"亘"得声,不应该说是"宣"省声。关于省声的问题可以参看朱德熙的《说省声》、陈世辉的《略论〈说文解字〉中的省声》等文章。

(五) 转注

许慎在《说文解字·叙》里给转注的界定是:"转注者,建类一首,同意相授。"并举出"考""老"二字做例证。后世对"转注"的解说,总共有几十种之多。大致分来,有形转、音转、义转之别,下面简单加以介绍。

1. 形转说

形转说的主要代表是徐锴和江声。徐锴以与形旁可以互训的形声字为转注字,如"寿""耄""耋""耆"可以称作"老",反过来"老"也可称之为"耆"。而"江""河"可以称作"水",水却不可以称作"江""河",这种就不能算是转注字。江声认为《说文》的 540 部首,其分部即建类,"首"即部首,"凡某之属皆从某"即"同意相授"。按照江说,部首内的字都可以互相注释,都是转注字。

2. 音转说

音转说的代表是杨慎、章炳麟等人。杨慎认为文字转读他音以表示另一个意义就是转注。例如"少"本读上声,转读去声而用为少年之"少"。章炳麟认为音同或音近的二字,意义相同,由同一语根分化,就叫转注。他说:"盖字者,孳乳而浸多。字之未造,语言先之矣。以文字代语言,各循其声。方语有殊,名义一也。其音或双声相转,叠韵相迻,则为更制一字。此所谓转注也。"

3. 义转说

义转说的代表是朱骏声、戴震等。朱骏声以词义引申为转注,认为文字的本义辗转引申为他义就是转注。例如,命令的"令"转为官名之"令";长短之"长"转为少长之"长",又转为官名之"长"。戴震则以同义词的互训、同训为转注。例如,他认为《尔雅·释诂》的"初、哉、首、基、肇、祖、元、胎、俶、落、权舆,始也",就是转注。

于省吾说:"六书中的转注是属于义训的范畴,但各家说法存在分歧,有形转、音转、义转之别,今不备述。《说文·叙》称:'转注者,建类一首,同意相授,考老是也。'(以古文字验之,考老初本同名,老为考的分化字,许氏知其流而不知其源。)依照许氏所说,是以同一偏旁而音通义同者为准。清戴震的《答江慎修论小学书》以文字的互训为转注。我认为转注的定义,许氏说的是狭义的,戴氏所说是广义的。清代学者之论六书,以象形、指事、会意、形声为四体,以转注、假借为二用。凡文字之音近或音同者均可假借,凡文字之义同者均可互注,必如是才能够充分发挥'二用'的效能。因此可知,戴氏以文字的互训为转注是正确的。"戴震的以文字的互训为转注说影响比较大,《说文》里不乏这样的例子,如缠,绕也;绕,缠也。挤,排也;排,挤也。歊,歔也;歔,歊也。

在诸多的说法中,裘锡圭认为徐锴的"形转说"似乎比较符合《说文》的原意,但是也不完全赞同。他说:"第二说也许比较符合《说文》的原意。但是按照这种说法,转注字只是比较特殊的一种形声字,似乎没有独立为一书的必要。而且严格说起来,'老'字跟'考''寿''耋''耄''耆'等字也并不是完全同义的。"所以对于转注字的争论,裘锡圭的意见是值得借鉴的:"我们认为,在今天研究汉字,根本不用去管转注这个术语。不讲转注,完全能够把汉字的构造讲清楚。至于旧有的转注说中有价值的内容,有的可以放到文字学里适当的部分去讲,有的可以放到语言学里去讲。总之,我们完全没有必要卷入无休无止的关于转注定义的争论中去。"

(六)假借

许慎在《说文解字·叙》里给假借的界定是"假借者,本无其字,依声托事"。并举"令""长"二字为例。"本无其字"是本来没有这个字。"依声托事"是找一个同音字或音近字来表示这个词义。语言里通常是先有某个词,但是还没有跟它对应的文字的记录,就借用一个同音的字来代替。例如否定副词"莫",甲骨文写作"𦱤",从字形上可以看出,是太阳落到草里,会日暮之意(这个意义后来写作"暮"),与否定副词"莫"在意义上没有丝毫的联系。由于否定副词表达的意义比较虚,很难用象形、指事、会意等方法造出来,而它的读音又跟莫(暮)相同或相近,所以就用表示日暮的"莫"来记录否定副词"莫"了。再比如,第一人称代词"我",甲骨文写作"𢦒",从字形上可以看出,它是一种有齿兵器的象形,与第一人称代词"我"在意义上没有丝毫的联系。由于代词"我"很难用象形、指事、会意等方法造字,而第一人称代词的读音又跟表示兵器的"我"读音相同,所以就用表示兵器的"我"来表达代词"我"了。这都是本无其字的假借。

许慎关于假借的定义是明确的,但是他所举的两个例字"令"和"长"都是不恰当的。段玉裁也遵照许说,把"令""长"二字都讲成是假借。他说:"托者,寄也。依傍同声而寄于此,则凡事物之无字者,皆得有所寄而有字。如汉人谓县令曰县长。县万户以上为令,减万户为长。令之本义发号也,长之本义久远也。县令、县长本无字,而由发号、久远之义引申展转而为之,是为假借。许独举令长二字者,以今通古,谓如今汉之县令、县长字即是也。""令"的本义是"号令、命令","长"的本义是"长者、长老",而"令""长"用为县令、县长,应该是词义的引申,并非假借。

说到假借,还有一个"本有其字"的假借,就是古书注解中说的通假、通借或古字通。阅读古书的时候,常常会遇到通假字。王念孙在《经义述闻》序中说:"训诂之旨存乎声音,字之声同声近者,经传往往假借。学者以声求义,破其假借之字,而读之以本字,则涣然冰释;如其假借之字而强为之解,则诘籟为病矣。"下面以王引之《经义述闻》里的一条考证为例。《诗经·秦风·终南》:"终南何有?有纪有堂。"其中的"纪"和"堂"字,《毛传》曰:"纪,基也。堂,毕道平如堂也。"王引之为了解释"纪"和"堂",研究了整部《诗经》的体例和全篇诗的结构,发现《诗经》一书凡说山有某物都是指草木,而本诗前一章说的"终南何有?有条有梅"的"条"和"梅"也正是树木,所以推测"纪"和"堂"也应当是草木。"纪""堂"均为假借字,"纪"读为"杞"、"堂"读为"棠"。他是这样论证它们的通假关系的:

《左氏春秋·桓二年》:"杞侯来朝。"《公羊》《谷梁》并作"纪侯";《左氏春秋·桓三年》:"公会杞侯于郕。"《公羊》作"纪侯"。《广韵》"堂"字注引《风俗通》曰:"堂,楚邑大夫五尚为之,其后氏焉。即《昭二十年》棠君尚也。""棠"字注曰:"吴王阖闾弟夫溉奔楚,为棠谷氏。"定四年《左传》作"堂谷"。《楚辞·九叹》:"执棠溪以刜蓬兮。"王注曰:"棠谷,利剑也。《广雅》作'堂谷'。"《史记·齐世家》索隐引《管子》:"棠巫。"今《管子·小称篇》作"堂巫"。是杞纪、棠堂古字并通也。

王引之认为"纪"与"杞"相通、"堂"与"棠"相通,不仅有古书上的用例佐证,他还指出,同样一句话在汉人所传的韩诗正作"有杞有棠",更可印证其说。

"本有其字"的假借中,本字与借字是共时的存在,本应写某字而用一个同音字来代替,多数是出于一种习惯和约定俗成。而"本无其字"的假借中,本字与借字是历时的,当本字被借做他用后,通常情况下又另造新字来表示本字。例如,"东"字甲骨文写作"✱""✱",是橐囊的象形,是"橐"的本字。方位名词东方的"东",很抽象,用象形、指事、会意等都不好造字,古人就用音近的橐囊象形字"东"来表示东方的"东"。橐囊的象形"东"被借去以后,就又造了"橐"字来记录橐囊义。

六书中,假借是一种利用声音记录语词的形式,它的重要性表现在两个方面:第一,它扩大了汉字的使用范围,特别是在造字初期,汉字字数比较少,没有假借这种方法,汉字就难以发挥它记录汉语的作用。在甲骨文时期,假借这种方法就被广泛地使用着。据姚孝遂统计,甲骨文里假借字可以占到90%。例如甲骨文里的关于占卜天气的一句话:✱✱✱✱✱(其自东来雨),意思是说该是从东边来雨吧?这一句话五个字里,除了"雨"字是象形外,其他四个字都是假借用法。第二,假借是借用旧有的同音字去记录新词的,因此有人说它是用字法而不是造字法。但是,它却是创造新字的桥梁,推动了新字的产生。例如"其"字本指畚箕,一种撮土的工具,借用为代词、语气词后,那么只好再造"箕"字记录本义。所以有人说它是"以不造字为造字",也是有一定道理的。

总之,汉代的六书说,导源于刘歆,阐发于许慎。这是我国文字学创始阶段提出的关于汉字造字方式的理论。应该指出的是,古人并不是先定出六书的原则然后才造字的。文字是社会历史发展到一定阶段的产物,创造文字的并不是某一个人,不可能事先订好条例再着手造字。六书只是后人根据汉字的实际情况,加以客观分析所得出的结论。这种分析是合乎汉字实际情况的,它是汉字创造和应用的逻辑结果,在上古时代,人们能做出这种分析,是难能可贵的。所以,从古到今,研究文字形、音、义的人都十分重视六书理论,不是没有道理的。

三、六书说的层次

在很长的一段时间里,许慎的六书理论被奉为真理,无人跳出六书的藩篱。但是由于种种原因，六书说也不可避免地有其局限性。六书条例的归纳，许慎等人依据的主要是秦汉时期的文字资料，他们既没有见过比之更加古老的甲骨文、金文材料，也没有见到后世取代小篆和隶书而流行起来的现代汉字，都不可避免地会遇到一些没法解决的困难。另外，许慎对于六书条例的解说过于简单，且欠严密，以至于一些说法上众说纷纭，迄无定论。六书中的转注、假借，作为造字法与前四种显示出不一致是很多人都意识到的关于六书的一个重大缺陷。为了克服六书的缺点，历代文字学家都作过不少努力，相继提出了一些修正和改良的方案。

（一）"六书三耦"说

南唐徐锴在《说文解字系传》里对六书理论有新的认识，提出了"六书三耦"说。他指出："大凡六书之中，象形指事相类，象形实而指事虚；形声会意相类，形声实而会意虚；转注则形事之别。然立字之始类于形声，而训释之义与假借为对。假借则一字数用，如行（茎）、行（杏）、行（杭）、行（沉）；转注则一义数文，假如老者，直训老耳，分注则为耆、为耋、为耄、为寿焉。凡六书为三耦也。"

"六书三耦"说是首次将六书进行分类研究的。它首先以表现事物的"虚实"为标准，把六书划分为两两相对的三类：象形与指事、形声与会意、转注与假借。其中象形实而指事虚，形声实而会意虚，转注实而假借虚。其次是以字形的单纯与复杂为标准，把字形不可分割的字归纳为一类，包括象形和指事；把字形可以分割为两个或两个以上的成字构件的归纳为一类，包括形声和会意。再次是以字形与字义的关系为标准，把象形指事、形声会意这两耦与转注假借这一耦区分开来："凡指事象形，义一也。物之实形有可象者，则为象形，山川之类皆是物也；指事者，谓物事之虚无不可图画，谓之指事。形则有形可象，事则有事可指。……形声者，实也，形体不相远则不可以别，故以声配之为分异。"而转注是"一义数文"，假借是"一字数用"，这就表明转注、假借与前面两耦不同，是从文字的使用角度着眼的。

在徐锴之后，相继有一些学者对六书进行了分类研究，如宋代郑樵的《六书略》、张有的《复古编》，元代周伯琦的《说文字原》，明代赵撝谦的《六书本义》等，他们的共同点是都认为六书里转注和假借跟象形、指事、会意、形声在性质上有明显的不同，不能划为一类。

（二）"四体二用"说

把六书划分为三类，对后人研究六书、提出"四体二用"说产生了极大的启示作用，明代的杨慎就明确提出了"四经二纬"说。他在《六书索隐》里说："六书以十分计之，象形居其一，象事居其二，象意居其三，象声居其四。假借，借此四者也；转注，注此四者也。四象认为经，转注、假借认为纬。四象之书有限，假借、转注无穷也。"杨慎的六书经纬说，就使得"四体二用"说呼之欲出了。

吴元满在《六书总要·六书总论》里说："象形，文之纯。指事，文之加也。会意，字之纯。谐声，字之变也。假借转注，字之用也。"又在《谐声指南·引》里说："六书形事意声，四者为体；假借转注，二者为用。"这样，"四体二用"说就明确提出来了。

清代学者对"四体二用"说展开了热烈的探讨。例如：

万光泰在《转注绪言》中指出："六书四为体，二为用。体不可离乎用，用不可离乎体。昔之论转注者，俱欲于事、形、声、意外别立一体，故其说多谬。不知转注之意，即随事、形、声、意而具。《说文》恐人误以考专属谐声，故错举老以足考之下；恐人误以老专属会意，故错举考以加老之上。苟以余言为不信，则假借诸字亦将求诸事、形、声、意外乎！吾知其必不能矣。"

戴震在《答江慎修先生论小学书》中说："大致造字之始，无所凭借。宇宙间，事与形两大端而已。指事之实曰指事，一、二、上、下是也；象其形之大体曰象形；日、月、水、火是也。文字既立，则声寄于字，而字有可调之声；意寄于事，而字有可通之意，是文字之两大端也。因而博衍之，取乎声谐曰谐声，声不谐则会合其意曰会意。四者，书之体止于此矣。由是之为用，数字共一用者，如初、哉、首、基之皆为始，卬、吾、台、予、之皆为我，其义转相为注，曰转注，一字具数用者，依于义以引申，依于声而旁寄，假此而施于彼，曰假借。所以用文字者，斯其两大端也。六者之次第出于自然，立法归于易简，展所以信许叔重论六书必有师承，而'考''老'二字，以《说文》证《说文》，可不复疑也。"他认为指事、象形、形声、会意四者为字之体，乃造字构形。转注、假借，为字之用，即用字之法。这就是说，汉字的造字法只有指事、象形、会意、形声四种，转注和假借不是造字之法而是用字之法。其划清了造字方法与用字方法的界限，使研究文字的本义与引申义之间的关系有了明确的界说。而后其弟子、《说文》四大家之首的段玉裁对此大加弘扬，从文字、声韵、义理三方面进行考证，否认转注、假借为造字法，而是用字法，与其师相唱和。段玉裁《说文解字注》："戴曰：'指事、象形、形声、会意四者，字之体也；转注、假借，字之用也'。圣人复起，不易斯言矣。"四大家中另一个王筠也对此深信不疑，以经纬之说启承体用说。于是"四体二用"为广大学者所接受，对后世产生了深远影响。

"四体二用"说的提出是六书理论研究中的一个重大突破。它正确揭示出六书中的各书并不都是一个层次上的东西，它是前人从不同角度对文字观察和分析总结出来的条例。象形、指事、会意、形声是从造字法的角度来谈的，而转注和假借是从用字法的角度谈的，不可以把它们等量齐观。

第二节 现代的汉字结构理论

一、"三书"说

继"四体二用"说之后，到了近代，一些学者又提出了"三书"说。

（一）唐兰的"三书"说

最早提出"三书"说的是唐兰。1935 年他在《古文字学导论》中批判了"六书"说，提出了"三书"说，创立了关于汉字结构的新理论。唐氏把汉字分成象形文字、象意文字、形声文字三类。其所谓象形文字是画出了一个物件或一些惯用的记号，叫人一见就能认识这是什么；并且一定是独体字，一定是名字，一定是本名之外不含别的意义。象形字可以分为三类：一是属于人身的形，可以叫作"象身"，二是自然界一切生物和非生物的形，可以叫作"象物"；三是人类的智慧的产物，可以叫作"象工"，如：人、口、虎、山、弓、一，包括六书中表名词的象形字和指事字中的一小部分。所谓象意文字"是图画文字的主要部分"，"不过象意文字不能一见就明了，而是要人去想的。""象意文字的范围，包括旧时所谓'合体象形字'、'会意字'和'指事字'的大部分。"如：大、休、立、见、名、雀。总之，他把有实物之形可见归为一类，称作象形；把要经过思考才能理解的归为一类，称作象意。唐氏后来在《中国文字学》中进一步指出"三书"足以包括一切中国文字：不归于形，必归于意，不归于意，必归于声。用"三书"来分类，就不会再有混淆不清的地方。

"三书"说的提出，对传统的理论是一个冲击，对文字学的发展起了促进作用，但未能很好地解决实际问题。这是因为唐氏"三书"说并没有给非图画文字类型的以义会意的会意字留下位置;不包括假借,把假借字排除在汉字基本类型之外,不能真正反映汉字的实际;象形、象意的界限不是很明确,难以把握,划分意义不大,例如:"雨"字,唐氏在《古文字学导论》上编当中当作象形文字,在《正讹》上编里又改称为象意文字;"上"和"下"字,在《古文字学导论》中当作象意文字,在《中国文字学》中又改称为象形文字,可见唐氏在划分象形、象意时,也有"混淆不清的地方"。

(二)陈梦家的"三书"说

陈梦家在1956年出版的《殷墟卜辞综述》的"文字"章里,描绘了甲骨文字的发展过程,并且附带谈到整个汉字发展的问题,批评了唐兰三书说的不完善。他认为象形与象意区分的意义不大,应合而为一,仍称为象形;又认为假借不能排除,所以把汉字分为象形、假借、形声三种基本类型。陈氏所谓象形实际上包含许慎所谓的象形、指事、会意三种,他说:"象形、假借、形声并不是三种预设的造字法则,只是文字发展的三个过程。汉字从象形开始,在发展与应用的过程中变作了声符,是为假借字;再往前发展而有象形与假借之增加形符与音符的过程,是为形声字。形声字是汉字发展的自然的结果。"

(三)刘又辛的"三书"说

刘又辛在《从汉字演变的历时看文字改革》一文中,认为汉字的发展史可以分为三个阶段:一是表形阶段,包括象形字、指事字、会意字;二是假借字阶段,即六书中的假借;三是形声字阶段,包括六书中的形声字、转注字。根据上述三个阶段的划分,提出汉字的三种类型,即表形字、假借字和形声字。表形字是继承远古人类记事图画的方法造出来的文字。假借字是用一个表形字表示一个同音词,用其音,不用其形。而形声字是兼用表形、表声方法造成的字。他特别强调假借字在汉字的历史发展中的作用,他说:"文字开始走上标音文字的道路,其主要标志是大量使用假借字。假借字是表形文字走上表音文字的第一步。""这样的文字,记录汉语的能力大大增强了;凡是用表形法不能造的文字,只要借用一个同音字就行了。这种以不造字为造字的办法,可以使书面语言更忠实地记录口语。"

(四)林沄的"三书"说

林沄在《古文字研究简论》里根据汉字记录语言的方式,在对古文字进行了具体分析的基础上,提出了"以形表义"、"以形记音"和"兼及音义"三种基本的构字法。他说:

在文字诞生的历史上,用图形符号记录语言大体可以分为两大阶段。起初人们只用一定的图像或符号记录一个笼统的意思或一段话中最主要的语词,这是"文字画——图画文字"阶段。当人们有足够的符号而能够逐词记录语言,即基本上使用图形符号(或符号组)跟语句中的词有一一对应关系,才形成了真正的文字体系。文字是有形的符号,语词则以一定的音表示一定的意义。文字之记录语词,就是以一定的形来代表和区别一定的音和义。从这个观点来看,文字符号和所记录语词的关系可分为三大类,即:(一)以形表义;(二)以形记音;(三)兼及音义。汉字在形成文字体系时,是同时使用这三种方法来记录语词的。

以形表义的方法包括六书中的象形、指事、会意,它们的共同特点是从所记录之语词的含义出发来规定文字符号的形状,因而字形和词义是有关的,并且其中不包含标音成分,所以"以形表义"又可叫作表义字。借形记音的方法就是许慎所说的"本无其字,依声托事"的假借。也就是说,对于某一语词来说,原来没有相应的记录符号,规定用记录另一同音词的符号来记录这个词。这种情况只是借用某字的读音,而在意义上是毫不相关的两个语词,所以"借形记音"又叫作记音字。兼及音义的方法对应于六书的形声字。形声字由形符和声符两个部分组成。对于历史上形声字的命名问题,林氏特别强调:"从形声字和它所记录的语词的关系来看,'声符'固然是反映语音用的符号,但也必须有一定的形才能反映语音。'形符'则是以一定的形反映语义的。所以,分称'形符''声符'并不能确切表达它们功能上的区别,'形声字'也是一个措辞上有弊病的名词。不过相沿已久,现在大家习惯了,另立新名反而会感到别扭。我们仅改称'形符'为'义符','声符'为'音符',把兼有义符和音符的字仍称为'形声字'。"

(五)裘锡圭的"三书"说

裘锡圭在《文字学概要》里主张分汉字为表意字、假借字、形声字三书,认为:

第一,照六书说,用意符造成的字,即我们所说的表意字,分成象形、指事、会意三类,但是这三类之间的界限实际上并不明确。

第二,今天研究汉字,根本不用去管转注这个术语。不讲转注,完全能够把汉字的构造讲清楚。至于旧有的转注说中有价值的内容,有的可以放在文字学里适当的部分去讲,有的可以放到语言学里去讲。

第三,大概汉代学者心目中的假借,就是某个字来表示它的本义(造字时准备让它表示的意义)之外的某种意义。至于这种现象究竟是由字义引申引起的,还是由借字表音引起的,他们并不想去分辨。也有可能他们并不承认在本无其字的假借里,有跟字义引申无关的借字表音现象。从《说文》喜欢把借字表音现象硬说成字义引申现象的情况来看,后一种推测大概是正确的。但是,跟字义引申无关的本无其字的借字表音的现象,是客观存在的。无论从普通文字学的角度,还是从汉字的事实来看,都必须承认这一点。字义引申是一种语言现象,借字表音则是用文字记录语言的一种方法,二者有本质的不同。

第四,从文字的构造上看,通假字和本无其字的假借字的性质是完全相同的。所以,我们认为"三书"中的假借不应该限制在本无其字的假借范围里,应该把通假也包括进去。

裘锡圭比较深刻地剖析了有关六书的错误,认为象形、指事、会意应属一类,都是用形体表示意义的,批评"转注"意义模糊,"假借"又把借字表音和引申混为一谈。同时批评唐兰的"三书"说并没有解决实际的问题,认为它没有会意字而象形与象意的界限有时也不分明。此外,唐兰又把假借字排除在汉字的基本类型之外,也不妥当。他肯定了陈梦家的"三书"说,只是将象形改为表意,这样才能使汉字里所有的表意字在"三书"说里都有自己的位置。假借不应该限制在本无其字的假借范围里,应该把通假也包括进去。他提出:"三书说把汉字分成表意字、假借字和形声字三类。表意字使用意符,也可以称为意符字。假借字使用音符,也可以称为表音字或音符字。形声字同时使用意符和音符,也可以称为半表意半表音字或意符音符字。"在对三书分别进行研究时,他还从每一书中再分出一些种类,例如表意字就又分成抽象字、象物字、指示字、象物字式的象事字、会意字、变体字等六种,会意字再分成图形式会意字、利用偏旁间的位置关系的会意字、主体和客观的会意字、重复同一偏旁而成的会意字、偏旁连读成语的会意字和其他等六类。

下面来具体看一下裘锡圭的"三书"说。

传统的六书说把表意字分为象形、指事、会意、形声、转注、假借等。裘锡圭在自己的"三书"说中把汉字分为表意字、形声字和假借字三类。他提出"六书"当中的象形、指事、会意等都用意符造成的文字之间的界线不太明确。比如说,象形字是用像一个实物形状的字符去代表所像物的"名称"。就是说字的本身的形状和所要代表的字的"名称"是有相似之处的,如"日"和"月"。而指事字则是用一个抽象的形符即符号来代表一个"事"的名称。如"上"和"下"。这两类之间分类显得很明确。但是像"大"之类的字却是用像"物体"形状的字符,表达的却不是"物"的"名称",而是与像之"物"有关的"事"的名称。那么究竟是把它分到象形还是分到指事当中去呢。就是说表意字分得不够合理。裘看到了六书的这一不明之处,把这些不知分到哪里的少数字独立分为一类,叫作象物字式的象事字。

那么,他在自己的"三书"说中把汉字分为表意字、形声字和假借字三类。把六书中象形、指事、会意,归入到了表意字中。他将表意字又分为抽象字、象物字、指示字、象物式的象事字、会意字和变体字六类。

1. 抽象字

这类字指用抽象的符号造成的字,如:一、二、三、囗、〇、凹、凸、丫,等等。

2. 象物字

这类字指像某种实物的字,相当于传统六书中的象形字。如:日、月、山、水、鹿、马、鱼、象、龙、子、女、目、首、衣、舟,等等。

3. 指事字

这类字是在象物字或像实物的形符上加指示符号以示意,如:本、末、刃、亦,等等。

4. 象物字式的象事字

这类字从外形上看很像象物字,但象物字所代表的词是"物"的名称,而这类字所代表的词则是"事"(如属性、状态、行为等)的名称。如:指方位的"左""右"的本字,分别以像左手和右手的形符表示左方和右方的意思。此外,"矢""屮"等字也属于这类字。

5. 会意字

这类字是指会合两个以上意符来表示一个跟这些意符本身的意义都不相同的意义的字,大致就是传统"六书"中的会意字。按其会意方式的不同,又可分成六个小类:

①图形式会意字。如:宿、疾、鸟、从、北、即、执、伐、取、及、秉,等等。②利用偏旁间的位置关系的会意字。如:正、之、出、各、陟、逐、相、间、原等。③主体和客观的会意字。如:见、欠、饮、监、既、走、奔、臭,等等。④重复同一偏旁而成的会意字。如:珏、林、艸、森、淼、蠹、麤,等等。⑤偏旁连读成语的会意字。如:凭、劣、扁、匙、楞、甦,等等。⑥其他。指不能归入以上各类的会意字。如:剭、删、撵、掰、占、斌、灶、笔,等等。

6. 变体字

这类字指通过改变某一个字的字形的方法来表意,有的是增减笔画,有的是改变方向。如:片、孑、孓、甩、屮、叵,等等。

此外,裘锡圭认为还有少数不能纳入三书的文字,它们是:①记号字。如:五、六、七、八,等等。②半记号字。如：丛（从是声符，一是记号）、义（宋元时借"乂"为"義"，后世在"乂"上加点造成"义"字，专用作"義"的简体）。③变体表音字。如：乒、乓、刁、等等。④合音字。一个字由两个偏旁构成，它的读音也由构成它的两个偏旁拼读出，这就是合音字。中古时期佛教徒为了翻译梵文佛经，曾造出一些合音字。现代汉字中的"甭""羟"就属于合音字。⑤两声字。就是由都是音符的两个偏旁组成的字。如"牾"。⑥其他有特殊来源的字。如"歹"（来源于藏文字母）。

六书当中由几个形符构成的象形字和会意字也有难分清之处。如："立""步"有人认为是会意字。对于此，裘认为象形字使用两个以上形符的字，往往有图画意味。如"立"像人立在地上，"步"像二趾相前后等。应该要与"取其词义连属"即会合两个以上意符的会意字（如"止戈为武"的"武"字和"人言为信"的"信"字）区别开来。

对于六书中的转注，裘锡圭认为问题更大，六书中转注这个概念非常的模糊，他认为在今天研究汉字，根本不用去管转注这个术语，不讲转注完全可以把汉字的构造讲出来。

裘锡圭把"象形"的名称改为"象物"，这样说起来更加恰当。抽象字是用抽象的形符造成的。指示字是在象物字或像实物的形符上加指示符号以示意。会意字是会合两个以上意符来表示一个跟这些意符本身的意义都不相同的字。这些说法总的来说，眉目清楚，界限分明，比"六书"说简明。

尽管如此，"三书"说中仍有一些问题值得探讨，如用"表意字"来总括"象形""会意""指事"等，未免失之笼统。再如"三书"说往往还要再分类，结果搞得比六书繁杂得多，更难掌握；其中小类的划分，有的从字形出发，有的从字义出发，分类标准未能一致。第三，汉字中有不能纳入"六书"的文字，同样也有不能纳入"三书"的文字。第四，假借的概念是从文字的应用层面而言的，如果脱离文字使用的环节，假借其实只是一个很小的范围，即使是所谓造字之假，也是与应用层面直接联系的。

由此可见，"三书"说与"六书"说一样，并不能概括全部汉字结构，还不是十分完善的理论。正因为如此，"三书"说至今无法代替"六书"的位置。

二、新六书说

（一）詹鄞鑫的"新六书"说

詹鄞鑫在《汉字说略》中提出关于汉字构造的"新六书"说。他不同意陈梦家、裘锡圭等把假借字作为汉字的一种基本类型的做法，认为"分析汉字结构，就是分析孤立的汉字的造字结构，并不需要针对汉字在文献中的不同用法而作出不同的处理……假借和引申问题只是在探讨某字为什么产生、由什么途径产生的时候才可能涉及的问题，如果不考虑每个汉字的历史，就没有必要把假借作为一种结构类型来处理。"基于这样的认识，他在裘锡圭"三书"说的基础上做了一些调整，形成了"新六书"说，即象形、指示、象事、会意、形声、变体。

那么，新六书说的名目是怎么得来的呢？詹氏在《汉字说略》里有比较详细的解释：

我们以裘锡圭建立的三书系统作为基础而作一些局部调整：首先，我们仍按文字学界的一般处理法，把假借视为用字法（并不是与造字毫无关系），不列入结构类型之中。这样，三书只剩下"表意"和"形声"两大类了。我们觉得，形声字尽管含表音符号，但很难把它排除于"表意"之外，这不仅由于形声字的形符具有一定表意功能，就是声符也有相当一些同样具有表意功能。因此，在排除了"假借"之后，如果仍把"表意"与"形声"对立起来，就显得很不合理。于是，我们又将三书系统中属于"表意"的各类分开来与"形声"作为并列的结构类型。"表意字"中的"抽象字"，一方面由于数量很少，另一方面不论就其表面特征（独体）而言还是就其表意性质（表"事"）而言，都与象事字没有本质的区别，因此把它归并到象事字中。在裘氏三书系统中属于"表意"的"变体字"，现在既然不再属于"表意"，就可以包含裘氏认为不能纳入三书范围内的"变体表音字"，甚至还可以包含"半记号字"及"记号字"，最大限度地缩小无法归类的汉字的范围；同时，"变体"还包括形声字的变体，这样，在次序上，就应该把"变体"排在最后。

名称方面，我们既考虑表述的科学性，又尽量与传统的名称相一致。例如"象物"其实相当于六书中的"象形"，尽管"象物"的名称更为明确一些，但是我们从俗，仍称为"象形"；又如"象物字式的象事字"，表述上固然很明确科学，但又嫌其累赘，而"象事"的名称在班固的"六书"中已经出现，所以我们用"象事"来代表"象物字式的象事字"。经过以上的调整，我们将汉字结构类型分为六类：象形、指示、象事、会意、形声、变体……这六类正好也合"六书"，为了区别于传统的六书，姑且称之为"新六书"吧。

"新六书"说中的象形字大体上相当于传统六书中的象形字。其特点是字形跟它所表示的物体的外形相像，正如许慎所说的"画成其物，随体诘诎"。大致有以下几类：①像单体全形，如山、人、目、行等。②以部分代整体之形，如牛、羊等。③像群体之形，如莽、林、珏等。④附加形体的象形，如州、眉、血等。

"新六书"说中的指示字是指在象形符号（极少数可能是抽象符号）上加比较抽象的指示符号来表现字义的文字，大体相当于传统六书指事字中偏于"指"的那类字。如：本、末、朱、上、下、中、亦、寸、等等。

"新六书"说中的象事字是指表面结构与象形字相似，但所代表的不是有形之物而是无形之事的名称的独体字，相当于传统指事字中偏于"事"的那一类。它还包括只像某种状态的字，即裘锡圭所说的"抽象字"。如大、矢、高、厂、右、囗、〇、凹、凸、小等。

"新六书说"中的会意字是指会合两个或两个以上的构字符号（即形符）来表示一个跟这些构字符号本身的意义都不相同的意义的字，包括以形会意、以义会意和会意兼声三类。以形会意的，如舞、毓、出、删、步、爨等。以义会意的，如雀、嵩、劣、昶、尖、歪、尘等。会意兼声的，如右、左、友、字、受等。

"新六书"说中的形声字是指由一个形符（个别由两个形符）和一个声符构成的字，与传统的形声字没有太大的区别。如：结、松、雅、形、茅、管、基、裳、街、匮、问、哀、疆、哉、旗、徒、等等。

"新六书说"中的变体字包括裘锡圭所说的"变体字"和不能纳入其"三书"范围的变体表音字和半记号字。包括三类：①取形变体字，如"片""子""孓""了"等；②取义变体字，如"叵"等；③取音变体字，如"乒""乓"等。

詹氏的新"六书"说比传统"六书"更为明确，既吸收了"三书"的成果，又避免了"三书"系统层次的烦琐，是用新的理论框架来概括汉字的结构类型的一个尝试，为汉字结构理论的进一步完善奠定了基础。

（二）苏培成的"新六书"说

苏培成提出要区分造字法和构字法。他说：

造字法指的是字源的分析，构字法指的是现状分析。一个字产生的时候所体现出来的构形条例，属于造字法范畴。传统的六书理论，研究的是古代汉字的造字规律；它要阐明的是古代汉字的字形和字音、字义的关系。后代也不断有新字产生，它的造字规律有些已经超出六书的条例。现代使用的汉字，其中的大多数是由古代的汉字发展变化来的，不过有些字变化得大些，有些字变化得小些。不管汉字造字时遵循的是什么条例，也不管它是怎样自古代发展变化到现在的，只从当前的字形和字音、字义的现状着眼寻求构形条例，属于构字法的范畴。

造字法的研究说明了汉字形体结构发展演变的规律，十分重要；而构字法的研究说明了现代汉字形体结构的组合规律，对于汉字在各方面的应用，例如识字教学、信息处理，都具有重要的意义。

苏培成在分析现代汉字的构字法时，将汉字分为三级构形单位——笔画、部件和整字。笔画是构成汉字的线条，是汉字构形的最小单位，笔画有相离、相接和相交三种组合方式。部件是由笔画组成的具有组配汉字功能的构字单位，部件按不同的标准可以分成不同的类别：成字部件和非成字部件；基础部件和合成部件；通用部件和特殊部件。整字指的是汉字里的单字，是汉字的使用单位。整字又有独体字和合体字之分。

裘锡圭提出了关于两个层次符号的理论。作为语言的符号的文字，跟文字本身所使用的符号是不同层次上的东西。例如汉字"花"是汉语里花草之"花"这个词的符号，"艹"（草字头，原作"艸"，即古"草"字）和"化"则是"花"这个字所用的符号（"花"是一个形声字，"艹"是形旁，"化"是声旁）。文字所使用的符号称为"字符"。各种文字的字符，大体上可以归纳为三类，即意符、音符和记号。跟文字所代表的词在意义上有联系的字符是意符，在语音上有联系的是音符，在语音和意义上都没有联系的是记号。

苏培成采用了裘锡圭的字符理论，但是对字符的定义做了一点修正。他认为构字法研究的对象，是合体字的第一级部件。第一级部件根据它和整字的音义关系，可以分为三类：意符、音符和记号。凡是和整字在意义上有联系的是意符，和整字在读音上有联系的是音符，和整字在意义和读音上都没有联系的是记号。并在此基础上提出了现代汉字的构字法。他说："现代汉字从内部结构说，是由意符、音符和记号构成的。这三类字符搭配使用，构成了现代汉字六种结构。为了和传统六书相联系，我们叫作现代汉字的新六书。"他的"新六书"说是：会意字、形声字、半意符半记号字、半音符半记号字、独体记号字和合体记号字。

三、关于汉字构造理论的其他说法

（一）张玉金的"四书"说

张玉金在他的《汉字造字法新探》一文中归纳汉字的造字法有四类，即表义法、表音法、音义法和记号法。他说："这四者可以称为四书，这四书足以囊括从古至今人们所创造的所有文字，任何一个汉字，我们总能说清它的造字法，总能归到特定的书中。四书间的界限是清楚的，一般说来不会再有兼类的情况出现。"他所说的表义法指用意符构成新字的方法，意符包括形符和义符。形符是直接以形表义的，义符是间接以形表义的，所以这种方法又称作"以形表义法"。表音法是用音符构成汉字的方法。音符与语素的结合一般都是"再婚"，而形符与语素的结合一般是"初婚"。所以，用音符构成的汉字肯定发生在用形符构字之后。音义法是使用音符和意符构成或使用既表音也表义的字符构成新字的方法。记号法是使用记号构成汉字的方法，它包括全使用记号和部分使用记号。

随着汉字构形问题研究的不断深入，张玉金在其《汉字学概论》中围绕汉字的构形问题又进一步加以讨论。根据字符在具体汉字中功用的不同将其分为三类：意符、音符和记号。以此为依据，又将汉字的结构类型分为六大类，即意符字、音符字、意音字、意音记字、记号字以及半记号字。另外，作者还从结构范畴引出了"结构模式"这一概念，提出了汉字的"左右结构""上下结构""左中右结构"等19种模式，不仅注意到汉字构形类型的划分，同时也注意考察汉字的构形单位、结构模式等汉字构形的相关问题，这对汉字构形的系统性研究来说，无疑是很有价值的。

(二) 杨润陆的"四书"说

杨润陆在《现代汉字学通论》中认为文字字体的演变和历史上朝代的更替具有一致性，他认为将今文字称为近代汉字或现代汉字都很笼统。提出了不以字的形体变化为根据对汉字进行分期，而是从汉字记录汉语的历史，即根据汉语史对汉字进行分期的可能性。汉语史以汉语的语法、语音和词汇特点为依据，可以分为上古期、中古期和现代期。他说：

我们所讲的现代汉字，指的是记录现代汉语的汉字，即记录现代汉民族共同语的汉字。现代汉字包括现代汉语口语和书面语的用字，也包括现代和古代都通用的汉字。现代汉字不包括古代的人名、地名、器物名和文言古语用字，不包括白话文中夹用的文言引语、文言成语、文言词语的用字，不包括方言字，不包括外族语言的用字。……现代汉字是严格意义上的记录现代汉语的字，不同于现代通用的字。现代通用的汉字仅从使用上着眼，又称现行汉字。现行汉字所指称的范围比现代汉字要大，除了现代汉字，起码还要包括现代人文章中夹用的文言引语、文言成语、文言词语用字。

在对现代汉字做出界定的基础上，杨润陆区分了现代汉字的结构系统和现代汉字的构字法。在现代汉字的结构系统中，他采用了部件的概念，将现代汉字的结构系统分为笔画和笔顺、部件和字形两个层次。在现代汉字的构字法上，他认为传统的六书是从字源上讲汉字的构字理据，它对于小篆和小篆以前的古文字是基本适合的。汉字经过隶变，发展到楷书，再加上汉字简化，形体已经发生了很大的变化，所以现行汉字的构字理据已经不适宜套用六书理论来分析了。由于现行汉字与小篆在字形、字音、字义诸方面都已经相去甚远，用传统的六书说解释不清现行汉字的构成和理据，所以人们突破成说，提出了字符分析法。这就把语言的符号（文字）和文字的符号（字符）明确区分，并根据字符组字时的不同功能把字符分为意符、音符、记号三类。

根据现代汉字的形体及表意、表音功能，现代汉字可以归纳为四种基本类型：记号字、半记号字、表意字和意音字。记号字分为独体记号字与合体记号字两小类。独体记号字都由一个记号构成，形体不可拆分。合体记号字由两个或两个以上记号构成。半记号字分为半意符半记号字与半音符半记号字两小类。半意符半记号字由一个意符和一个记号构成。半音符半记号字由一个音符和一个记号构成。表意字分为独体表意字与合体表意字两小类。独体表意字由一个意符构成，这种字为数很少，是残存的尚未失去表意功能的独体象形字和指事字。合体表意字由两个或两个以上意符构成。意音字由一个意符和一个音符构成。在3500个常用字和次常用字中，表意字占比例最小，记号字和半记号字次之，最多的是意音字。

(三)黄天树的"二书"说

王力在《汉语史稿》里说:"六书中只有象形、指事、会意、形声是造字之法;至于转注和假借,则是用字之法,因为转注和假借的原则并不能产生新字。今天我们对于汉字的构造可以作更科学的说明。首先应该认为转注和假借和汉字的构造无关;其次,对于象形、指事、会意、形声还可以作更合理的分类;一类是没有表音成分的纯粹表意字(包括象形、指事、会意);一类是有表音成分的形声字。"可见,王力是赞同"四体二用"说的。在"四体"中,他又以是否有"表音成分"为标准,将其一分为二,虽然没有进一步加以展开,但实可看作"二书说"的肇始。

黄天树正式提出关于汉字构造的"二书"说。他认为,汉代学者的六书理论主要依据的是秦汉篆文,其缺点不在于分类模糊,而是无法涵盖比其早或比其晚的汉字构造类别,如商代甲骨文的"独体形声字"和后世的"合音字",等等;而前人提出修正六书说的汉字构造新理论,如唐兰的"象形、象意、形声"三书说、陈梦家的"象形、假借、形声"三书说、裘锡圭的"表意字、假借字、形声字"三书说,等等,也无法囊括古今各历史阶段所有各种汉字结构类型。因此有必要根据汉字音符、形符或形音符混用的规律,以有无"声符"为分类标准,在六书框架之上建立一个分类层次更高的汉字构造新框架。他在《论汉字结构之新框架》一文中比较系统地阐发了其对汉字结构新框架的设想,即"二书"说。所谓"二书",即"无声符字"(无声字)和"有声符字"(有声字)。"二书"说的提出,初衷在于寻找一个切合商代文字构造的新框架,又力求建立一个囊括古今所有汉字各种结构类型的新体系。"二书"说的价值在于,既囊括了所有汉字的各种结构类型,又凸显出"声符"在记录汉语中的重要作用。

黄天树也强调汉字构造框架的层级性,即"二书"说居于最高层级,其下还可再分出更多类型,详见下表。

古今汉字结构"二书"框架内容

二书	无声符字	象形字
		指事字
		会意字
		记号字
		变体字
		半记号半表意字
		其他
	有声符字	假借字
		两声字
		独体形声字
		因声附画指事字
		形声字
		半记号半表音字
		变体表音字
		合音字
		其他

商代文字结构类型

二书	无声符字	象形字
		指事字
		会意字
	有声符字	假借字
		两声字
		独体形声字
		因声附画指事字
		形声字

第三节 汉字的构形研究

一、刘钊的古文字构形研究

刘钊关于古文字的构形研究见其专著《古文字构形学》（福建人民出版社，2006年），前身是其博士学位论文《古文字构形研究》（吉林大学，1991年）。"构形学"这一术语最先由刘钊提出，其内容涵盖关于古文字构成原则和演变规律的一切研究。古文字构形研究是古文字研究的基础理论，它不仅有古文字学上的理论意义，也具有指导分析考释古文字的实践意义。

刘钊在著作中对什么是"古文字构形学"有明确的交代，他说：

古文字构形学是研究古文字产生、构成及发展演变的学问。既然称为"构形学"，就是指研究古文字的形体构成。形体构成主要包括两个方面：一个方面是原始形体的构成原则，即选择用什么形体来记录语言的理念和方式；一个方面是形体发展演变的规律，即形体是如何发展变化的。这两个方面一个是平面的，静态的，一个是历时的，动态的。

古文字构形学主张以科学的文字符号观认识和分析文字，强调"以形为主"的分析考释原则，坚持严格细致的字形比较工作，注意文字产生发展中的各种倾向、趋势和规律，重视"表音"这一特性在文字构成演变中的枢纽作用。古文字构形学的研究具体包括的内容很广泛，如古文字的产生，古文字的初始状态，古文字构形的基本分类，古文字中的繁化、简化、类化、音化、分化、美化、符号化等问题。这些问题的集合体，就构成了古文字构形学。

全书以"古文字构形"为研究主线，细致地分析了甲骨文、早期铜器铭文的构形特点；以西周金文为例，探讨了金文声化的形式和声符的类型；研究了古文字形体发展演变过程中的"类化""变形音化""简省分化""一字分化""讹混"等构形规律；研究了古文字构形演变条例和古文字考释方法等。

在第十四章"谈古文字考释方法"一章里，作者强调古文字的考释要"建立在科学的文字符号观基础上，坚持'以形为主'的基本原则"。古文字构形研究是古文字考释的基础，古文字考释过程中始终未离开过对古文字构形的探讨。围绕着古文字构形与古文字考释，作者主要谈了三个方面的内容，下面分别加以引述介绍。

第五章 汉字的结构

一、对待《说文解字》和"六书"的态度①

从"六书"产生的过程看,"六书"乃经众人不断加工而成。本来在名称顺序上还有差别,经许慎的整理方有解说。汉代人缺乏科学的文字符号观和先秦古文字资料的参考,对文字所作的分类显然不会全面。许慎对"六书"的具体说解今天看来个别地方有些模糊不清,可以说明许慎本人对一些问题也没有研究透彻。"六书"之数有凑成之嫌;"六书"对"象形""指事""会意"的界划不太清晰,易生混淆;以独体合体区分"象形""会意"更不科学。"转注"到底为何已难以稽考。所举会意字字例"武""信"二字极不恰当。从古文字实际情况看,这种会合两个字意而成的"会意"字在古文字中极为少见。且"武""信"本身一为"会意"字,一为"形声"字。说"六书"不足以概括所有汉字的构成方式,是因为汉字有一部分是来源自"记号"的"符号",本身无法解说。汉字在发展过程中有许多赘加的"饰笔"和"区别符号","六书"无法解释这一部分内容。古文字有一些字本并没有独立的形体来源,而是截取其他形体为己所用,是纯表音的"符号",古文字中还存在一些"双声字"等,这些都是"六书"所无法涵盖的。"六书"产生以来,即开始了无穷尽的研究,历代治小学者皆以研究《说文》为要务。各种分类愈分愈细,正例变例,烦琐庞杂,大都逃不出"六书"的樊篱。直到唐兰才结合考释古文字的实践提出了"三书"说。"三书"说已比"六书"前进了一大步,但也存在一些问题,陈梦家曾有所修正。后来林沄和裘锡圭分别对"三书"说进行了补充,提出了新的分类。他们所立的名称虽然有些不同,但可看出其主体思想是一致的。这是目前对汉字构成方式最为完善的划分,比"六书"更为科学。多年的研究结果表明,不结合文字的研究,不跳出"六书"的圈子,而围着"六书"绕来绕去,分来分去,是缺乏意义的。像转注一说,其实最初对其界划就不一定非常清楚,害得历代人为此绞尽脑汁,论著盈千累万,结果还是一笔糊涂账。像这样的研究实在没有太大的价值。当然,"六书"分析文字的方法我们还必须继承,在一些名称上也还可以一仍其旧,但在思考问题时,在论证方法上,千万不可受"六书"的束缚而作茧自缚。

二、以"形"为主的考释原则

汉字从甲骨文发展到小篆、隶、楷,中间虽然经过许多字形上的变化,但就总体来说,汉字还只是一个系统,是一个延续不断、联系紧密的系统。我们说一个古文字相当于后世什么字,就需要在字形上找到未识字与已识字间的字形联系,用已有的构形规律解释字形演变上的各种变化,证明由未识字发展到已识字字形上的演变经过。

古文字的构形方式非常复杂,研究它的唯一方法就是从字形出发,而用"看图识字"的方法考释古文字,从理论上讲是错误的,从实践上讲是行不通的。因为古文字构形方式中以下一些原因,是运用这一方法的最大的障碍。

①古文字中的一些形体来自"硬性约定符号",本无形可像,如"一""二""三""四""五""六""七""八""十""甲""乙""己"等,如试图从这些形体上看出"像什么"并与这些字的字义相联系,则纯属荒诞不经。

②古文字不是图画,即使是象形意味较为浓厚的甲骨文,也已是高度符号化的"符号",其线条化和简化已高度发达,许多字已不知道初形的状态,面对如此"符号化"的形体"看图识字",极易"失之毫厘"便"谬以千里"。例如"易"字被一些古文字研究者猜想为各种形象,而德鼎的"易"字一出现,人们才恍然大悟,其形原来是由另一个形体截取而来,否则通过"看图识

---

① 原书作为第十四章的第二部分,这里为行文方便,略有改动。文字上摘取部分。

字"是万万想不到的。

③古文字中一些字的字义与其形体所像之形并不相等，有些形体并不像形，而是像"事"，即所谓"形拘而义通，体实而指虚"者，如"大"字一类，形体是人形，但字义却是人形所体现之"事"，这些"事"通过形体是不易看出来的。

④古文字中的一些象形字和会意字，其所像之形与字义有"广""狭"的区别。如"果"字像树上结有果实，"须"字像人脸颊上长须。如果不知道字义只等于字形所像的一部分，则一定会把果字释为"树"一类的字，把"须"释为"首"一类的字。

⑤古文字中许多字如果从其形象所表示的动作着眼去推论相当于后世的什么字，会有许多同义或义近的字可供选择而产生多种可能性。如古文字中的毓字像母亲产子形，假如我们不从形体比较出发，而从字形所体现出的图像去推测，未尝不可以把它释为"生""产""娩"等字。我们之所以释其为"毓"而不释为"生""产""娩"，就是因为这个字形与后世的"毓"字有着承继关系而与"生""产""娩"等字不存在关系。一个形体经常可以从许多角度去考虑其所像之形和所会之意。这里我们可以举一个通俗的例子。假设有一个古文字形体我们不认识，字形所像是一只手拿着一顶帽子，推测其构形与字义的关系大致有以下几种可能：字义指所持之物，字可考释为"帽"字；字义指拿帽子这一动作，字可释为"拿""持"等字；字义指拿帽子的目的，字可释为"戴"；字义指拿帽子的原因，字可释为"摘""脱"等字。可见，可供选择的可能性太多，根本无一严格的原则，所以说这种方法是不科学的。那么唯一正确的方法就是看手持帽子这一形体与后世已识字中哪个字在字形上有联系。一个会意字如果仅从形体上看去推测字义，不光会产生众多的歧义，甚至会产生正好相悖的解释。例如"莫"字像日没草中形，假如我们还不认识"莫"字而仅从形体上去"看图"猜测，那么认为"莫"字像日初出草芥之形而释其为"旦"字又有何不可呢？之所以释其为"莫"而不释为"朝""旦"一类字，也还是因为古文字"莫"这一形体与后世的"莫"字在形体上相联系而与"朝""旦"等字没有形体上的关系。

⑥古文字中有许多饰笔、连线、区别符号等，是无形可像的"符号"，与字音、字义皆无关系，如从形体所体现出的"图像"去推测，则会把这些"符号"当作"图画"看，并把这些"符号"当作文字构形的一部分而加以解释，这就离事实更远了。

⑦古文字中一些形体是借助表示另一个概念的字的形体来作为自己的符号的，就是说，一些字的形体只有"表音"的作用而与字义无关。试图猜测某个形体所像之形或所会之意与字义相比附，就只能是牵强附会。甲、乙、丙、丁、戊、己、庚、辛、壬、癸等天干字，子、丑、寅、卯、辰、巳、午、未、申、酉、戌、亥等地支字，东、西、南、北等方位字，许多记录虚词的字，都只是一个记音符号，字形与字义没有任何关系。试图从这些字形中看出与字义的联系，只能是"胡说"。"凤"字借凤鸟之形表示，"我"字借兵器之形表示，这时的"凤"和"我"形体只是一个记音符号，试图说明凤和凤鸟或我和兵器的联系，必定会徒劳无益。古文字中，这种字形只起记音符号作用的字很多，都是用"看图识字"的方法所不能解释的。

⑧古文字中有一些字本身并无独立起源的形，而是截取某一个字的一部分来作为自己的记音符号。"于"乃"等"之省，"牙"分化出"与"，"函"截取一部分分化出"马"，"府"分化出"负"等等。就"于""与""马""负"等字来说，它们的形只是另一个字的形的一部分，当从"母字"中分化出来作为记音符号使用时，其形体与其字义已无丝毫的关系，其形体也没有所谓"本形"及本形表示出的"本义"。古文字中一些字在发展过程中分化出一些新字，像"壶"分化出"壹"，"巳"分化出"已""母"分化出"毋"。就"壹""已""毋"等字来说，它们的形体只是一个纯粹的记音符号而与字义毫无关系，试图找出这些字字形与字义的联系，绝对会徒劳无功。

三、古文字发展演变的动态眼光

文字是记录语言的符号,既随着语言的变化而变化,同时自身也受各方面的影响在发生变动。语言的变化促使了文字的分化和合并,社会的需求使文字越来越趋于简省,符号化和类化的作用,使文字易发生各种讹变。书写工具的更易,不断改变着文字的体势,又反过来影响着文字的结构。每一个文字的历史,都是经过许多变化的历史。考释古文字,就应以动态的眼光来看待文字,分析文字,只有这样,才能掌握文字发展的轨迹和脉络,了解每个字演变的全过程。一些人在论证文字时,常常不考虑文字的这种"可变性",不追索文字的演变历史,不考究文字的早期形态,任意据后世的形体加以阐发和解说。岂不想其据以立论的字形,其实是经过许多变化后的晚出形态,已不足以说明文字构形的初始状况,故得出的结论自然也就不会正确。《说文解字》的最大缺陷,就在于用晚出的小篆字形来阐释文字的早期结构,结果难免出现许多错误。我们今天能看到比《说文》时代多得多的古文字材料,追寻每个字的最早构形,理清每个字的发展历史,就成了我们必须做的工作。在这样的条件下还不承认古文字早于《说文》的真正价值而仍死守《说文》妄下猜测,可以说是极不明智的。

文字是约定俗成的"符号",每个时代的"文字"都有着适应这个时代语言的相应形态。如果从构形的角度去考察,虽然大部分的古文字的演变历史只是笔势上的改变,而结构上并无质的更动,但是也有一些古文字受文字发展中某个规律的影响而发生结构上的变化,呈现出阶段性的差异。如"良"字本为象形字或会意字,"丧"字本从"桑"字加口区别分化而来,但在西周金文以后,都经过对形体的部分改动而变为从"亡"得声。这种"变形音化"的现象,就是受了古文字发展过程中"音化"这一趋势的影响。《说文》认为"良""丧"二字皆从"亡声",如果从甲骨文字来看,其早期并不从"亡"声,以"亡"为声是从西周金文开始的。用《说文》探求"本形本义"的宗旨来衡量,《说文》的说解并不对,但是如果从汉代"良""丧"二字的实际构形来看,《说文》的说解又是正确的,因为《说文》解释的"小篆",就是"良""丧"二字演变为从"亡"声后的字体。所以说,解一个文字,不能用"六书"的框架将其框死,而应该描述出每一个字的演变过程。

图画一旦被用来记录语言成为文字,随即就变成了一种纯粹的"符号",它的构成变化也就是"符号"的构成变化。一些人受古文字中"义符"的影响,总爱把古文字看成是"表意"的文字。其实所谓"义符",只是在语言从一个语根分化出众多的词时,体现在文字上加"义符"起区别分化的作用。如甲骨文"又"字有"又""有""祐""佑"等义项。当语言中的同音词太多,文字需要更精密时,就从"又"字加"义符"(或称"类符")分化出了"有""祐""佑",以分担原来"又"字过多的意义。从这个分化的意义上说,追加的"肉"、"示""人"都只是一种"区别符号",并不具体表义。人们在辨识阅读这些字时,也只是将"有"、"祐"、"佑"当作一个整体的符号来看,并不去分析所从哪一部分是"义符",哪一部分是"音符",而是以一个形体与另一个形体在整个字形上的差异来区别不同的字的。当然,我们在研究分析文字时,仍然用"义符""声符"这样的概念,但是从文字当时的实际使用看,人们显然是把每一个字都当成一个整体的"符号"去加以辨识运用的。这如同原来的"肉""月"两个偏旁经隶变后都写作"月",我们今天一般人已不知哪个字从"肉",哪个字从"月",但作为一个整体"符号",丝毫也不影响人们的辨识和运用。

古文字在发展过程中,常常在形体上赘加一种与字音、字义都无关的笔画,古文字学界一般称之为"繁饰""饰笔""赘笔""装饰笔画""美画"等。这种追加装饰笔画的原因是因为文字是"符号",因而受了"符号"的"装饰化"规律的影响。例如古文字常在一横笔上加一小横饰笔,像"示"字、"帝"字等;古文字常在一竖笔上加一小点饰笔,小点又逐渐拉长为一横,如"壬"字、"十"字;古文字常在一竖笔的两侧加两点对称的饰笔,如"余"字、"必"字等。饰笔在古文字中有多种形态,每个时期所加的饰笔又有所不同。不了解这一点而把这些饰笔当作构形的"实体"加以解说,自然是行不通的。像"必"字《说文》认为从"八"声,其实所谓"八"是由两点饰笔变来的,变从"八"并与"必"音同,则纯属巧合。古文字中还有一些基本形体经常被当作与字音、字义无关的"羡符"使用。像"高"字、"商"字、"周"字所从之"口"就是如此。古文字中的一些字在发展演变中可以加"口"旁为繁化,"口"只是一个无义的装饰。这一点在战国文字中表现得尤为突出,许多字都可以加"口"作为繁化的手段。古文字有时所加的"饰笔"或"羡符"是随所加之形体的不同而有多寡之别,如古文字中一些呈封闭状线条的形体,经常可在中间添加饰笔,常常是有几个空就加几个点。如"黑"字上部写成从横置的"日"字时,因有两个空便加两个点,而当上部讹为从"田"时,因有四个空便加四个点。区别符号也是如此,如"丧"字为"桑"字的加"口"区别分化字,即在"桑"字上加"口"为区别符号,沿用"桑"字的读音来记录语言中"丧"的词义,所加之"口"并不是一个,而是在桑树形的枝权间的每个空隙都加上一个"口"。这种"乘隙加点"的办法,显然是出于"符号"的装饰化心理。古文字中加"饰笔"的字常常加上一横饰笔,又在一横饰笔上加上一个小弯饰笔,后一竖笔变得弯曲,就出现了"内"这一形体。如"萬""禽""禹""禺"等字所从的"内",就都是由饰笔发展来的。

  古文字为了孳乳分化,常常使用一些区别符号。这些区别符号有的是一些简单的点、划,有的是已有的基本形体。如"八"形是个区别符号,从"向"分化出"尚",从"酋"分化出"首",都是在原字上加"八"形分化出来的。"一"形是个区别符号,从"不"分化出"丕",从"人"分化出"千",从"矢"分化出"寅",都是在原字上加"一"形分化出来的。"口"字是个区别符号,从"刀"分化出"召",从"丂"分化出"可",从"门"分化出"问",从"鱼"分化出"鲁",从"牛"分化出"告",从"又"分化出"右",从"尹"分化出"君",从"厶"分化出"台",从"令"分化出"命",从"五"分化出"吾",从"余"分化出"舍",从"庚"分化出"唐",从"帝"分化出"啇",从"文"分化出"吝",从"毌"(贯所从)分化出"古",从"弓"分化出"强",从"隹"分化出"唯"等,这些字所从的"口"都不能作为"义符"来看待,而是从"母字"分化出新字时添加的区别符号。于省吾曾创立"附划因声指事字"说以补充"六书",虽然称"指事"用词不甚恰当,但其所举字例则大都可信。其实于省吾所说的"指事"部分就是区别符号,并不"指事"。如在"又"字上加一点分化出"尤",在"白"字上加一三角形分化出"百",在"用"字上加一圆圈分化出"甬"等,都是古文字用区别符号孳乳分化新字的佳证。其用以区别的部分一样是不能当作"实体"来解释的。

  古文字的基本形体在数量上很早便已基本定型,新字的产生只是利用旧有的基本形体进行各种各样的分化组合。组合分化的方式很多,一般都可以进行两个层次的变化。如"雨"和"天"组合成"霝",又分化出"需"和"奭",后世以"需"和"奭"为声符又组合成"儒""糯""濡""稬""輭""獿"众多的字。古文字中有许多字最初只有一个源,而后从一个形体出发可分化出许多字。如"足"分化出"疋","器"分化出"哭","壶"分化出"壹","示"分化出"主","吕"分化出"予"等。一个形体有时可分化出几个字,如"毛"分化出"尺""斥"等。一些字的形体是截取另一个字的一部分作为自身的符号,如"贲"字上部所从之"卉",乃截取"奔"字下部(本由"止"形讹变为"卉")并延续"奔"字读音与"贝"字组合而成。"范""範"等字所从之"巳"(即"㔾"),乃截取"圅"字古文字像矢圅的一部分和像环套的一部分而成,并延续圅字的读音。古文字中的一些字,采用截取某个字的一部分作为新的构形因素的方法,作为声符与其他形体组合成新的复合形体。如"纍"字截取"畾"这一部分并延续"纍"的读音作为声符组合成"壘""儡""慸""蘽"等字,"猒"(厌本字,本从犬从口从肉,后口字音化为"甘")字截取"昌"字一部分并延续猒字读音作为声符组合成"鶪""捐""娟"等字。

古文字中的讹变现象非常多,这是因为人们把文字作为一种符号看待和运用,当作一个整体的与其他文字相区别的符号来书写,文字内部的一点一画已失去区别的意义,于是便产生了许多相近形体讹混的现象。像"弋""戈"相混,"鼎""贝"相混,"屮""又""止"相混,"口""日"相混,"日""田"相混,"目""田"相混,"月""夕"相混,"口""肉"相混,"月""肉"相混,"来""木"相混,"目""日"相混等。有些字经过讹混,已经得到社会的承认并被延续下来,有的则进行不断的修正,即加以区别。像"王""玉"相混,战国时便在"玉"上加一点以示区别;"月""肉"相混,战国时便在"肉"字上加一笔以示区别,并将"肉"字写成四笔、"月"字写成三笔以示差异。古文字的讹变常常呈现规律性的现象,如"长""老""畏"这三个字最早皆从"朴杖"形,所从之朴杖形到小篆时都讹变为"匕"。古文字中一些形体近似的字,常常互相影响而产生"类化"。例如像"甫""周""帝"等字,战国文字的中间都讹为从"用",就是因为早期四个字都写作像"田"字的形状而产生了相同的"类化"。这种呈现规律性的讹变,可以使我们据后世的形体上溯一些字的早期状态。如古文字"庶""席"二字皆从"石"得声,而小篆"度"字上部与"庶""席"两字后世的构形相同,可以推见"度"字最早也应是从"石"得声。如果在古文字中发现"度"字,就应是从"又""石"声的形声字。

古文字的另一个孳乳分化途径,就是在一些基本形体上增加"动符"。古文字中的"又""攴""止""辵""行"等字就属于这种"动符"。在一些基本形体上所加的动符一般情况下并不会意,即并不确指何义,而只是表示这一基本形体所代表的语言中的词具有动态义项这一点。常见有许多文字学研究者在分析这些动符时,解释得非常"具象",这是不恰当的。"走""归"本不从"止",后加"止"形,不能说"止"就像"足"。"得""遘"皆从"彳"或"辵",不能说"遘"就是"遇于路上",也不能说"得"就是"在路上得贝"。从"交"分化出"效","古"分化出"故","正"分化出"政","求"分化出"救",所从之"攴"也只是含义非常"虚"的"动符",与前面讲过的文字加"类符"分化的现象并无不同。

古文字的形体构造和发展演变揭示了许多规律,有些已经被我们所认识,有些则还需要不断地探索和研究。考释古文字,就是要不断总结和认识这些规律,在考释古文字时自觉地加以运用,才能收到良好的效果。要始终把文字当作一种不断在变动的"符号"来看待,以动态的眼光观察分析古文字,这才是考释古文字所必须坚持的正确态度。

二、黄德宽的汉字构形理论

黄德宽的汉字构形研究起步于对形声字的系统研究。他的博士学位论文《古汉字形声结构论考》以殷商到秦汉的古汉字里的形声字为考察对象,比较全面地分析了形声结构及其发展演变情况。其汉字构形理论的核心是汉字构形方式研究的"动态的历时观"。这一思想充分体现在《汉字构形方式——一个历时态演进的系统》和《汉字构形方式的动态分析》等文章里。而《形声结构的类型》《论形声结构的组合关系、特点和性质》《古汉字形声结构的动态分析》《形声起源之探索》《论形符》《从转型到建构:世纪之交的汉字研究和汉语文字学》《汉字形义关系的疏离和弥合》等都是在汉字构形的"动态分析"下的具体实践。

汉字结构的研究历来是中国文字学最基本的问题之一,也是传统文字学最有成就的方面。影响中国文字学近两千年历史的"六书"理论,就是对汉字结构最早的理论概括。近百年来,中国文字学研究虽然取得了前所未有的成就,而汉字结构的理论研究却没能获得根本的突破。当前关于汉字结构的理论研究,应注意从以下几个方面着手:①古文字资料的全面运用;②研究方法和手段的改进;③理论视角的调整和阐释水平的提升。基于上述考虑和认识,黄德宽提出了关于汉字结构的"动态分析"说。

他认为,汉字结构的研究应涉及:构形方式(或造字方法)、不同结构的字及结构类型,这是三个不同层次的问题。所谓构形方式,指的是文字符号的生成方式,即构造文字符号的方法;用不同的构形方式构造出不同结构特征的汉字;将不同结构特征的汉字予以归纳分类就概括出不同的结构类型。对汉字结构的研究,通常是由单个汉字形体的分析,上升到对结构类型的概括,进而认识到与结构类型相应的构形方式。共时的、静态的分析归纳,得出的只是汉字的不同结构类型。这种类型性概括,虽然不失为研究汉字结构的基本手段,但是忽视了汉字体系的历史演进,也掩盖了汉字构形方式的发展变化,在此基础上建立的汉字结构理论,只能是一个笼统而模糊的理论。而汉字的形体发展经历了甲骨文、西周金文、战国文字、篆隶直至楷化的演进历程,因此,只有建立在动态的分析的基础上才能对汉字结构进行科学的研究。

那么如何对汉字构形方式进行动态的分析呢?他说:

对汉字构形方式系统发展演进的动态分析,首先应基于对不同结构类型汉字的分析,并在汉字体系历史演进的不同层次揭示各类型汉字的消长变化及其分布情况,进而由不同的结构类型探讨构形方式系统的发展变化。这正与汉字符号生成过程相反,是一个逆向追溯的过程。因此,构形方式动态分析的基础,依然是单体符号构型特征的分析和类型概括。

目前,对汉字形体符号的分析,有多种不同的新说。据我们研究,"象形、指事、会意、形声"四书,大体符合汉字符号生成的实际,也比较适宜于汉字结构的研究及构形方式系统的动态分析。在汉字构形分析中,我们对"四书"赋予了新的解释。我们将"象形结构方式"定义为"通过描摹客观物象的特征或形体轮廓而生成文字符号的一种方式",运用这种方式生成的符号即"象形字",不同象形字的类聚,即"象形结构类型";"指事构形方式"是通过在已有文字符号之上加附标志性符号或由抽象符号组合来生成文字符号的方式;"会意构形方式"是通过两个以上字符组合来构成新的文字符号的方式;"形声构形方式"则是运用声符记音、形符标示和区分来构成文字符号的方式。以上不同构形方式构成不同结构特征的汉字,相应地归为不同的结构类型。

对构形方式系统动态分析的基础,是将不同结构类型汉字分布的考察建立在汉字不同的历史发展层次上。通过不同历史时期的汉字分布情况变化进行比较分析,就能显示汉字构形方式系统的变化情况。

在这种思想指导下,黄德宽的教学团队分别进行了西周金文研究、郭店楚简文字研究等,对不同时期、不同材料中的汉字结构类型进行量化的统计分析,具体的比较情况参考下表。

各时期四种结构类型汉字数量比较

类型	甲骨文		西周金文		战国文字		小篆		楷书	
	字量	比例	字量	比例	字量	比例	字量	比例	字量	比例
指事	47	4.29%	57	3.25%	24	1.84%	117	1.25%	123	0.53%
象形	310	28.28%	224	12.78%	118	9.06%	347	3.71%	481	2.07%
会意	411	37.50%	333	19.00%	148	11.36%	819	8.75%	821	3.53%
形声	319	29.10%	1051	59.95%	909	69.76%	8070	86.29%	21841	93.87%

续表

类型	甲骨文		西周金文		战国文字		小篆		楷书	
	字量	比例	字量	比例	字量	比例	字量	比例	字量	比例
未详	9	0.82%	88	5.02%	104	8.00%	0	0	0	0
总计	1096	100%	1753	100%	1303	100%	9353	100%	23266	100%

材料说明：殷商时期代表资料是甲骨文字，甲骨文单字在4000个左右，能确认的约占四分之一；以《殷周金文集成》所收金文代表西周时期的资料，金文单字2488个，能确认的1753字；战国文字资料以战国中期偏晚的郭店简为代表，所用单字1293个，能确认的1257字；秦汉文字以《说文》小篆为代表，共9353字；宋代楷书以《六书略》所收为准，共计23266字。

不同时期不同结构类型的汉字分布情况是不平行的，不同构形方式的构字功能在历史发展中是有调整的，显示出或升或降的变化情况。如果把具备断代分期可能的材料进行更细致的分析，则更能反映这种变化的程度和轨迹。有学者就将西周金文按早、中、晚进行分期，进一步统计分析这四种结构类型汉字的分布情况。

西周金文早、中、晚四种结构类型汉字分布情况

类型	早期		中期		晚期	
	数量	比例	数量	比例	数量	比例
指事	45	4.5%	43	4.1%	42	4.0%
象形	170	16.8%	158	15.0%	150	14.5%
会意	225	22.3%	219	20.8%	199	19.2%
形声	506	50.1%	575	54.6%	586	56.5%
未详	64	6.3%	58	5.5%	61	5.8%
总计	1010	100%	1053	100%	1038	100%

由以上分期统计，可以看出四种结构类型汉字分布情况的明显变化，前三种类型各自比例在缓慢降低，而形声结构类汉字比例分布则稳步提高。这种情况大体反映了西周时期不同构形方式构字功能的变化，与殷商相比这种变化也可以说是相当快速的。

以科学的眼光动态地分析，为汉字构形分析和汉字史的研究提出了一系列新的问题，具有重要的理论意义。总结黄德宽的观点，大致有以下几个方面：

首先，汉字构形方式系统的调整和发展，有其深刻的内在和外部原因，对这种原因的揭示是汉字构形理论研究的重要任务。不同构形方式的优点和局限是决定其发展抑或萎缩的内因；能否适应汉字体系发展的要求，则是构形方式获得不断发展还是逐渐被淘汰的外部决定因素。

从构形方式自身来看，以形表意构形方式的式微，形声构形方式的快速发展，均有其内在深层原因。指事构形方式在殷商时期尚有一定的构形能力。西周以后，只有在相对区分形体时才使用这种方法，其构形能力基本丧失。随着汉字形体符号化程度加强，象形字的形象特征逐步消失，使得依靠符号标指越来越困难，指事构形方式衰落也就成为必然。象形构形方式是汉字构形系统的基础，单个字符多是象形类结构。在殷商时期，象形构形方式已经发展到极致，汉字系统中几乎所有的象形字都以单字或字符方式出现于甲骨文中，但是随着汉字符号化程度的提高,用描摹事物轮廓的构形方式也受到了局限,生成新字的能力也在丧失。会意构形方式利用不同字符的方向、位置与意义关系构成新字,字符的形体特征和组合关系在构形中具有十分突出的作用。直到西周会意构形依然保持这种原始性。由于过于依赖形体特征和组合关系,会意字往往形体繁复,局限性明显。在上述三种构形方式衰落的同时,形声构形方式获得了快速的发展。最初的形声字多是在假借字上加注形符而成,逐渐发展到加注声符构成新字,数量大增。通过调整优化,形声结构形成形符和声符两个相对分工的字符系统,声符的功能逐步转向单纯记录字音,形符的功能逐步扩大到区分、标指为主,这就为构成新字提供了多种可能。所以,其勃兴也就成为必然趋势。

从汉字体系的发展来看,对构形方式产生影响的外部因素主要有:①汉字形体符号化进程,从根本上动摇了以形表意类构形方式的基础。②同音假借的普遍发生,使记音符号成为文字符号实现记录语言功能的主要选择。③新字的大量产生,对汉字构形方式选择也有着决定性作用。

其次,构形方式动态分析的结果,有助于更加清晰地认识汉字发展史。动态分析显示,指事、象形、会意等构形方式在殷商时期已经发展到比较完善的阶段,表明汉字在殷商之前必然经历了一个漫长的发展阶段。构形方式作为一个动态系统,各构形方式在不同历史时期此消彼长的事实,对研究汉字体系的发展具有更加重大的意义。汉字构形在西周已进入以形声为主的时代,形声结构的优越性在那时已为人们所认识是毋庸置疑的,汉字构形的形声化随着汉字体系的成熟已经确立。

再次,动态分析揭示的构形方式历时发展的史实说明,全面反思长期以来汉字结构理论研究的成果和方法是非常必要的。过去关于汉字结构的分析,几乎都是以全部汉字为对象,不管是"六书"说、"四书"说还是"三书"说,都未能考虑汉字并非产生于同一历史层次而将它们进行分层次研究。这样做直接导致模糊含混的结果。对汉字的结构进行类型性概括分析,同时进行历史的分层次研究,这样才可以对不同构形方式的特点、功能以及汉字构形方式系统获得全面正确的认识,能对汉字结构理论、汉字的特点和性质等理论问题做出比较接近事实的判断。构形方式的动态分析方法从单一汉字的结构分析入手,根据其不同时代再进行类型性概括,进而将不同类型汉字在不同历史层次的分布进行统计分析,然后比较同一类型结构在不同时期分布量的变化,从而揭示出构形方式系统的历史发展。

此外,动态分析的结果,对汉字相关问题的研究也有一定意义,例如汉字的用字问题、利用形声字研究上古音等,都使得研究具有时代的层次性和科学性。

运用动态分析研究方法,对古文字进行了全面的梳理,以声符为核心构建形声谱系,再以"音"系联,将形声谱系按古韵部和声纽编列构建广义谱系,完成《古文字谱系疏证》一书。其主要内容是:

首先,通过对古文字的全面梳理,构建广义的古文字发展谱系。汉字的发展是一个孳乳浸多的缓慢过程,通过形、音、义三方面的系联,先秦古文字系统内部逐渐形成了一个个有亲缘关系的谱系。在谱系内诸字之间,"音"虽然不及"形"之具体可感、"义"之明晰可察,却是汉字发展沿革的纽带。因此,以"音"系联是构建古代汉字发展沿革谱系的基本手段。我们坚持以"音"系联的原则:先以"声"(指形声字的声符)系联形成各形声谱系(声系),再按古音22部编列各声系;各部所属诸声系,按古音19组秩序排列。这样就从宏观上拟一个古代汉字的谱系,这个谱系可以称作"广义谱系"。

其次,构建古汉字形声谱系,以确定古文字发展沿革谱系的基础。东汉许慎就曾指出:"仓颉之初作书,盖依类象形,故谓之文。其后形声相益,即谓之字,字者言孳乳而浸多也"(《说文序》)。清人戴震最早提出将汉字"以声相统,条贯而下如谱系"的思想(《答段若膺论韵》)。我们通过全面考察汉字发展的历史,发现形声字的孳乳浸多在西周时期就已成为汉字发展的主要现象。因此,以"声"相系构建古文字形声谱系(声系),也就确立了构建古文字发展沿革谱系的基础。本书以古文字形体结构为根据,将基本声符相同的形声字类列系联以构成不同的声系。以基本声符为统系,按次第派生关系构成的各同声符汉字组群,大体能反映汉字源流演变的实际。

第三,对每一个汉字建立纵向形体流变谱。我们在每一声系之下,列出了所属诸字,每字选择从甲骨文到秦代典型形体,按时代先后排列。由这些典型形体就构成了单个汉字从殷商到秦的形体流变谱,使一个字在不同时期的历时演变和同一时期形成的共时异体得到较为全面的展现。

第四,对各字的形体构造、流变和用例进行梳理考证,这是我们开展此项研究的难点所在。大体上每一字我们首先分析其构形原意,辨析各种形体流变并给予力所能及的阐释,然后根据所引典型形体及用例逐项训释,依据传世和地下新出的文字资料进行必要的考证工作,这就是"疏证"部分的主要内容。"疏证"实际是为谱系的建立提供依据的,无论字形分析还是古文字用例的训解,都是揭示谱系内在关系的重要线索。

第五,对严格意义的同源字关系予以考释和确认。在每一声系所属字逐一疏证的基础上,我们力争对具有严格派生关系的同源字予以考定并进行"系原"工作。虽然广义的谱系构建,使全部的古文字在谱系框架内呈现,但是这种谱系内部实际关系是有远近亲疏之别的,而对有亲缘关系的同源字的确定则是本课题力图实现的目标之一。为此,我们在每一声系之后,列"系原"一项,考证同谱系中具有亲缘关系的同源字。

总之,《古文字谱系疏证》一书以声符为核心构建形声谱系,再以"音"系联,将形声谱系按古韵部和声纽编列构建广义谱系,对每一字罗列古文字不同阶段之典型形体,然后逐字分析字形,阐释用例,予以梳理证说,在此基础上对同声系内部具有亲缘关系的同源字进行考辨确认。通过以上工作,试图比较全面地揭示古文字阶段汉字体系内部字际关系,分层次构建古代汉字因发展沿革而形成的广义谱系。

作为一项古文字基础性综合研究工作,主要的创新点与学术价值体现在:

第一,为系统的汉字发展史研究奠定扎实的基础。汉字的发展沿革既表现为个体汉字的历史变更,也表现为汉字体系的整体演进。古汉字发展谱系的构建,使字际关系以整体状态呈现出来,可能会更加清楚地揭示古汉字整体发展的脉络。这样,我们就能比较全面地认识到汉字体系的整体发展,尤其是对具有同源关系的汉字组群现象的认识会更为准确,从而使我们能更为正确地揭示汉字发展的特点和规律,从更高层次上描述汉字发展史。

第二,对古汉字进行全面分析和考察,努力揭示古汉字构造特点和规律,为汉字理论的研究提供更为系统、可靠的资料。汉字理论的研究应该建立在对汉字构成和发展的全面分析之上,长期以来,汉字的理论研究滞后于汉字的应用和考释。我们开展的工作可为进一步进行汉字理论专题研究和汉字科学理论体系建构创造必要的条件。

第三,全面总结和体现百年来中国古文字的研究成果,为古文字研究和教学提供参考。我们对 1998 年之前已公布的具有文字学价值的古文字资料及相关研究成果力求网罗无遗,以全面反映当代中国古文字研究所达到的水平。对学者们意见不一的疑难字,我们也进行力所能及的考证分析,择善而从或提出我们的意见以供研究者参考。

第四，推进古文字研究成果的普及和应用。古文字学是一门涉及历史文献、中国古代史、考古学和语言文字学等多门学科的边缘性学科，不仅研究工作要涉及上述相关学科知识，而且其研究成果也可以广泛应用于相关学科。我们希望这项研究工作能为更多学者利用古文字研究成果提供便利，编排上尽量使古文字研究已有成果便于查检。使得本书既是一部研究性专著，同时兼具工具书便于使用的功能。正确认识历史汉字的特点，从总体上把握汉字发展的一般规律，以指导对现代汉字的整理、规范和改革；揭示汉字形体分化与字义发展的多重关系，为古代汉语词汇的研究和古文献的训释提供有价值的参考；建立古汉字声系，可为古音学界更好地利用古文字研究成果解决古代音韵学中的一些疑难问题提供新的材料。

三、王宁的汉字构形研究

王宁是汉字构形学研究的积极倡导者。她以及她的教学团队立足于汉字史，对不同时期、不同材料的汉字构形系统加以考察，最终建立起一套有关汉字构形学的理论模式。

作者的研究工作是从《说文》小篆起步的。小篆的构形是经过规范的，是一个封闭的系统。经过分析总结，她在《系统论与汉字构形学的创建》一文中得出以下结论：

小篆具有一批基础构形元素，归纳后大约得到400个，我们称作形位。这些形位都有自己组成字形、体现构字意图的具体功能，它们是构成小篆的基础。我们把全部形位的集合看作构字的储备材料，而把已经进入构字、体现了自身功能的形位及形位的组合称作构件。可以看出，在每一级组合中，随着构件中的形位数不断增加，结构都发生着质的变化。汉字的结构层次是有序的，改变结构次序也就改变了这个汉字。有序的层次是汉字构形呈现系统性的重要原因。同时，小篆的每一层次的组合，都有固定的模式，这些模式的类型由构件的功能来决定。构件在相互组合中彼此制约，使每一个构件的功能得到体现。每种不同功能的组合都可归纳为一种构形模式。小篆的构形模式可概括为以下六类：①全功能零合成：由一个单形位构件自成的汉字。这个单形位构件必定是成字构件，它的功能是表音、表义、表形俱全的。它的组合公式是：单形位成字构件＋0。②形义合成：由一个表形构件和一个表义构件组合而成的汉字。它的组合公式是：表形构件＋表义构件。③标形合成：由一个标示符号去指示或区别一个表形构件。它的组合公式是：表形构件＋标示记号。④会义合成：由两个或两个以上表义构件组合而成的汉字。小篆的会义合成包含两种类型，一种是纯会义合成，另一种是残留图形性的会义合成。后者在组合时构件的位置仍保留着物象的位置。它们的组合公式是：表义构件＋表义构件。⑤形音合成：由一个表形构件与一个表音构件组合而成的汉字。它的组合公式是：表形构件＋表音构件。⑥义音合成：由一个表义构件与一个表音构件组合而成的汉字。它的组合公式是：表义构件＋表音构件。这六种模式，可以涵盖小篆97%以上。进一步归纳，我们就看到了传统的"六书"。对上述六种模式所含小篆的字数加以统计可以看出，小篆中，义音合成的字占87%以上，其余五种模式仅占12%左右，而且，它们绝大部分都在义音合成字中充当过构件，因而也可以包含在义音合成字的结构中。义音合成字，即传统"小学"所谓的形声字。它以义符为义类标志，以声符为别词手段。前者为纲，后者为纬，构成了标志鲜明的子系统。再以有序的层次来确定每个子系统中个体字符的相邻相关关系。小篆构形系统就清晰地呈现在我们面前。

第五章 汉字的结构

但是,汉字的形体处于一个动态的变化之中,这其中发生了哪些变化、蕴含着怎样的规律性?依靠单纯的小篆的构形系统是不能说明问题的,只有对不同时期的汉字构形系统进行比较才能弄清楚。各个阶段的构形系统既然可以用统一的方法描写,相互的比较也就一定可以操作。王宁分别以比小篆早的甲骨文构形系统、比小篆晚的隶书构形系统与小篆的构形系统进行比较,得出以下重要的认识:

第一,从1380个已释甲骨文中,归纳出标准形位412个,但它的形位变体就有3498个,非字形位的比例也大大高于小篆。小篆中归纳出的形位是422个,但它的构字总量却是9431个。这充分说明,与小篆相比,甲骨文字形不固定,形位的可归纳程度很低。

第二,在甲骨文的构形模式中,义音、形音合成字只占21%强,而零合成字与会形、会义、形义等非声合成模式却占到78%强。在非声模式中,甲骨文的纯会义合成字不足10个,而小篆没有的会形合成字与形义合成字却高达734个,占了绝大多数。这就说明,甲骨文的构件参构时的功能以表形为主体,表音、表义的功能尚未得到充分的发挥。

第三,甲骨文的结构组成87.5%都是平面组合,层次组合只有12.5%,比例相当低。这又进一步说明了,甲骨文不但构件的功能以表形为主导,而且结构的方式也是图形式的。

以上三点说明了殷商至两周阶段,汉字的整个系统处在由表形文字向表义文字发展的过渡阶段。形位数量的固定和归纳程度的加强;构件功能从表形为主到表义为主、表音辅之;结构方式从图形式的平面组合到义音式的层次组合——这三点,就是这一阶段汉字演变的主要表现。

再以小篆与隶书的构形系统做一总体的比较,又可以看出以下几点重要的事实:

第一,隶书,以至更后来的楷书,在标准形位的归纳程度、以义音组合为主体、层次组合占主导地位等方面,完全承袭了小篆。

第二,隶书形位变体、构件变体、异写字与异构字的数量大大超过小篆,是因为秦代"大发隶卒,兴役戍,官狱职务繁",文字的使用范围越来越大,长期缺乏许慎这样的专家进行整理、规范的缘故。这不是它与小篆的主要差别。

第三,隶书与小篆的主要差别在于,在隶书构形系统中,原来小篆的单形素构件字大量变形,多形素构件字大量黏合,构意的形成本来是由单形位的末级部件做基础的,隶书却转移到由字符一级拆分得出的直接构件上。例如:"更"在小篆里是音义合成字,从"丙"、从"攴(pu)",隶书黏合后,"便""梗"等字的构意就不能从原来的基础构件去找,而要从直接构件"更"上去找了。"卑"在小篆里是会义合成字,从"甲"、从"又",隶书黏合后,"碑""埤""俾""婢"等字的构字意图,无法再找到末级的单形位构件上,也只能在直接构件"卑"上找了。

这说明,隶书的义音化程度比之小篆更加大幅度增强,形体与物象的联系几乎不存在了,在任何一个层次上,构件的表形功能完全被表义、表音功能所替代。这一方面说明汉字总体的性质没有变化,仍是表义文字;另一方面也可看出,构件的义音化给汉字的简化提供了充分的条件。

以上比较的举例告诉我们,只有对每个历史层面上的汉字构形系统做了准确的描写后,经过比较,汉字的发展历史才可能真正弄清楚。

在《汉字构形学讲座》一书中,王氏又谈到了六书之于汉字史、汉字构形研究所处的地位和面临的挑战,她说:

从甲骨文到秦篆历代古文字大量形体的实际面貌,隶变以后汉字形体演变的复杂事实,都对传统六书提出了挑战,进一步说明了六书仅对秦代规范的小篆是适合的,但它无法覆盖历代的汉字构形。为了使汉字构形的类型划分能够切合古文字的实际,一些文字学家提出了"三书"说。但是,"三书"说对古文字来说过于笼统,对今文字来说又不完全切合,始终未能将"六书"替代下来。"六书"明显的局限性,增加了进一步总结汉字构形的必要性和迫切性。但是,"六书"本来是以秦代规范的小篆为基础总结出的汉字结构分析模式,它之所以能统帅汉字构形分析近两千年,主要是它的结构——功能分析法适合表意文字形体结构特点,传统"六书"不应当抛弃,而应当为汉字构形学的总结提供一种合理的思路。

六书是传统文字学分析汉字构形模式的凡例与法则,但是,六书的前四书虽勉强可以涵盖《说文》小篆的构形类型,后二书却与构形没有直接关系。细究六书的意图,很大成分是着眼在探求形中的意(造字意图)和义(构字所依据的词义)。只有兼从释字之法而不是单从造字之法的角度,也就是汉字形义学的角度,才能准确理解六书。

基于以上认识,王宁提出了完整的汉字构形理论,主要包含以下几个方面的内容。

(一)汉字的构形单位

明确提出汉字的构形单位——构件说,也称部件。当一个形体被用来构造其他的字,成为所构字的一部分时,就称之为所构字的构件。如"日""木"是"杲"的构件,"木"是"森"的构件,"亻""列"是"例"的构件。构件有成字构件和非成字构件之分。成字构件是指既能独立成字,又能参与构字、体现构意的构件;非成字构件是指只能依附于其他构件来体现构意,不能独立用来记录语言的构件。这种构件无法与语言中的词对应。

(二)汉字的组合类型

汉字由有限的形素组成数以万计的单字,有两种不同的组合类型,分别称之为平面结构和层次结构。平面结构是由构件一次性集合而成的,例如小篆的"辅"字、"嚣"字、"醉"字、"俞"字……这些字所含的构件都在三个以上,它们是一次合成的,分不出组合的先后层次。层次结构是以逐级生成的方式来体现构意的,这种结构富有概括性,可以把基础元素减到最低程度,又可以把字与字的构形关系在各个层次上有序地体现出来,所以是一种成熟后的结构方式。平面结构则是一种富有个性化的结构方式,是图形式的古文字构形的遗存。我们可以根据层次结构所占比例的多少衡量一个汉字构形系统的严密程度。例如,甲骨文的层次结构只占20%～30%,而《说文》小篆的层次结构则占到90%以上,这可以说明,小篆构形系统的严密性大大高于甲骨文。

正因为平面结构与层次结构在构意的体现上,前者是一次性集合式的,后者是两两生成式的,所以在分析汉字的形体结构时,正确区分这两种结构类型,才能准确地分析造字的理据,也才能保证构件的拆分不出错。

(三)汉字的结构类型

构件在构字时都体现一定的构意,构件所承担的构意类别称为这个构件的结构功能。构件在构字时以其功能的类型命名。汉字构件的结构类型有以下四类:①表形功能。构件用与物象相似的形体来体现构意,我们就说构件具有表形功能。②表意功能。构件以它在独用时所记录的词的词义来体现构意,这就是构件的表意功能。③示音功能。构件在构字时体现示音的构意,我们就说它具有示音功能。④标示功能。构件不独立存在,而是附加在另一个构件上,起区别和指示作用,即具有标示功能。有一部分构件在演变中丧失了构意的功能,变得无法解释了,我们称这些部件为记号构件。

(四)汉字的构形模式

构形模式是指构件以不同的功能组合为全字,从而体现构意的诸多模式。这些模式是由直接构件决定的。构件是指汉字的构形单位。当一个形体被用来构造其他的字,成为所构字的一部分时,称之为所构字的构件。根据汉字构件的组合类型、构件在组构中的四种功能,以及对汉字构形模式的分析,通过对历时汉字的统计分析描写,王宁得出适用于甲骨文以来可以分析构意的各种字体的 11 种汉字构形模式,分别为:①全功能零合成字。由一个单独的成字构件也就是一个形素构成,或者说,它从一开始就无法再拆分。②标形合成字。一个表形成字构件加上标示构件,以标示物体的位置或增加与形体相关的信息,即成为标形合成字。③标义合成字。表义构件加标示构件,以区别近义字,即组成标义合成字。④会形合成字。两个以上的表形构件组合在一起,表示一个新的意义,即为会形合成字。⑤形义合成字。用表义和表形构件组合在一起,表示一个新的意义,即为形义合成字。⑥会义合成字。用两个以上的表义构件组合在一起,表示一个新的意义,即为会义合成字。⑦无音综合合成字。表形、表义和标示构件的一次合成,没有表音符号介入。⑧标音合成字。示音构件加标示构件,以区别同音字或近音字,即组成标音合成字。⑨形音合成字。由表形构件与示音构件组合,即为形音合成字。⑩义音合成字。即用表义构件与示音构件组合,即为义音合成字。⑪有音综合合成字。由多个表形、示音、表义、标示构件一次合成。

本章小结

汉字是表意体系的文字。传统的关于汉字结构的理论是东汉时期许慎在《说文解字·叙》里提出的"六书说"。应用六书理论分析汉字的构造,对于正确地分析字形、理解字义有很大的帮助。但是限于材料和个人认识等多方面因素,六书不可避免地具有一些局限性。古代和现代有很多学者都意识到其不足,相继提出一些批判和改良的意见,具有代表性的如"四体二用"说、"三书"说等,这些讨论都有利于我们对汉字结构的进一步探讨和完善。立足于汉字字形结构的分析和汉字结构的规律性总结,是正确考释古文字的途径。对不同时期的汉字构形方式进行动态的分析,有助于更好地揭示汉字的发展演变情况。不同时期汉字的构形系统呈现出不同的特征,全面考察各个时期的汉字构形系统,最终总结出适用于全部汉字的汉字构形模式。

思考与练习

1. 谈一谈汉字的构造理论并举例说明。
2. 综论"六书"说的批判与改良。
3. 思考进行汉字结构分析的意义。

本章主要参考文献

[1] 陈梦家. 殷墟卜辞综述[M]. 北京：科学出版社，1988.
[2] 陈世辉，汤余惠. 古文字学概要[M]. 长春：吉林大学出版社，1988.
[3] 黄德宽. 汉字理论丛稿[M]. 北京：商务印书馆，2006.
[4] 黄天树. 论汉字结构之新框架[J]. 南昌大学学报，2009(1).
[5] 林沄. 古文字研究简论[M]. 长春：吉林大学出版社，1986.
[6] 刘钊. 古文字构形学[M]. 福州：福建人民出版社，2006.
[7] 刘又辛. 从汉字演变的历时看文字改革[J]. 中国语文，1957(5).
[8] 刘又辛. 文字训诂论集[M]. 北京：中华书局，1993.
[9] 裘锡圭. 文字学概要[M]. 北京：商务印书馆，1988.
[10] 苏培成. 现代汉字学纲要[M]. 北京：北京大学出版社，2004.
[11] 唐兰. 古文字学导论[M]. 济南：齐鲁书社，1981.
[12] 王力. 汉语史稿[M]. 北京：中华书局，1980.
[13] 王宁. 系统论与汉字构形学的创建[J]. 暨南学报，2000(2).
[14] 王宁. 汉字构形学讲座[M]. 上海：上海教育出版社，2002.
[15] 向光忠. 说文学研究（第五辑）[M]. 北京：线装书局，2010.
[16] 杨润陆. 现代汉字学[M]. 北京：北京师范大学出版社，2008.
[17] 姚孝遂. 中国文字学史[M]. 长春：吉林教育出版社，1990.
[18] 于省吾. 甲骨文字释林[M]. 北京：中华书局，1979.
[19] 詹鄞鑫. 汉字说略[M]. 沈阳：辽宁教育出版社，1991.
[20] 张桂光. 汉字学简论[M]. 广州：广东高等教育出版社，2004.
[21] 张玉金. 汉字造字法新探[J]. 古汉语研究，1999(4).
[22] 张玉金，夏中华. 汉字学概论[M]. 南宁：广西教育出版社，2001.

第六章 汉字复杂的形、音、义关系

本章导读

文字是记录语言的工具,语言是以词为基本的结构单位,词具有音、义两个要素,而文字却有音、形、义三个要素。语言词汇是本体,文字是其外在的表象。所谓汉字间存在着复杂的形、音、义关系,实际上是汉字在记录汉语中的词汇时,其本体和表象之间所呈现出的复杂的对应关系,也就是词汇的两要素与文字的三要素之间的错综复杂的对应关系。

汉字与汉语词汇间的关系看似简单的一对一的关系,而实际情况却不是这样的。所谓一一对应关系,就是要求每个词要有唯一固定文字来记录,每个文字都专职记录一个词,这实际上却是不可能做到的。一方面,从根本上讲,用常用的几千个字去记录语言中数目无法估量的词,是不可能做到专字专用的。另一方面,同一个词也未必仅用唯一的文字形体进行记录,即不可能做到专词专形。又加上汉语的使用面在时空跨度上的巨大差异,包括方言的差别和古音的变化,使得汉语词汇的音义本身就存在着差别。以上种种就决定了汉字与词汇之间的对应关系是复杂的。

汉语及其所使用的词汇都是由汉字记录的,因此,当我们讨论词汇与文字的关系时,实际上就是讨论记录同一个词的不同文字之间的关系,落在纸面上就是讨论文字与文字之间的关系。这些关系就涉及这一章要讨论的概念:同形字、同音字、同义字、多音字、异体字、古今字、繁简字、正体字、俗字等。

学习目标

通过对本章内容的学习,使学生了解汉字形、音、义之间为什么会存在着那些复杂的关系。理解同形字、同音字、同义字、多音字、异体字、古今字、繁简字、正体字、俗字等概念。应用掌握上述概念所涉及的具体字例,并会分析判断汉字的各种复杂关系,分析同形字、同音字、同义字、多音字、异体字、古今字、繁简字、正体字、俗字等在概念上的差别及本质区别所在。

第一节 同形字、同音字、同义字、多音字

一、同形字

同形字就是指分别为记录不同的词所造而字形偶然相同的一组汉字,也指由于形借、字形演变等原因所形成的字形相同而音义不同的一组汉字。同形字的性质跟异体字正好相反,异体字的字形虽然不同,但实际上可以作为一个字使用;同形字的字形虽然相同,实际上却是彼此不同的字。

同形字有广义和狭义之分。凡是具有多个词义的文字都可以看作是记录这些词义的同形字,这是广义的说法。广义的同形字的词义来源复杂,可以是这个字的引申义、假借义,也包括

那些并非来自引申或假借而产生的词义。前者如当动词"到""往"讲的"之"和用作助词的"之"是表示词的本义和假借义的同一个字,可以把它们看成广义的同形字。"长幼"的"长"与"长短"的"长"也应看作广义的同形字。再如,"恶"本义为罪,后引申为"厌恶",又假借为疑问代词,记录三个词,也可以视为同形字。很多字典和词典往往在每个字的字头下,先按照字音,再按照字义,把其本义、引申义或假借义分成词条而逐一列出,就是将记录不同词的同一个字当作同形字来看待的。后者实际上指的是狭义的同形字。

狭义的同形字是指那些造字时偶然造成的形体恰巧相同的字。例如"镭"字,古指壶、瓶一类的器具。《广韵·灰韵》:"镭,瓶也,壶也。"《集韵·灰韵》:"镭,古瓶也。"此义现在已经不常用。但是,"镭"是现代汉语的常用字,因为它记录了一种叫"radium"的化学元素,赋予了全新的含义。"镭"字就是为两个不同的词而造的形体偶然相同的字,即所谓的狭义的同形字。再如"亐"即"于"字异体字,古音"yú"。《说文》:"於也,象气之舒也。"后来吃亏的"virtual"的简化字与之同形。

由于词义引申而造成的一字多义现象我们将会在本节"多义字"部分进行介绍,假借字我们将会在本章第四节"假借"部分进行介绍,因此,我们这里讨论的是狭义的同形字。

狭义的同形字的产生方式大致有以下四种情况:由于形借造成的表示不同词而造的字形相同的字;由于分头为不同的词而造的,字形偶然相同的字,如上面讲到的"镭"字;由于字形演变、简化造成的同形字;由于早期表意字一形多用造成的字。其中最后一种情况,即由于早期表意字一形多用造成的同形字,如"🌙"既可以表示"月",又可以表示"夕";"🚶"既表示"大",又表示"夫";"㒰"既表示"永",又表示"底"等,这类字数量较少,且发生在古文字阶段,下面我们主要介绍其他三类同形字。

(一)形借造成的同形字

"形借"是裘锡圭的《文字学概要》中所提出的一个概念,它是指只借用字形而不取其原来音义的汉字使用方法。形借比较典型的例子是"隻","隻"的古文字字形表示抓获一只鸟,读 huò,是"获"(獲)的初文。后来,人们又用"隻"字去表示一只鸟的"只",读 zhī。这样,字形"隻"便记录了两个意义没有联系的词,因而形成了同形字。"隻"字字形所记录的两个词之间虽然不存在引申或假借的关系,词的本义也不同,但是所记录的都是各自的词的本义。

这跟早期的表意字一形多用的现象是很相似的,如上面所提到的"🌙"既可以表示"月",又可以表示"夕"。但是以"隻"表"只"是原字形表"获"已经使用了很久之后才发生的事情,因此这是对已有的文字的一种比较特殊的借用。

再如"卜"字,有的学者指出:甲骨文"卜"像灼兆后所出现的兆纹的形状,本义为占卜。由于占卜时兆纹的方向是固定的,即不管在左还是在右,有横画的一面一定朝内,没有横画的一面一定朝外,故又借此字表示内外的"外"。因而"卜"也成了同形字。

(二)分头为不同的词而造的偶然相同的同形字

这类同形字是指,在分头为不同的词造字时,所造的字形恰巧相同。按照上述形借的定义,形借可能是有意借了字形,而这一类同形字字形相同却是偶然的。如:

古代字书中有一个"铊"字,音"shé",当"矛"讲。近代人将秤砣的"砣"字改换意符,又造出一个异体的"铊"字,音"tuó"。现代化学家又造了一个"铊"字,音"tā",指称一种金属元素。

这样，"铊"字就是为三个词分头而造的字形偶然相同的字。

《广韵》中有一个"姥"（mǔ）字："姥，老母，或作姆，女师也。"近代北方人称外祖母为"姥姥"，音"lǎolao"。其字形最初写作"老老"，后来写作分化字"姥"，字形正好与古代的"姥"（mǔ）同形。

《玉篇·口部》有一个"呛"字，释做"鸟食"。后来人们为表达"因水和食物进入气管而导致剧烈咳嗽"的词义而造的"呛"就和《玉篇》中的"呛"同形，构成同形字。

《玉篇》："嘿，与默同。"即"嘿"是"默"的异体字，读"mò"。在现代汉字中，"嘿"常用作叹词，读"hēi"，与"嘿"（mò）成为一对同形字。

"夯"在明清小说中读"bèn"，表示愚笨的"笨"，《西游记》中孙悟空道："你这夯货，教你做事推三阻四，却茬的能吃！"现代汉字此字为打夯的"夯"字，音"hāng"，成为一对同形字。

"铝"字最早见于西周金文，指铸造铜器的原料。此字形也见于扬雄的《方言》，义为雕磨。而在现代，"铝"字则是指一种化学元素。这三个"铝"虽然读音相同，但是字义互不相干，是一组同形字。

（三）由于字形演变、简化造成的同形字

本来并非同形字，后来或者因为一个字的字形变化或简化而偶然与另一个字的形体巧合，从而形成了同形字。这种类型在同形字中占绝大多数。如：

"胄"字本是形体、字义各不相同的两个字，皆见于《说文》：一个义为后裔，在卷四肉部："胄，胤也。从肉，由声。"另一个为甲胄之"胄"，在卷七冃部："胄，兜鍪也。从冃，由声。"隶变之后，二字各自所从的"肉""冃"两个意符逐渐相混而同形，都写作"月"，成为一对同形字。

"厂"是《说文》中的一个部首，古音"hàn"，《说文》："厂，山石之厓岩，人可居，象形。"与"廠"（chǎng）的简化字"厂"同形。

"叶"字本为"协"字异体，本音"xié"，见于《说文》"协"字字头下。与"葉"（yè）字的简化字"叶"同形。

"宁"古音"zhù"，为古"贮"字，字形由甲骨文、金文字形演变而来，甲骨文作"⿱"、"⿱"，金文作"⿱"、"⿱"，可证。后来"寧"（níng）简化为"宁"，与之同形。

"适"古音"kuò"，《说文》："适，疾也。"与"適"（shì）字的简化字"适"同形。

"邁"是西周金文中常见的字形，是"萬"字添加意符"辵"的繁构，仍读"wàn"，常见辞例有"眉寿邁年无疆"。《说文》中另有"邁"（mài）："远行也。从辵，蠆省声。"简化为"迈"。

"保"字早期的古文字字形没有最后的两饰笔，如甲骨文写作"⿱"，像抱子形，后演变为"仔""仔"，从"人"从"子"，可以隶定为"仔"。西周后先后添加饰笔，变为"⿱"、"⿱"。《说文》："仔，克也。从人，子声。"读"zī"，小篆作"⿱"；后又有义为"幼小"，读音为"zǐ"、"zǎi"的"仔"字。则三个"仔"（包括"保"字早期写法的隶定形式）字成为一组同形字。

"仝"本是"全"的异体字，读"quán"，《说文》："仝，完也。从入，从工。全，篆文仝从玉。纯玉曰全。"由上知，"仝"本是一个从"入"的字，讹变做从"人"后，与"仝"（tóng）字同形。"仝"（tóng）字本是"同"的古文，《广韵·东韵》："仝，同古文，出《道书》。"

由于同形字实际上是用一个字去表示两个或两个以上的词，所以我们在阅读文献时，特别是阅读简化字印刷的古代典籍时，就更应该格外注意。如简体字"宁"是繁体字"寧"的简化字，但是在读古代文献时，这个字应该读"zhù"。再如"适"，孔子有个学生名叫作"南宫适"，《封神

119

演义》中有个将军也叫"南宫适",其"适"字都应读"kuò";而唐代诗人有"高适",现代学者有"胡适",其"适"字是"適"的简化字,应该读作"shì"。

二、同音字

同音字就是指读音完全相同而形义不同的汉字,所谓读音相同,是指这些字的声母、韵母和声调完全相同,如"张"与"章"等。"一"和"衣"也是同音字。多音字之间如果有一个读音相同,那么它们在这个读音上是同音字。如"将"音"jiāng""jiàng","降"音"jiàng""xiáng",那么这两个字在"jiàng"这个读音上是同音字。由于汉语音节是声母、韵母相配的,因此,即使把汉语的声调考虑在内,汉语的音节也很有限,所以汉字中同音字很多。

(一)同音字来源

同音字来源分为两类。

1. 同音词的传承

古汉语多以单音节词汇为主,多词同音不可避免。不同时代、不同地区、不同的人们在原有语言基础上创造的新词很难避免在语音上出现偶合现象,记录那些语音上偶合的词的字也就成为同音字。如"帛"与"伯"、"寞"与"陌"等。

这些同音词还可以使用相同的假借字,由这个假借字为声旁分化出来的不同的后起形声字,读音有的相同。如"情""晴"同是从"青"声的形声字,现代汉语中读音仍相同。

2. 异音词的演变

有些古代不是同音的词,由于语音演变,到现代也变成了同音词,记录它们的字也就成了同音字。如"娲"与"哇",古音有异,因语音演变,现在均读"wā";"化"与"华"古音有异,因语音演变,现在均可读"huà"。再如"东"与"冬","之""支"与"脂"等,古音也不相同。

(二)同音字的作用

同音字在语言学中的作用主要有三个:①直音法注音;②通假;③声训。声训起源很早,如《易经》:"乾,健也""坤,顺也""夬,决也""坎,陷也"。又如《孟子·滕文公上》:"庠者养也,校者教也,序者射也。"这些都是声训。古人的声训虽然未必都合理,但是一种重要的训诂方法。声训用字未必是严格的同音字,但是同音字在声训中的作用和地位则是显而易见的。

同音字在文学修辞中的作用主要有两个:

①一语双关。刘禹锡的《竹枝词》:"柳青青江水平,闻郎江上踏歌声;东边日出西边雨,道是无晴却有晴。"句子在字面上是说天的"无晴"和"有晴",但是其深层寓意是说郎的"无情""有情",具有双重意思。"晴""情"声符相同,是同音字。

②构成歇后语。如外甥打灯笼——照旧(舅),"旧"是"臼"的讹字,"臼"是"舅""舊"等字的声符,所以它们的读音相同。

(三)同音字的辨别

同音字的存在,给我们的学习和使用汉字带来困难,因此,学会辨别同音字是很重要的。首先,对于同音的形声字,可以通过不同的形符来判定它们所表示的意义。比如"璧""臂""避"

"壁"都读bì,如果说"玉bì""手bì""躲bì""墙bì",应该立刻能想到它们分别是"璧""臂""避""壁"四个字。"璧"是一种玉器,故从"玉"旁;"臂"指手臂,故从"肉"旁;"避"为回避、躲避意,故从"辶"旁;"壁"指墙壁,故从"土"旁。这几个字的意义都由形旁标识得很清楚,所以辨别起来并不困难。

其次,要留意常用的同音字,注意观察分辨它们经常和什么字在一起搭配使用,表示什么意思。常常有同学把"安详"写成"安祥","覆盖"写成"复盖",把"妨碍"写成"防碍","元宵"写成"元霄","擅长"写成"善长",等等。像这类同音字,有时从意义上分辨起来比较困难,所以会常常写错,但是,只要注意到它们的搭配习惯,注意它们词义上细微差别,就能运用自如了。

三、同义字

记录相同或相近词义的一组汉字,就是同义字。朱光潜的《艺文杂谈·谈书牍》:"'笺'就是'牍',古人写信用木简,'笺''牍''简''札'都是同义字。"又如:"我""朕""俺"都表示第一人称代词。实际上同义字就是记录同义词的字,因此,弄清楚了同义词的概念,也就弄清楚了同义字的概念。与同音字的产生原因一样,不同时代、不同地区、不同的人们为同义词而造的不同的字都是同义字。

在一组同义词中,各字之间往往使用频度和构词能力都不相同,意义和色彩也常有细微的差别。例如,"看""视""瞧""瞅"等都是与看的动作有关的字,其中最常用的是"看",其组词能力也强;"视"字现代汉语中很少单用,但是组词能力也很强;"瞧""瞅"的口语色彩、方言色彩较浓。

由于同义字概念是中学语文课中的教学内容,同时与其密切相关的同义词概念在"现代汉语"课程中已经论及,故在此不再作过多阐述。

四、多音字

多音字就是具有两个或两个以上读音的汉字。不同的读音表义不同,用法不同,词性也往往不同。现代汉字中的多音字数量很多,据周有光统计:《新华字典》(1971年版)中有多音字734个,占总字数的10%。[①]

多音字的形成有很复杂的原因,主要有以下几种:[②]

1. 语义的引申

一个字除了本义之外,往往还在本义的基础上产生出引申义,伴随着词义引申,字的词性和读音也往往发生变化。如"少"字见于《说文》,本义是"不多也",读"shǎo",王安石《游褒禅山记》:"险以远,则至者少。"引申为"年轻",读"shào",如《陈涉世家》:"陈涉少时,尝与人佣耕。"

又如"间"本义是缝隙,《史记·管晏列传》:"从门间窥其夫。"引申为"中间",读"jiān",王之涣《凉州词》:"黄河远上白云间。"又引申为"离间",读"jiàn",如《史记·廉颇蔺相如列传》:

[①] 周有光.现代汉字中的多音字问题[J].中国语文,1979(6).
[②] 裘锡圭.文字学概要[M].北京:商务印书馆,1988.

"赵王信秦之间。"

再如"王"本为名词,指君王之义,读"wáng",《诗·小雅·北山》:"溥天之下,莫非王土。"破音异读为"wàng",成为动词,如《史记·陈涉世家》:"大楚兴,陈胜王。"

2. 假借

一个字的假借义、同一个字的多个假借义,与其本义通常都是表示的不同的词,这些词的读音往往也不完全相同。如"女"本义读"nǚ",假借做第二人称代词读"rǔ"。"恶"常用为凶恶义,读"è";破音异读为动词,表厌恶之义,读"wù";假借为疑问代词,读"wū",如《孟子·滕文公上》:"则是厉民而以自养也,恶得贤!"

3. 同义换读

参见本章第四节"同义换读"部分。

4. 同形字

同形字本是两个不同的字,彼此的词义和读音完全不同,仅仅是字形相同,所以会造成一字多音。参见本章第一节的"同形字"部分。

5. 文白异读

文白异读也是造成一字多音的原因之一,如"血"字书面语读"xuè",现代汉语词汇有"血液""血压""血脉"等;口语读"xiě",现代汉语有"流血了""吐了一口血"。再如"核"字书面语读"hé",词汇有"核桃""核心";口语读"hú",词汇有"杏核儿""煤核儿"。

6. 古音、方言的讹变

汉字的语音系统本身也在不断讹变着,众所周知,汉语语音系统经历了上古音、中古音、近代音的演变,就会造成一字多音。如"臭"字古音读"xiù",现读"chòu"。再如"厦"字有两读,一读"shà","高楼大厦";一读"xià","厦门"。

第二节 异体字、古今字、繁简字、正体字、俗字

一、异体字

(一)异体字的概念

异体字就是彼此音义和使用功能相同而字形不同的汉字。与同形字正好相反,同形字的字形虽然相同,但实际是不同的字,异体字虽然字形不同,但是在作用上实际是一个字。异体字有广义和狭义之分,应该说,只有用法完全相同的字,才是严格意义上的异体字,这是狭义意义上的理解。异体字往往还包括只有部分用法相同的字,这是广义意义上的理解。

部分用法相同的异体字在外延上较为宽泛,彼此可以通用的不同的字都可以认为是异体字,也可以视为通用字。1955 年公布的《第一批异体字整理表》,"雕"字一组有精简掉的"鵰""彫""琱""凋"四个异体字。"雕"字主要有三个意义:①一种凶猛的鸟(本义);②雕刻、雕饰(假借义);③雕零(假借义)。"鵰"只在第一种意义上跟"雕"是异体;"彫"只在第二、第三两种意义

上跟"雕"是异体；"琱"只在第二种意义上跟"雕"是异体；"凋"只在第三种意义上跟"雕"是异体。上述"雕"字与其他四个字就是部分异体字。

异体字之间的异体关系并非一成不变，有的本来不是异体字，后来却成为异体字了，有些字本来是异体字，后来却不是了。前者比如上述的"雕"与"彫""琱""凋"等字本义上没有异体关系，但是由于假借义上的联系，变为异体字了。后者例如在两周金文乐器铭文中，"钟"字可以写为"鐘""鍾""鍊"三种常见形体，在使用上没有区别，三字形应为一字之异体，后来逐渐演变为"鐘"为钟镈乐器专用字，"鍾"为量器专用字，"鍊"字的表乐器义项不再使用，后世学者反而认为古文献中"鐘""鍾"为通假关系，而不是异体关系了。"裤""绔"本是异体字，后来两字词义分化，"裤"专门表示衣裤义，"绔"则专表"纨绔"义。再如"飞""蜚"在中古汉语中常通用无别，可以认为是异体字，但是在现代汉语中，"蜚"字只用在如"流言蜚语""蜚声海外"等个别成语中。

(二)异体字的来源

这里所说的异体字指狭义的异体字。异体字的来源较为复杂，大体有三种产生途径：

第一，有的异体字在形体上仅仅是隶定方式的不同。如"侯"与"矦"、"吊"与"弔"等，是同一个字形的不同隶定。再如"崑崙"与"崐崘"、"朵"与"朶"、"峰"与"峯"等，则是同一个字形由于偏旁位置的不同而导致的异体。

第二，有的异体字在字形上有演变关系，有着时代上的先后关系。这种异体字在构形上是多种多样的，有的是通过改变意符或音符来改变字体，有的则是通过累加意符或音符形成。如"晦""敒""畞"是一字之异体，《说文》以"晦"为正字，"敒"为或体。实际上，"晦"与"敒"在字形上是有联系的。"晦"的字形出现最早，见于西周金文，后来变换声符，改为从"又"声，写作"叹"，多见于战国时期的六国文字。秦文字在"叹"的基础上又追加声符"久"，成为一个双声符字，后其所从的"又"讹变为"十"形，写作"畞"。"畞"则是"畝"字俗体，今简化为"亩"。

第三，有的异体字是用不同的造字方式来另造文字的。如"看"与"䁯"、"泪"与"淚"等，它们之间虽然有着共同的意符，但是其造字方式却是不同的。

(三)异体字的种类

根据异体字在结构上或形体上的差异情况，可分为以下六类。

1. 繁简有别

皃——貌

匦——篚

凳——櫈

匮——櫃

法——灋

虽——雖

声——聲

办——辦

岁——歲

2. 表意、形声的构形区别

看(会意)——睅(形声)
艳(会意)——豓(形声)
泪(会意)——涙(形声)
饮(会意)——歙(形声)
斌(会意)——份(形声)
羴(会意)——羖(会意)——膻(形声)——羶(形声)
躰(会意)——体(会意)——體(形声)——軆(形声)

3. 同为表意字，所用表意偏旁的区别

尟——尠
尘——塵

4. 同为形声字，所用意符、音符的区别

嚮——响
粳——秔
稷——禝
迹——跡
咏——詠
歌——謌
诉——愬
悖——誖
蚊——蟁
䗬——蜂
绵——緜
劔——劒
杯——桮——盃
韈——襪——韤——韢——帓——袜

5. 偏旁位置不同

裠——裙
翅——翄
蟹——蠏
棋——棊
鑑——鉴

6. 本是一字，写法稍异

侯——矦
丐——匄
吊——弔
皋——皐

並——竝
并——幷
怱——悤
姊——姉
珍——珎

当然,异体字的数量相当多,并不仅仅只有上述所列,古代的很多字书,包括《说文》《集韵》等,都收有很多异体字字例,此处不再详述。

二、古今字

(一)什么是古今字

所谓古今字,就是指那些通行时代不同,用来记录同一词而字形不同的一组字。先出的字为古字,后出的字为今字。如"埜"与"野"是一对古今字。"埜"字本是一个从"林"从"土"的会意字,这是见于先秦出土文献的古文字形体。后来"埜"加注声符"予",变为形声字,写作"壄",见于《说文》古文。其实在西汉早期,已经有"壐"字出现,是通过意符互换,将"林"旁换作"田"旁得来的,于是"壄"字变为"壐"。后来"田""土"进一步结合,讹变成了"里"字,于是"壐"字就变成了"野"字。最后,因为"予""矛"楷书形近,"壄"错写作了"壄",于是就讹变成为一个从"矛"之字。

再如"何"的甲骨文形体是人扛物之形,本意负荷,后来"何"字被假借为疑问代词,为了在书面语中不至于混淆,就又在"何"字上再加形符"艹"而成"荷"字来表示"负荷"的意思,"何"和"荷"就成了一对古今字。

由上面的例子可知,有的古今字文字字形之间的演变是比较复杂的,从来源上可分为两类:第一类,古字与今字在字形结构上没有关系。如罪人的"罪",其古字写作"辠",上面一个"自"字,下面加一个辛苦的"辛",现在其古字已不使用了。第二类,今字是在古字的基础上产生的,古今字在字形上有联系。例如"背"字,本写作"北"像两人相背之形,"背"是在"北"的字形上加注"肉"旁产生的,因此"北"为古字,"背"为今字。又如"然"与"燃","然"下从火,本义为燃烧,"燃"是在"然"的字形上再加注"火"旁产生的,"然"是古字,"燃"为今字。同样的还有"耑"与"端"、"丩"与"纠"等。

(二)与异体字、分化字的关系

古今字的定义强调两个方面含义:一方面,古字和今字是分别属于不同时代的文字。古字和今字是先后出现的,是历时的语言文字现象。其所谓的古和今,是相对的,如两周是古,秦汉则是今;唐宋是古,元明是今;明清是古,现代是今。另一方面,古字和今字所记录的是同一词汇,即它们的音义全等,就是古字的古音义跟今字的今音义完全相同。

因此,古今字和异体字、分化字是不同的概念,但它们既有区别又有联系。具体可以分为以下几种情况:

①有的古今字,当古字通行的时候,今字尚未出现,而使用今字的时候,古字已经不再通用,如上面提到的"埜"与"野"、"耑"与"端",这种情况下的古今字可以认为也是异体字。

②有的古今字,当使用今字的时候,古字仍然存在,但是它已经不再表示其原义了,也就是

说,虽然古字的古义与今字的今义是一致的,符合古今字的定义,但是这时候的古字的今义和今字的今义是不同的,不再是记录同一个词的关系,是不符合异体字的定义的。如《国语·吴语》韦注:"北,古之背字。"再如"然"与"燃"等古今字,它们的今义是不同的。今义"北"为方位名词,"然"为指示代词,与"背""燃"义已经不同,这种类型的古今字就不属于异体字。"北"与"背"、"然"与"燃"等古今字,虽然不是异体字,但是符合分化字的概念,因此它们也属于分化字。

③"采"与"彩"、"辟"与"避"等分化字,由于其母字古义并不单一,如"采"字见于甲骨文,会以手采树叶之意,本义为采摘,假借为"彩",如《孟子·梁惠王上》:"抑为采色不足视于目与?""辟"除了假借为"避"外,还有法、君主等义,另有"僻""闢"等假借义。所以这些字既不是古今字,也不是异体字。

④同时代的异体字不能看作是古今字,如《孟子·梁惠王上》:"轻煖不足于体与?""煖"和"暖",音义相同,应是异体字。但是由于这种异体字没有古今差别,所以不能看作是古今字。同样,在同一时代通用的分化字不能看作是古今字,如"獣"与"猶"、"毓"与"育"、"箸"与"著"等。

三、繁简字

所谓繁简字,"繁"即指繁体字,"简"包括简体字和简化字。简体字是指在漫长的汉字演变过程中所出现的形形色色的与繁体字形相对的较为简单的文字;简化字是特指 20 世纪五六十年代,在已经流行的简体字形的基础上,经过政府主管部门组织专家系统整理和改进,再由国家正式公布的字形相对简化的汉字。

繁体字是与简化字及简体字对应的、笔画相对较为繁杂的字形。汉字在漫长的发展演变过程中,有字形的繁化(尤其是在古文字阶段),也有字形的简化,而简化是汉字发展演变的主要趋势。我们在第五章介绍刘钊的"古文字构形研究"中已经涉及古文字中的繁化、简化问题。我们在这里再对此问题进行补充说明。

(一)汉字因繁化而造成的字形繁简现象

古文字阶段部分字形出现繁化现象,其一是在某些字形上加上羡文或装饰性的笔画或部件,其二是配合文字形声化趋势而在某个字的初文上增加义、声符,其三是加上起区别字形作用的记号。因字形繁化而产生的繁体与原先的简体构成繁简关系。

1. 增加羡文(装饰性笔画、部件)

古文字阶段,一些字形增减笔画或构字部件,从而造成繁化现象,这些繁化并没有什么实在意义,它们中有的是一种装饰性的笔画或部件。这些笔画、部件又被称为羡文、羡符等。如:

更𝌆(甲骨文) 𝌆(昌鼎) 𝌆(师䍂簋) 𝌆(古玺)

上述繁化的"更",字形或采用叠床架屋方式重叠构字部件,或增加横画。再如:

则𝌆(何尊) 𝌆(段簋) 𝌆(《说文》古文) 𝌆(小篆)

也是采用叠床架屋方式重叠构字部件来繁化,《说文》古文及小篆字形用"贝"代替"鼎",则是一种简化,其实这种简化在其他类型古文字中也已经出现。

上述字后来都使用简体字形。

第六章 汉字复杂的形、音、义关系

而有一些字后来却使用增减羡文的繁化字形,如：

余 ❀（甲骨文）　❀（何尊）　❀（石鼓文）　❀（齐侯壶）

示 ❀（甲骨文）　❀（甲骨文）　❀（甲骨文）

兴 ❀（甲骨文）　❀（甲骨文）

"余""示"字竖笔画下左右两边的小点及"兴"字下面的"口"均为羡文,起到平衡、美化字形的作用。"示"字上部的横画也是羡文。

2. 增加记号

有的字形因增加记号而繁化,如：

上 ❀（甲骨文）　❀（《说文》古文）　❀（蔡侯盘）　❀（小篆）

下 ❀（《说文》古文）　❀（曾侯乙墓编钟）　❀（蔡侯盘）　❀（小篆）

周 ❀（甲骨文）　❀（甲骨文）　❀（保卣）　❀（善夫克鼎）　❀（小篆）

上述诸字增加记号而构成的繁化实际上起到了区别字形的作用。此外,像楷书"玉""肉"等字比小篆繁杂,也是为了区别字形(分别把它们与"王""月"区别开来)。

3. 增加义符、声符

有的字适应汉字形声化的趋势,在象形初文上加上形符或声符,造成后起的形声字。如"鸡"：

❀（甲骨文）　❀（甲骨文）　❀（甲骨文）

甲骨文中繁化的"鸡"是在其象形初文上加声符"奚"繁化而来(后来其象形初文类化为"隹",从而构成"雞")。再如"凤"：

❀（甲骨文）　❀（甲骨文）　❀（甲骨文）　❀（甲骨文）

甲骨文中繁化的"凤"是由其象形初文加上声符"凡"繁化,后来象形初文类化为"鸟",从而形成隶楷阶段的繁体"鳳"。再如"齿"字甲骨文为象形初文,古玺文及小篆为加注"止"声的形声字：

❀（甲骨文）　❀（甲骨文）　❀（甲骨文）　❀（甲骨文）　❀（古玺文）　❀（小篆）

有的字体繁化后虽然持久了很长时间,但是经过最后又简化掉了。如金文中"兄"字常加声符"生"的繁化字形是很常见的：

❀（蔡姞簋）　❀（王孙钟）　❀（子璋钟）

后来又将这个声符省去了,写作现在的形体。这可以看作是文字字形演变过程中的一个简化战胜繁化的例子。古文字中的一些字体也可以偶尔出现繁化字形,如战国文字的"上"字可以加声符"尚",成为一个注声字,但是这样的字形很少见,后来又将"尚"旁省去了,重新回到其最初的简单形体。其字形作：

❀（中山王方壶）　❀（中山王方壶）

再如目前见到的西周金文中有一个"福"字,在其字形上加注"北"声,不过仅此一例而已：

❀（鼄簋）　❀（周乎卣）

以上是加注声符繁化的古文字字例。相比起来,加注意符繁化的例子是更多的,因为这种是通过为假借义或引申义造后起本字而达到分化文字的常用手段。如《说文》中"得"字篆文是

127

其古文"🦅"的繁化,而这种繁化也存在于金文中:

🦅(亚父癸卣)　🦅(舀鼎)

金文"璋"多用"章"字,后来在"章"上增加意符"玉"而成"璋"字。

🦅(乙亥簋)　🦅(膳夫山鼎)　🦅(子璋钟)　🦅(小篆)

有的字本无其字的假借字,在假借字的基础上加上形符或声符,如:

🦅(甲骨文)　🦅(甲骨文)　🦅(甲骨文)　🦅(甲骨文)　🦅(小篆)

有的字在初文基础上再增加意符,如:

🦅(甲骨文)　🦅(甲骨文)　🦅(小篆)

但是,像上面举的例子"牲""甬""斝"等字例一样,这种加注意符的字形也并不是都能稳定成字的。如楚简中的"来""去"二字常加"止"或"辵"旁繁化,表示"来去"之义:

来 🦅(公朱右官鼎)　🦅(楚简)　🦅(楚简)

去 🦅(中山王鼎)　🦅(楚简)　🦅(楚简)

"後"字字形本身已经有意符"彳",还要加"止"旁进一步繁化,其繁化字体见于《说文》古文,字形作"🦅",金文中繁化字形如:

🦅(令簋)　🦅(帅鼎)　🦅(曾姬無卹壶)　🦅(中山王鼎)

上述繁化字例表明,文字字形既可以增加装饰性笔画、装饰性部件繁化,也可以增加区别性记号繁化,还可以增加声符、意符繁化。有的繁化形体后来废弃不用,有的则被保存下来,那些保存下来的字形有的起区别字形的作用,有的起分化字形的作用,有的起到了美化字形的作用,有的则没有什么积极意义。

(二)汉字因简省而造成的繁简现象

汉字在历史发展过程中普遍存在着简化现象,包括在书写方式上用简单的写法代替复杂的写法,以及简省去一些偏旁部件或者笔画的,从而形成简体字,构成汉字的繁简关系。早期古文字的一个特点是形象性,这种文字不利于人们使用,因此人们不断对它进行改造,不断使其简化。

这样的简化是通过以下几个途径来实现的,一是实现文字书写的线条化,二是实现文字书写的笔画化,三是实现文字书写笔画数量的减少。从而使汉字逐渐抛弃了早期古文字形象化的特征,形成了现在抽象化的汉字。如:

🦅	🦅	🦅	🦅	🦅	马
🦅	🦅	🦅	🦅	🦅	鱼
族徽文字	甲骨文	周代金文	小篆	隶书	楷书

所谓线条化就是将填实的字形或较粗的笔画改用线条式的笔画。古文字具有形象性,往往看不清字形的笔画。所谓笔画化就是改变字形的图画意味,将形象性字符分解为由若干个笔画构成的符号。

从上述两个字的形体变化我们可以看出,在商周古文字中已经实现了线条化,并部分的在实现笔画化。隶书的出现,使汉字最终实现了笔画化而进入今文字时代。而且我们还可以看出,字体的变化和字形的简化是交织在一起的,或者说字体的变化引起了字形的变化。

抽象化的汉字虽然在表意方面不如早期具有图形意味的汉字那样直观,但由于其字形的简化而便于人们使用。再如"咸"字:

㦰(咸父乙簋)　㦰(甲骨文)　咸(诅楚文)　咸(说文小篆)

汉字字形往往随着形体的演变及历史的发展而简化,如:

輿　 (素命镈)　 (中山王方壶)　 (楚简)　 (楚简)　 与(楚简)

為　 (甲骨文)　 (温县盟书)　 (温县盟书)　 (楚简)

栗　 (甲骨文)　 (甲骨文)　 (古玺文)　 (小篆)

爾　 (何尊)　 (瘋钟)　 (洹子孟姜壶)　 (中山王鼎)

棄　 (甲骨文)　 (古玺文)　 (楚简)　 (中山王鼎)　 (古玺文)

祺　 (《说文》籀文)　 (小篆)

在字体没有发生变化时,字形也在发生简化,如:

　　　　　　　　　　金文　　　　　　　　　　甲骨文

车　 (叔车觚)　 (盂鼎)　 (鄂君启节)

天　 (天鼎)　 (何尊)

韦　 (宫卫且子爵)　 (爵文)

止

步　 (子且午尊)

兴　 (兴壶)

有的字在由古文字变为隶书的过程中简化得更明显,如:

　——寒(寒)　　　　——塞(塞)

汉字在由隶书变为楷书时,摒弃了隶书固有的美术化的写法,因而更加好写。汉字进入楷书阶段仍在简化,如:

门——門　斗——鬥　鱼——魚　马——馬　鸡——雞　轰——轟　车——車
聂——聶　汉——漢　难——難　为——為　专——專　兴——興　应——應

上述简化,或用通假替换,或减少字的笔画,或用符号替代,有的仅保留原字轮廓,有的字属于草书楷化。

综上可知,汉字在历史发展过程中出现繁化和简化现象,因繁化与简化而造成一个字存在不同写法,从而造成汉字的繁简关系。

关于简体字、简化字及其渊源,我们将在第八章再详细介绍。

四、正体字、俗字

正体字又称"正字""正体",是指为社会普遍遵循、符合一定时期通行规范的汉字。正体字是结构和笔画正确、符合书写规范的文字,是与异体字、俗体字、错别字等相对立的概念。

正体的名称在唐代颜元孙的《干禄字书》中就已经出现。《干禄字书》共收字808组,分为俗、通、正三体,其关于正体的解释是:"所谓正者,并有凭据,可以施著述、对策、碑碣,将为允当。"也就是说,其正者指的是可以登大雅之堂、于古有据的文字形体。

俗体字又称"俗字""俗体"，是指流行于民间而未取得地位的俗写汉字，是有别于正体字而言的。《干禄字书》关于俗字的解释是："所谓俗者，例皆浅近，唯籍帐、文案、券契、药方，非涉雅言，用亦无爽。倘能改革，善不可加。"说明俗字是一种不登大雅之堂的、其造字方法未必合乎六书标准的浅近字体，适用于民间的通俗文书，适宜平民百姓使用。

文字本身并无正俗之别，但是文字是记录语言的工具，直接关系到国家政令的颁布与学术的正误，因此，对文字进行整理，制定规范字形，就成了各朝各代的政务之一。秦、汉的《三仓》等童蒙字书，既可以看作识字教材，也具有规范文字的作用。到了唐代，文字规范更加受到重视，《旧唐书·颜师古传》记载："太宗以经籍去圣久远，文字多讹谬，令师古于秘书省考定五经，师古多所厘正。"颜师古写成《颜氏字样》一卷，此后则有其侄孙颜元孙作《干禄字书》，都是勘正正俗的重要字书。

在汉字的发展进程中，正字和俗字一直是相伴共存的。甲骨文、金文字体字形写法不固定，正俗之分必然难免。秦始皇推行"车同轨，书同文"律令，统一文字之后，仍有秦书八体之说，隶书别名称为"佐书"，就是一个正俗有别的很好例证。现代学者考证，所谓的隶书、楷书、草书、行书等字体，都是原有书体俗体化发展的结果。现行的简化字中的很多字形也是来自正规的繁体文字的俗写或草书。可以说，没有俗书和俗体，就没有汉字的发展，由此看来，文字的规范固然重要，俗体的发展意义则更为重大。

俗字的产生和应用虽然伴随汉字历史的始终，并在汉字的演化上起了重要的作用，但它从一开始却是作为"正字"的对立面出现的，且在很长一段历史时期内都是传统文字学家所摒弃和误会的对象。从现在所能看到的文献来看，最早注意到俗字的当属东汉许慎。他在《说文解字》序中曾说过："书或不正，辄举劾之。""《说文解字》重文中有 15 个字明确标注为'俗'。"从《干禄字书》对俗字"浅近"且使用于"非涉雅言"的场合解释看，颜元孙对于"俗字"是持否定态度的，以致影响其后的传统文字学研究只重视"正字"，而摒弃"俗字"。这种认识在明清以后才有所转变。

俗字的产生和存在，对那些世代相传的正字来说，是一种不规范的书写。而事实上，正字和俗字却是相辅相成的，没有正字，就无所谓俗字。正字与俗字之间的关系不是一成不变的，比如《说文》"向"字本从"宀"从"口"的，现在的正体写法即为当时的俗体；再如，现代汉字"苏醒"的"苏"，在明清刻本中写作"甦"，以"甦"为正体。

第三节　文字的孳乳、分化、合并

一、文字的孳乳

（一）同源字

1. 同源字研究简介

（1）同源字概念的界定

同源字不仅是一个文字学领域的学术术语，也是一个语言学领域的常用术语，在不同的领域有不同的理解。

同源字常被理解为同源词，这是较为传统的认识。王力先生在《同源字论》一文中说："凡音义皆近,音近义同,或音同义近的字,叫作同源字。这些字都有同一来源。"从王力对同源字的论述以及其所著的《同源字典》对若干同源字的分析看,他并未将"同源字"和"同源词"严格区分。

多数学者主张将同源字和同源词严格区分。陆锡兴在《急就集》中说道:"因为字、词不能等同,所以研究词义,最好采用同源词的说法,若称作同源字,可能被看成在强调字形上的孳乳关系。"对于这两个概念混用的原因,王蕴智在《殷周古文同源分化现象探索》中认为有两条:"一是受传统小学、字源研究的影响,以为说字等于说词,二者毋须严格区分,同源词也是用字来表现的,故同源字与同源词乃二之为一的关系;二是科学的、以字形系统为整理对象的揭示汉字古今关系及其形义的同源字迄今还没有着实展开。这方面甚至存在着理论上的空白,而同源字之名不能空设,于是便约定俗成,戴同源字之名,行同源词之实。"

严格意义上的同源字是指具有同一形体来源和字形分化关系的一组字。王蕴智在《殷周古文同源分化现象探索》中认为:"同源字的着眼点主要在于字的形体来源及其形义关系上。"这样看来,严格意义上的同源字的研究范畴应该是汉字的同源分化。

(2)同源字研究概述

我国学者对同源字的关注历史较早,宋代的"右文"说已经揭示了汉字的同源孳乳现象。清代的段玉裁在其《说文解字注》中考证出了大量同源汉字;朱骏声在《说文通训定声》中据音排列汉字,将同声符的汉字排列在一起,而许多同声符的汉字其实就是同源字,因此,从某种程度上讲,该书客观上就是一部汉字同源字库。民国时期的沈兼士继续研究"右文"现象,在实践及理论上均发展了"右文"说。当代学者也很关注汉字同源问题,这里我们简介研究汉字同源问题的两项成果:

①蔡永贵的《汉字字族研究》。

他界定汉字字族:就是指有共同文字发生源的一系列汉字。这些字在形、音、义三方面都有密切的关联,有层次,有孳乳关系,犹如一个家族,所以我们称之为"字族",处于同一字族的汉字都属于"同族字"。可见其"字族"即同源字。

接着,在正文各章节,首先探讨了汉字字族的概念、性质、特点以及与相关学科的关系与纠葛,旨在为汉字字族研究正名、定位。

其次,在研究汉字字族与汉语词汇派生关系的基础上,既从一个侧面交代了字族存在的第一个理据,又探讨了汉字字族研究的角度、原则、方法,力求使字族研究科学化。

第三,梳理、搜集历代字族研究资料,凸显字族研究的必要性,并总结前人研究的成败得失,以求在前人研究的基础上创新理论,发展学科。

第四,探讨汉字字族的孳乳过程、孳乳规律及孳乳条例,同时通过揭示字族形成的过程,从另一个侧面说明字族存在的第二个理据。

第五,主要根据"思维认识、语言、文字"三者的互动关系,在理论上验证字族的存在,并证明字族说的科学性。通过研究形声字的形成历史,在本源上揭示字族与形声字的不同性质、特点,并进一步强化字族理论的科学性和适应范围。

最后得出结论:汉字字族是汉字适应汉语词汇同源派生而产生和形成的。汉字为了解决汉语词汇同源派生所导致的汉字表义功能复杂化即单个汉字记词过多的问题,在汉语词汇积累发展的派生阶段,通过在"母文"的基础上加注类属偏旁,而形成了一种"六书说不能包含的母文类属字",这就形成了汉字字族。汉字字族的特点是,在文字上有发生学的关系,字形有共同的发生源,前后相承或相关,形成了孳乳关系和层次关系。文字上既有联系性,又有区别度;

在字音上，以古音求之，往往相同、相近，或具有演变关系，可以用语音演变规律加以解释；在字义上，所记录的词意义相通，有共同的语源。字族研究，是基于汉字结构的分析，是从文字孳乳的角度研究汉字分化的内部规律及孳乳分化所形成的同族字在形、音、义诸方面的沿革。字族的研究不是训诂，不是探索同源词或同族词，不以词族研究为目标。字族存在的理据有三：汉字字族的产生与汉语音义关系进入相沿时期即同源派生时期相联系，汉字字族的形成实际上就是母文类属字的形成。母文的孳乳功能及母文与分化字的关系，决定了字族的存在；认识思维、语言、文字的互动关系，决定了源字和分化字的亲缘关系。汉字字族研究的理论价值在于从动态上把握汉字，揭示汉字内部的孳乳规律，另辟了一条研究汉字的途径；现实价值在于字族研究有利于编写汉字字族谱系字典，有利于提高汉字教学水平和训释古籍的水平。汉字字族研究实际上就是对母文类属字的研究，字族研究不是声旁表义的研究。母文表义，声旁不表义。

②郝士宏的《古汉字同源分化研究》。

该书分为上、下两篇。上篇是在字例考证分析的基础上所作的理论总结。首先综述同源分化问题的研究历史，指出前人已取得的成就与存在的不足，并辨析同源词与同源字的区别、联系，重新对同源字做出界定："指汉字在发展过程中孳乳分化出来的一组在字义或构形上有意义联系的分化字。"其次，分析概括同源分化的途径、同源分化的方式以及分化过程中的一些问题；最后分析了文字构形方式系统和语言系统内部规律对同源分化的制约与影响。在下篇中，选录五十组同源分化字考证实例，以与理论部分的论述相辅翼。

2. 同源字例说

下面举几组字例以说明同源字。

(1) 溟、覭、瞑、幎、暝

这五个字都含有幽暗不明义，是由"冥"分化的一组同源字，其意义均和"冥"有关。《说文》："冥，幽也"。《说文》："溟，小雨溟溟也"，小雨迷蒙则天色阴暗。《说文》："覭，小见也"，段注"如溟之爲小雨，皆于冥取意"。《说文》："瞑，翕目也"，"翕目"则无所见，与幽暗义相因。《说文》："幎，幔也"，幔帐遮挡必然变暗。"暝"义为日暮、天黑、黄昏，也与幽暗义相因。

(2) 遘、溝、覯、搆、媾、構

上述诸字均有遇合交会义，是由"冓"孳乳分化的一组同源字。《说文》："冓，交积材也。象对交之形"，尽管这是据已经讹变了的小篆字形来训解，但仍然包含遇合交会义；而"冓"字甲骨文像两条鱼相遇之形，遇合交会之义显明。《说文》："遘，遇也"。《说文》："溝，水渎"，即水沟，而水沟往往纵横交错，因而有遇合交会意。《说文》："覯，遇见也"。《广韵》："搆，撌也"，《集韵》："搆，牵也"，而《说文》："撌，染也"；不相遇交合则无以"染"和"牵"，可见"搆"也含有相遇交合义。《说文》："媾，重婚也"，婚媾有交合义。《说文》："構，盖也"，指用木材交接构造房子。

(3) 曚、朦、矇、濛、幪

这五个字都含有覆盖或模糊不清义，而模糊不清义又源自覆盖义，它们是由"蒙"孳乳分化的一组同源字。《说文》："蒙，王女也"，王女为一种地衣类植物，多覆盖于松石之上，引申有覆盖义，而覆盖义又引申为模糊不清义。"曚""朦"本义分别指日、月被云气遮盖而显得朦胧不明；"矇"是指眼中长有东西而看不见；"濛"是指濛濛细雨造成的朦胧状；"幪"是指覆盖用的布，也引申泛指覆盖。

(4) 骿、骈、屏、姘

上述诸字均含有合、兼之意,是由"并"孳乳分化的一组同源字。《说文》:"并,相从也",古文字中"并"为两人相从形,下有一、二横画连接。《说文》:"骿,并胁也",即两根肋骨并长在一起。《说文》:"骈,驾二马",也有兼、合义。《说文》:"屏,屏蔽也",担当屏蔽之物往往并排在一起,可见其也与"并"之义相因。"姘居"之"姘"义也源自"并"。

(5) 濃、膿、醲、燶、穠、齈

上述诸字都含有浓厚及多、盛义,多、盛义为浓厚义的引申,它们是由"農"字的假借义孳乳分化出的一组同源字。"農"字本义为耕种,借表浓厚义,引申有多、盛义。"濃"字从水,本指露水浓。"膿"字从肉,本指肉体溃烂的脓血。"醲"字从酉("酒"的初文),本指酒香浓厚。"燶"义为焦、糊,火盛则饭菜容易焦、糊。"穠"字从禾,本指禾苗浓茂。"齈"中医指一种多鼻涕的鼻病。

(二) 与同源字有关的几个概念

1. 右文说

"右文说"所讨论的汉字实际上就是同源字。

我们在第五章有关"六书说的内容"之"形声"那一部分讲述了"右文说"的产生、发展,肯定了其对训诂学、词源学的意义,指出其具有名实不符以及依据右文说寻求词源有时无法得到翔实的结果这样的局限性。在这里,我们再对"右文"说的意义及其局限性进行补充说明。

"右文说"的意义还表现在:它揭示了同源分化字的意义皆从原字而来的文字现象,对同源字的研究也具有十分重要的意义。

其不足还表现在:一方面,形声字声旁并不都有意义,只有那些由本字分化出来的形声字,其声旁才具有示源作用,如"端""溢"等字,但是如"桃""柳""枷"等字,其声旁就只起示音和区别作用,并不具备表义功能。这会造成按声符溯求词源的时候,依据右文说无法得到可信的结论。另一方面,在很多形声字中,其"右文"在字体结构中位置并不居右,造成名实不符的结果。形声字声旁位置不定,仅靠"右文"判断是靠不住的。

2. 累增字与分别文

一个母文,孳乳为一组意义和用法有别的同源字,清代有学者谓之"分别文"(王筠说)。原始母文,由于形变义晦,为了表意显明,再加上一个意符,构成一个与母文同义的孳乳字,清代学者谓之累增字(王筠说),如"渊"字就是在其母文"開"的基础上加上"水"构成的累增字。

二、文字的分化

所谓文字的分化,就是将原来由一个字所承担的多项词义,改由两个或两个以上的字来分别承担的汉字演变现象。通过文字的分化将派生出新的文字,这些文字叫分化字。文字的分化方式主要有三种:通过加注偏旁造分化字;通过改造字形造分化字;通过分化偏旁造分化字。

由于词义的引申和文字的假借,使得文字越来越趋于一字多义,文字的分化则相反,目的是通过增造分化字形将其累积的过多的义项分散开来。因此,文字的分化是文字在使用过程中对其形体和词义的重新调整和分配。文字分化,使得汉字的演变朝向专字专用的方向迈进,是汉字走向规范化道路的重要途径。

(一)加注偏旁

顾名思义,这种分化字是通过在原字上加注偏旁得来的,是文字分化的主要手段。分化字既可以承担原字的本义,也可以承担原字的引申义或假借义。

分化字承担原字本义的例子如:

"莫"本意是太阳落在草丛中,表示日暮、傍晚之意,后来"莫"字被假借做否定性无定代词和否定副词,就在"莫"字下面再加形符"日",造"暮"字来表示其"傍晚"之义。

"益"字从"水",从"皿",会水外溢之形,字形见于西周金文。后来"益"引申出增益、利益等意义,便在原字上添加"水"旁造"溢"字,来表示它的本义。

"其"本像簸箕之形,本义为簸箕。假借为代词、语气词之后,另造了一个加"竹"字头的"箕"字,来表示它的本义。

"何"的本义是"担荷",后借用为疑问代词并成为其常用义,其本义"担荷"就借"荷花"的"荷"来表示。

其他字例如:

原——源　扁——匾　它——蛇　奉——捧　暴——曝　要——腰　止——趾
左——肱　丞——拯　新——薪　亦——腋　北——背　然——燃　戉——钺
爱——援　文——纹　云——雲　冈——崗　来——麦

分化字承担原字引申义的例子如:

"解"本义为解剖动物肢体。《说文》:"判也。从刀判牛角。"后引申为松懈,如《诗经·大雅·丞民》:"夙夜匪解。"战国铜器中山王礜鼎:"夙夜不解。"后加"心"旁造"懈"字,表松懈之义。

"備"本写作"葡",西周金文中常见赏赐物品,本义为盛箭的器具。引申为装备、具备义后,另造同音的形声字"箙"字表示本义,《玉篇》:"箙,矢器也。藏弩箭为箙。"

"取"字从"耳"从"又",会以手获取耳朵之意。引申为娶妻之"娶",后在"取"字下加"女"旁造"娶"字表示其引申义。

其他如:

五——伍　右——佑　坐——座　竟——境　尉——慰　生——姓　反——返

分化字承担原字假借义的例子如:

"鼎"为象形字,本义是用来烹饪的青铜礼器。在甲骨文中,"鼎"借用作贞问之"贞",是甲骨文中出现频率最高的文字之一。后造"贞"字表示其假借义,遂与本字分化。

"舍"本义为房舍,后假借表示舍弃意,《孟子·梁惠王下》:"吾何以识其不才而舍之?"后加注"扌"造"捨"字表示此假借义。

"牟"本义为牛的叫声。《说文》:"牛鸣也。从牛,象其声气从口出。"假借表示大麦,《诗·周颂·思文》"贻我来牟,帝命率育。"《诗·周颂·臣工》:"于皇来牟,将受厥明。"大麦为麦类农作物,故造本字"麰"来表示此假借义。

"戚"本义为斧钺。《说文》:"戉也。从戉,尗声。"假借表示悲戚义。《诗经·小雅·小明》:"心之忧矣,自诒伊戚。"后因假借义与心情有关,故造"慼"字表示此假借义。

其他字例如:

与——欤　采——彩　象——像　辟——避　乌——呜　栗——慄　师——狮

需要注意的是,这类加注偏旁而造分化字的方式,并不仅限于加注意符,有的分化字是加注声符而来的，如"自"本义为鼻子，辞例见于甲骨文。假借为介词后，加声符"畀"造"鼻"字表本义。

又如"庚"本是"鏞"的象形字，假借为天干用字后，加注声符"用"造"庸"表本义，"庸"后来又分化出"鏞"表本义。"鏞"作为一种乐器，见于甲骨文，其中多写作"庸"。

再如"晶"即"星"的本字，在甲骨文中多见，用为本义。在甲骨文中还并存着从"生"声的"曐（星）"字，与"晶"字混用无别。《说文》："晶，精光也。"则是二字分化的证据，说明"晶"承担其"精光"引申义，"曐"承担其"星"本义。

（二）改造字形

需要重视的是通过改造字形来分化文字的现象。这种分化往往是在隶变时，或者写成隶楷字体之后，通过添删笔画，或通过改变笔势的方向，把一个字形改造成两个字形。被分化的字在分化之前有固定的形音和多个义项，分化的目的还是分散词义。这类分化字的分化往往比较彻底，不仅将字形分化开来，并且还将字音也分化开来。

考察文字的这一类型的分化关系，要重视出土文献的研究成果，以下举例说明："丏"与"万"本是一个字，在出土的燕国刀币文字中，"千万"之"万"一般写作"丏"形，为"萬"的假借字。"丏"与"万"是同一个篆字的不同隶定。

又如，"小"与"少"本为同一个字，在古文字字形不定，或写作三点，或写作四点，后来字形趋于分化，写作三点的为"小"，写作四点的为"少"。在这两个例子中，"丏"与"万"、"小"与"少"不仅在字形上发生分化，而且在字音上也有了分别。

再如，《说文》："示，天垂象，见吉凶，所以示人也。从二（二，古文上字）；三垂，日、月、星也。观乎天文，以察时变。示，神事也。"又如《说文》："主，镫中火主也。从丶，象形；从丶，丶亦声。"这些说法是有问题的。董莲池在他的《说文解字考正》中认为："'主'字是从'示'字中分化出来的一个字。'示'字即神主的象形，见甲骨文。'示'、'主'所指对象均同，相互又是一声之转，故'示'又可称为'主'（卜辞中的示壬，《殷本纪》作'主壬'是其证），不过当时只有'示'字，尚不见'主'字。春秋战国时才出现'宔'字，作 令（侯马盟书、中山王𰙛鼎铭等），而同时期的'宗'字作 𱀾，区别严格，不相混用，知'主'字此时作 𠆢，其形显然与'示'字有密切联系，当是在'示'字基础上变易其中的竖写法作为区别而成。渐变作 𠆢（包山楚简地宔之'宔'所从）、𠆢（侯马盟书'宔'所从），到了小篆讹变成了 𡴂。由此可见'主'之本义即为神主，它与从'宀'之'宔'意义全同。许慎不知'主'字形体由来，所释不可从。"由此可见，"主"是"示"的分化字，"宔"是"主"的异体字。

其他分化字例如：

大——太　陈——阵　申——电　早——皁　乌——於　亨——享　臼——旧
气——乞　牙——与　不——丕　巳——已　母——毋　史——吏——事

需要说明的是，仅仅通过分化读音，而字形不变的，即所谓的"破音异读"，不在此列。而那些通过分化字形而造出新字的派生字，如由"兵"造出"乒""乓"，由"行"造出"彳""亍"，由"子"造出"孑""孓"，由"用"造出"甩"，由"可"造出"叵"等，由于它们之间并不存在着词义分担关系，我们认为它们也不属于分化字。

（三）分化偏旁

这种分化是通过分化或改造偏旁来完成的。如"逮"字在古文字中有多种字体，分别作

"𨗿"(孟鼎)、"𨗿"(毛公鼎)、"𨗿"(师寰簋)、"𨗿"(永盂)、"𨗿"(多友鼎)、"𨗿"(庚壶)、"德"(驫羌钟)、"𨗿"(侯马盟书)、"𨗿"(上官鼎)、"德"(郭店·尊德28)。后来分化为两个字:"遹""衛"都见于《说文》,分别训为"先道也""将卫也",因此,"遹""衛"二字是由一个字分化出来的。

再如"鳳"是凤凰(实为孔雀)的象形字,本义为凤凰。其本义用例见于西周金文,宋代出土的中方鼎(《集成》02752):"归(馈)生鳳于王。"其字形写作"𩾰",是由"鳳"字象形字加注"凡"声而来的,其铭文辞例意为"馈赠活的孔雀给周王。""鳳"字在甲骨文中多见,多借用作"風"。如著名的四方风名甲骨刻辞(《合集》14294):"东方曰析,鳳曰协;南方曰𠀤,鳳曰𢏛;西方曰𢆉,鳳曰彝;北方曰□,鳳曰殳。"甲骨文构件全的字形写作"𩾰"。曾宪通认为"風"字是由"鳳"字分化而来的:"風"字是取"鳳"字的声旁"凡"和凤尾上的彩斑𩾰组成文字,然后进一步讹变而来(转自董莲池《说文解字考正》)。因此,"風"是对"鳳"字偏旁进行改造而得到的分化字。

"命"和"令"同见于西周金文,字形从不从"口"没有分别,都是既可以读为"命",也可以读为"令"。或者是说"命""令"本是一字,"口"一开始只是个装饰符号。但是到了后来,这个字分化为了"命""令"两个字。这类分化与前面讲的第一种加注偏旁分化字形是不同的,因为在两种字形并存的初期,文字是尚未分化的。

"常"和"裳"本为一字,《说文》:"常,下裙也。从巾,尚声。裳,常或写作从衣。"现代汉语中,"常"和"裳"是音、义都不同的两个字。

其他分化字例如:

育——毓   著——着   舞——無   邪——耶   勾——句   鄉——卿

三、文字的合并

文字的合并是指一个字把全部职务交给另一个字承担的现象。文字的合并现象出现很早,先秦时期古文字的"兵甲"之"甲",一般写作"𩇻"或"𩇻",如"𩇻"(包山42)、"𩇻"(上博四·曹39),而秦文字独写作"甲",如"𩇻"(新郑虎符)。秦统一文字,废"𩇻"存"甲",完成二字的合并。

"申"字在古文字"申就乃命""蔡侯申"中的"申"字写作"𩇻",如"𩇻"(石鼓文·吴人)、"𩇻"(包山150)、"𩇻"(包山159)、"𩇻"(陈侯因咨敦)。《说文》:"申,神也。七月阴气成,体自申束。从臼,自持也。"王筠《句读》:"申束者,挚敛之意。"《说文》:"挚,束也。"可见"申"有约束、缚束之意。《说文》:"绅,大带也。"此义上的"申""绅"二字同源,应该写作"𩇻",与地支的"申('电'字分化)"字在古文字字形、字义上都无关。秦代以后,"𩇻"字并入了地支用字"申"和"绅"。

《说文》:"歬,不行而进谓之前。从止,在舟上。"此字即为"歬后"之"歬",《说文》共收录四个以之为声符的文字:"蒚,山莓也。从艹,歬声。"、"翦,羽生也。一曰矢羽。从羽,歬声。""剪,齐断也。从刀,歬声""鬋,女鬋垂皃。从髟,歬声。"后来以其中的"剪"的字形代替"歬"的字形,"剪"字俗写作"前",因此"蒚""翦""鬋"等字遂写作"萷""䬨""髼"。由于"剪"字字形被借用作"歬"字,因此再造后起本字"剪",用来表示"齐断也",即"歬"字将其全部职务交给了"剪"字,"剪"字将全部职务交给了"剪"字,这可以看作是文字的合并。于是在后世文字中,"歬后"写作"剪(前)后","剪(前)刀"写作"剪刀"。

・第六章　汉字复杂的形、音、义关系・

再如在出土的战国文献中,徐姓之"徐"写作"郐",许姓之"许"写作"䣙",合于《说文》,现在已经合并到"徐""许"二字中了。

文字合并有以下三类:

①第一类,母文并入分化字。

如:戉——鉞　舍——陰　裹——懷　叚——假　丩——纠　耑——端　禹——稱

②第二类,分化字并入母文。

如:嚐——嘗　捨——舍　係——系　雲——云

③第三类,其他文字关系的合并。

如:醜——丑　薑——姜　蔔——卜　臺——台　靈——灵　并——並
後——后　纔——才

上述文字的合并,有的也属于繁简字合并,参看繁简字部分。

第四节　文字借用的几种方式

文字借用有三种基本方式:形借、义借和音借。义借又叫同义换读,音借就是通常说的假借。形借是指只借用字形而不取其原来音义的汉字使用方法,我们在"同形字"一节的"因形借而产生的同形字"部分已经作了介绍。

形借和假借两个概念区别明显,形借只借字形,无关音义;而假借则是以音借字,或者说是"依声托事",两者是不同的。形借参见前面"同形字"一节讲到的"因形借而产生的同形字"部分。本节主要介绍同义换读、假借。

一、同义换读

同义换读又叫作"异音同用"。是指由于一个词与另一个词的意义相同或相近而借用记录另一个词的字的字形来表示这个词的用字现象,并且,那个字的字形被借过来以后,其字音也相应地改为这个词的读音。裘锡圭在《文字学概要》中列举了一些传世文献中同义换读的字例:

腊——臘　"腊"本义是干肉,是一个从"肉""昔"声的字,《广雅·释器》:"腊,脯也。"《晋书·谢安传》:"布千匹,腊五百斤。"而"臘"是一种冬季的祭祀,如《说文》:"臘,冬至后三戌,臘祭百神。从肉巤声。"《左传·僖公五年》:"虞不臘矣。""腊""臘"读音不同,并无假借关系。因为后来称一种腌肉叫"臘肉",所以就把意为"干肉"的"腊"当作"臘肉"的"臘"使用,二字就成为同义换读关系了。

俛、頫——俯　《说文》:"低头也。从页逃省。太史卜书頫仰字如此。扬雄曰:人面頫。俛,頫或从人免。"黄生《字诂》认为"俛""頫""俯"三字原来都同义不同音,"頫"当音"眺","后人以其意同",遂误读为"俯";《段注》也认为"俛"从"免"声。三字就成为同义换读关系了。

圩——围　"圩"本从"于"声,与"围"同义,都是指防水的堤坝,堤内之田称作"圩田"或"围田",因此,"圩"换读为"围",字音也换读成"wéi"了。

石——担　作为重量或容量单位,本作"石",但是有的人把"一石"叫作"一担",《后汉书·宣秉传》:"自无担石之储。"李贤注:"今江淮人谓一石为一担。"后来"石"在这个意义上可以写作"担"。

137

在出土文献中,也有同义换读的例子:

渊——深　《郭店楚墓竹简·五行》简 46:"渊,莫敢不渊;浅,莫敢不浅。"马王堆帛书《五行》323～324 行作:"心曰深,【莫】敢不深。"又《郭店楚墓竹简·性自命出》简 62:"虑欲渊而毋伪。""渊"也可训读为"深"。《广雅·释诂三》:"渊,深也。"

卉——艸　"卉"与"草"同义换读,上博简多见,如《上博五·三德》简 1:"卉木须时而后奋。"《上博二·子羔》简 5:"尧之取舜也,从诸卉茅之中,与之言礼。"《上博二·容成氏》简 16:"卉木晋长。"《上海博物馆藏战国楚竹书(七)·凡物流形(甲)》简 12:"卉木奚得而生。"《上海博物馆藏战国楚竹书(七)·凡物流形(甲)》简 13:"卉木得之以生。"《上海博物馆藏战国楚竹书(七)·凡物流形(乙)》简 9:"卉木奚得而生。"《上海博物馆藏战国楚竹书(二)·容成氏》简 15:"乃卉服",很多学者都认为"卉"应读为"艸"。① 如《楚辞·离骚》:"何昔日之芳草兮",东汉王逸章句:"草,一作艸,一作卉。"前者指"草"的本字,后者指"卉""草"同义换读。《诗·小雅·出车》"春日迟迟,卉木萋萋"毛传:"卉,草也。"《说文》:"卉,艸之总名也。从艸、屮。"又:"屮,古文或认为艸字。"《方言》卷十:"卉,草也,东越扬州之间曰卉。"《文选·左思吴都赋》刘渊林注:"卉,百草总名,楚人语也。"

沧——寒　《郭店楚墓竹简·缁衣》简 10:"日暑雨,小民唯日怨;晋冬旨沧,小民亦唯日怨。"冯胜君根据上博简《缁衣》作"晋冬耆寒"、今本《礼记·缁衣》作"资冬祁寒",认为"沧"与"寒"是同义换用关系,并指出"沧"与"寒"同义换用在楚简中的其他例证,如《郭店简·老子乙》:"杲胜苍,青胜然,清静为天下定。"《郭店楚墓竹简·太一生水》:"四时复相辅也,是以成仓然,仓然复相辅也,是以成湿躁……湿燥者,仓然之所生也,仓然者,【四时之所生也】。"《上海博物馆藏战国楚竹书(二)·從政(甲)》简 19:"行险至命,饥沧而毋会。"《上海博物馆藏战国楚竹书(二)·容成氏》简 22:"冬不敢以苍辞,夏不敢以暑辞。"句中的"苍""仓"均读作"寒",与"然"(读"热")或"暑"对文。②《上海博物馆藏战国楚竹书(四)·柬大王泊汗》简 1:"王沧至。"陈剑认为"楚文字中'沧'可用为'寒'","寒"读为"汗"。③

二、假借

当一个字被借去记录与之音同或音近的词时,这个字便成了借音字,这种现象叫作假借,借用这个字的词的词义称作这个字的假借义。假借字与本字之间只有音同或音近的关系,而在字形和字义上往往是没有联系的。但是,能够造本字的汉语词汇是有限的,大量的词汇,特别是大量的双音节词是难以造出单音节的汉字的。为数量几乎是无限多的词汇分别造本字,也是不可能的,这就必然要求汉字扩大自己的记录词汇的职能。汉字记词职能的扩大有两个途径:一个是用记录本义的字去记录由本义延伸出来的引申义;一个是用记录本义的字去记录与之音同或音近的词。

古人往往把词义引申和文字假借混同,特别是清代以前的文字学者,绝大多数都把引申包括在假借里。裘锡圭在《文字学概要》中指出:"大概汉代学者心目中的假借,就是用某个字来

---

① 禤健聪. 战国楚简所见楚系用字习惯考察[J]. 中国文字,2007(33).
② 冯胜君. 论郭店简《唐虞之道》《忠信之道》《语丛》一～三以及上博简《缁衣》为具有齐系文字特点的抄本. 北京大学博士后研究工作报告,2004,8.
③ 陈剑. 上博竹书《昭王与龚之脽》和《柬大王泊旱》读后记. 简帛研究网,2005-2-15.

表示它的本义之外的某种意义。至于这种现象是究竟由词义引申引起的,还是由借字表音引起的,他们并不想去分辨。"

假借主要有两种类型:本无其字的假借和本有其字的假借。

(一)本无其字的假借

许慎《说文·叙》云:"假借者,本无其字,依声托事,令长是也。"按照戴震的"四体二用"的观点,本无其字的假借不是造字法,是字用法。汉字是记录汉语的工具,当一个词汇没有本字来记录它时,就会找一个与之音同或音近的字来承担这一任务。如,"我"字本像一种锯齿状的钺,本义应该是一种兵器,当需要记录第一人称代词时,而第一人称又没有本字的情况下,借用了读音与之近同的"我"字。这样,"我"字就成了假借字,其本义后来就消失了。

再如,"酉"字本像酒坛子之形,是"酒"的本字,后来由于被地支字借用,成了一个假借字,于是再造"酒"字表示原义。从这些例子可以看出,本无其字的假借是不得已而为之,在其本义难以描摹、不能造字的情况下,只好借用别字记录语音。

关于假借字产生的原因,清代学者孙诒让曾经有过准确的论述。他在《与王子壮论假借书》一文中说:"天下之事无穷,造字之初,苟无假借一例,则逐事而为之字,而字有不可胜造之数,此必穷之数也,故依声而托以事焉。视之不必是其字,而言之则其声也,闻之足以相喻,用之可以不尽。是假借可救造字之穷而通其变。"

的确,要记录一种完整的语言,必须使其所有的词汇与文字相对应。有的词义难以造字,而文字又不可能无限多造下去,这是造字的两大局限。假借的应用,突破了这两个局限,使得汉字完成了记录汉语音节的任务,这是具有重要积极意义的。在汉字出现之前,汉语早已是成熟的语言体系,因此,记录汉语也一定需要完整的汉字体系。汉字从产生到形成体系,假借的出现无疑是具有划时代意义的。也就是说,没有假借字的出现,汉字就不会成为体系,就不可能完成记录汉语的任务。

因此,假借的本质就是通过借用同音字标记音节来完成记录语言的任务。就是说,虽然我们承认汉字是表意文字,但是我们对假借字的表音性并不排斥。出土文献中大量的假借字表明,在使用汉字时,古人比今人更多应用其表音功能。

本无其字的假借字大体分为两大类:第一类是久借不归型;第二类是后造专字型。先看第一类的假借字的例子:

"女"字形像一个跪坐且双臂收拢下垂的女人。《上博二·子羔》简12:"句稷之母,又邰是之女也。"读作:"后稷之母,有邰氏之女也。"即用其本义。"女"假借为"如",《上博一·緇衣》简1:"好䫻女好纔衣,亚二女亚巷白。"读作:"好美如好緇衣,恶恶如恶巷伯。""女"又可假借为第二人称代词,《上博五·弟子问》简11:"余,女能訢䛑與终,斯善歖……"读为:"予,女能慎始与终,斯善矣……"(按:这是孔子对其弟子宰予说的话。)其中后一种假借,即"女"字借为第二人称代词,则是本无其字的假借,且后来"女"字的这一假借义上也没有丧失。

同样地,前面讲过"庚""酉"都是这种情况,也是本无其字的假借,且久借不归。下面再举几例这样的类型的例子:

"權"的本义是一种树木,《说文》:"權,黄华木也。"《尔雅·释木》:"權,黄英。"假借为秤锤,《庄子·胠箧》:"为之權衡以称之,则并与權衡而窃之。"《论语·尧曰》:"谨權量,审法度,修废官,四方之政行焉。"

"来"本义为麦子,《说文》:"来,周所受瑞麦来麰。一来二縫,象芒束之形。"假借为来去之

"来",《诗·周颂·思文》"贻我来牟,帝命率育",《诗·周颂·臣工》"於皇来牟,将受厥明"。

"北"字,甲骨文作"⺬⺬",像二人相背。北方的"北"无形可像,就借语音相同的"⺬⺬"来表示北方的意思。

"而"甲骨文作"而",本义是脸颊上的毛,《说文》训为"颊毛也",假借作连词、第二人称代词。

"然"本义为燃烧。《说文》:"烧也。从火,肰声。"《淮南子·原道》:"两木相摩而然。"借用为指示代词。《孟子·梁惠王上》:"河东凶亦然。"

"之"本义为动词,表"到""往"之义,后假借为指示代词、助词等。

这类的假借字数量很多,一些难以描摹的实词和一些虚词,如"王""其""庚""焉"等,这些实词或虚词本来没有本字,于是就把这些字借来用,因此这些字就有了这些假借义,并且这些词就一直借用这些字,而没有为它们造表示假借义的后起专字。

另一类是后造专字型的假借字。举例如下:

"鼎"字在甲骨文中借用作贞问之"贞",后造"贞"字表示其假借义,遂与本字分化。

"舍"本义为房舍,后假借表示舍弃意,后加注"扌"造"捨"字表示此假借义。

"牟"本义为牛的叫声。假借表示大麦,后造"麰"字来表示此假借义。

甲骨文借"凤"表风,后将"凤"的字形进行改造,演变出一个"風"字来表示假借义。

"辟"字,也是先被假借,后在其字形上加注意符分化出"避""僻""闢"等后起专字。这些都是前面讲过的字例,这一类的通假字非常多,兹不赘举。

从假借字的本义的角度看,有些假借字在记录假借义之后,仍然担当着记录本义的任务,如"女""之"字等;有些假借字的本义则逐渐消失,从而只记录其假借义,如"權""自""北"等;有的假借字的本义是什么,由于被假借的时间过于久远而不载,或许在造字之初就废弃了,如"我",这个字在文献中一开始就是以假借字的面目出现的。

(二)本有其字的假借

本有其字的假借字称为通假字,指借用一个音同或音近之字替代本字记录语言的一种现象。

本有其字的借音字在古书中十分常见,如《孟子·滕文公上》:"子倍子之师而学之,亦异於曾子矣。""倍"通"背"。再如《孟子·告子下》:"入则无法家拂士,出则无敌国外患者,国恒亡。""拂"通"弼"。又如《孟子·告子上》:"今有无名之指,屈而不信。""信"通"伸"。

对于这一类本有其字的假借,文献中多见,例不追赘举。需要说明的是,假借字借过来以后,应该是读它所通的字的读音,而不是其本来的读音。如在上面举的三个例句中,应该分别读作:"子背子之师而学之""入则无法家弼士""屈而不伸"。

这说到底,还要回到语言学层面上来,文字是记录语言的视觉符号,声音才是语言的核心本质。本字、借字只是外在字形上不同,它们的读音相同(或相近),记录的是同一词汇,所以假借字在记录语言的作用上,与本字是相同的。因此,我们一定要不拘泥于字形,要透过视觉上的字形符号,抓住其声音的语言本质。

(三)假借的产生原因

关于假借字产生的原因,张守节在《史记正义》中引用郑玄的解释说:"其始书之也,仓卒无字,或以音类比方,假借为之,趣于近之而已。"是有一定道理的。假借字存在的原因,我们可以从以下几个方面分析。

①本来就没有本字。对于本无其字的假借,因为没有记录这个词汇的本字,所以只能假借。从上面的分析可以看出,这种类型的假借自分为两类:久借不归型的假借字一直用到现在;后造专字型的假借字,后来另造本字取而代之。

②仓促忘字。如郑玄所说,由于人们在记录语言的时候,仓促之间忘了本字,只好临时取音同或音近的字来代替,于是就出现了这类借音字。

③用字习惯。事实上,仓促之间忘了本字,这种情况肯定是有的,但是从现在见到的出土文献来看,似乎并不是这么简单,用字习惯也是通假字存在的原因。如前面所讲,作为常见的姓氏、地名用字的"邾""鄩"出现很早,见于西周金文,而且其字形到了汉代仍然存在,见于《说文》。但是后来却用假借字"徐""许"取代了,这种情况用仓促忘字是解释不通的。

④传世文献的假借字或许还与秦汉学者有关,裘锡圭在《文字学概要》指出:"在古代著作流传的过程里,作者原来所用的字往往会被传抄刊刻的人改成今字。"如陈氏之"陈"字在其聚集的春秋时期的陈国、战国时期的楚国、齐国的铜器中,都写作"陈"(或缀加"攴""土"等意符)字,但是有很多传世文献则写作"田"字。

从传世文献的来源看,有的文献源自汉代的今文经,用隶书写成;有的源自战国遗留下来的古文经,用战国文字写成,又经过了汉代学者(如郑玄等人)的整理,再经过后世的传抄刊刻,所以其用字情况较为复杂。因此,如果以传世文献来研究先秦时期的用字情况,结论是靠不住的。

除上面所说的情况外,对于通假字的来源,还要特别注意一些以今律古的错误倾向。如一些后起本字在其造字初期尚未定型,本是通用无别的,后来其异体字分化为两个字,分别表示两个词,会造成通假字的误会。如上面所说的"鐘""锺"二字,是古文字中通用的两个字,《正字通·金部》:"锺,《汉志》黄鐘,《周礼》作锺,《诗》锺鼓,亦作鐘。古二字通用。"如《诗经·小雅·白华》:"鼓锺于宫,声闻于外。"如果不懂"鐘""锺"的分化关系,就会错误地认为是二字通假。

(四)假借字的判定及文献术语

通过上面的分析知道,对于假借字的判定,必须审慎地对待,我们必须坚持两条原则:

1.上古音相同或相近

上古音相同或相近是文字通假的基本条件。王力在《训诂学上的一些问题》中说:"同音字的假借是比较可靠的,读音十分相近(或者既双声又叠韵,或者是声母发音部位相同的叠音字,或者是韵母相近的双声字)的假借也还是可能的,因为可能有方言的关系。"如果这些同音字的声符相同,那么其通假关系一般是不需要其他例证而当然成立的。如《诗经·氓》"士之耽兮,犹可说也,女之耽兮,不可说也。""说"读为"脱"。

2.其他方面的证据

其他方面的证据很多,如传世文献的相关通假例证,或者考古学、地理学、历史学等其他坚实的佐证。对于文献中通假用例的重要性,王力在《训诂学上的一些问题》一文中说:"如果没有任何证据,没有其他例子,古音通假的解释仍然有穿凿附会的危险。"王力所说的证据主要是指传世文献的通假例证。实际上,在出土文献研究中,考古学、地理学、历史学等其他方面的证据也很重要,这些证据在一定程度上可以弥补传世文献的通假例证之不足。

下面说一说传统文献注释中常见的明通假的训诂术语。

①以本字为训释词,直接说明一个字的假借义。《诗经·棠棣》:"兄弟阋于墙,外御其务。"毛传:"务,侮也。"

②一般用"读为、读曰"说明本字和假借字的关系。《荀子·劝学》:"君子生非异也,善假于物也。"王先谦集解引王念孙:"生读为性。"

③"读若、读如"。这两个术语一般用来注音,有时也用来明假借。《礼记·儒行》:"虽危,起居竟信其志。"郑注:"信,读如屈伸之伸,假借字也。"

④直陈假借。《孟子·公孙丑上》:"以齐王,由反手也。"清代焦循的《孟子正义》引《音义》:"由,义当作犹,古字借用耳。"

(五)假借的衰微及其意义

从前面的论述看出,没有本字的情况固然能够使用假借字,但是有本字时也往往使用假借字,这说明古人用字是随便的、不规范的,这是汉字发展早期实际存在的一个不可避免的用字混乱的进化环节。

总体上说,按照汉字的发展规律,时代越早,假借字数量越多,用字的随意性越大;时代越晚,假借字越少,用字就越规范。汉字是随着汉字的演变进程而逐步自我规范的,在这一规范过程中,很多假借字被后起的分化字取代,如"辟"分化出"避""僻""闢"等形声字;遗留下来的假借字的假借义也逐步稳定为常用义,如"我""王""北"等字的假借义已成为其基本的常用字义;还有部分文字的假借义、本义还并存,如"之"的本义是"到某地去",假借为代词、助词后,并没有为其本义另造字。规范的结果是汉字基本上实现了专字专用,普通的文字使用者在头脑中已经没有假借的概念了。

但是假借并没有真正消亡,还大量存在于音译字中,如"达鲁花赤""哥本哈根"等,本质上也是假借记音的。

假借字的使用在汉字发展演变中有重要的意义。首先,如前面所说,假借字的使用使得汉字成为一个完整的体系,从而能够负担起记录汉语的任务。其次,假借字的使用使得汉字有了向表音化发展的趋势,为后起形声分化字的产生奠定了基础。最后,古代的一些假借字和假借义,目前仍在使用,而在记录音译词时,借字记音的方法一直未曾中断。

本章小结

本章主要讲述了文字间复杂的形、音、义关系,具体有同形字、同音字、同义字、多音字、异体字、古今字、繁简字、正体字、俗字以及通假字等。要求掌握其各自定义以及所举字例,并会具体分析文字间的各种关系。

思考与练习

1. 汉字有哪些复杂的形、音、义关系?
2. 文字分化和合并的方式有哪些?
3. 异体字与古今字有没有关系?

• 第六章 汉字复杂的形、音、义关系 •

本章主要参考文献

[1] 毕沅(清).经典文字辨证书.续修四库全书(230册)[M].上海:上海古籍出版社,1994—2002.
[2] 蔡永贵.汉字字族研究[D].福州:福建师范大学,2009.
[3] 陈剑.上博竹书《昭王与龚之脽》和《柬大王泊旱》读后记.简帛研究网,2005-2-15.
[4] 董莲池.说文解字考正[M].北京:作家出版社,2005.
[5] 段玉裁.说文解字注[M].杭州:浙江古籍出版社,1998.
[6] 冯胜君.论郭店简《唐虞之道》《忠信之道》《语丛》——三以及上博简《缁衣》为具有齐系文字特点的抄本,北京大学博士后研究工作报告,2004,8.
[7] 故宫博物院编.古玺汇编[M].北京:文物出版社,1981.
[8] 郝士宏.古汉字同源分化研究[M].合肥:安徽大学出版社,2008.
[9] 黄德宽,陈秉新.汉语文字学史[M].合肥:安徽教育出版社,2006.
[10] 荆门市博物馆编.郭店楚墓竹简[M].北京:文物出版社,1998.
[11] 李守奎.楚文字编[M].上海:华东师范大学出版社,2003.
[12] 吕叔湘.语文常谈[M].北京:三联书店,1980.
[13] 马承源.上海博物馆藏战国楚竹书(一)[M].上海:上海古籍出版社,2001.
[14] 马承源.上海博物馆藏战国楚竹书(二)[M].上海:上海古籍出版社,2002.
[15] 马承源.上海博物馆藏战国楚竹书(三)[M].上海:上海古籍出版社,2003.
[16] 马承源.上海博物馆藏战国楚竹书(四)[M].上海:上海古籍出版社,2004.
[17] 马承源.上海博物馆藏战国楚竹书(五)[M].上海:上海古籍出版社,2005.
[18] 马承源.上海博物馆藏战国楚竹书(六)[M].上海:上海古籍出版社,2007.
[19] 马承源.上海博物馆藏战国楚竹书(七)[M].上海:上海古籍出版社,2008.
[20] 裘锡圭.文字学概要[M].北京:商务印书馆,1988.
[21] 容庚.金文编(四版)[M].北京:中华书局,1985.
[22] 沙宗元.文字学术语规范研究[M].合肥:安徽大学出版社,2008.
[23] 孙诒让.与王子壮论假借书.籀廎述林(卷十)[M].北京:中华书局,2010.
[24] 汤余惠.战国文字编[M].福州:福建人民出版社,2001.
[25] 唐兰.中国文字学[M].上海:上海古籍出版社,2005.
[26] 王力.训诂学上的一些问题//龙虫并雕斋文集(第一册)[M].北京:中华书局,1981.
[27] 王宁.汉字学概要[M].北京:北京师范大学出版社,2001.
[28] 王凤阳.汉字学[M].长春:吉林文史出版社,1992.
[29] 许慎(汉).说文解字[M].北京:中华书局,2009.
[30] 禤健聪.战国楚简所见楚系用字习惯考察[J].中国文字,2007(33).
[31] 余嘉锡.四库提要辨证[M].北京:中华书局,1980.
[32] 张玉金,夏中华.汉字学概论[M].南宁:广西教育出版社,2001.
[33] 中国社会科学院考古研究所.甲骨文编[M].北京:中华书局,2004.
[34] 朱光潜.艺文杂谈[M].合肥:安徽人民出版社,1982.

第七章 汉字形体蕴含的文化信息

本章导读

本章简要介绍汉字形体与文化的有关知识,从"文化"的定义入手,介绍目前有关文化的学说,为理解汉字与文化的关系奠定基础。在此基础上,阐述汉字文化学的内涵及其研究的内容,并区别汉字文化与汉语文化的异同,同时介绍汉字文化学的概念。汉字的形体蕴含着丰富的文化信息,从汉字的形体可以窥见华夏的历史、婚姻习俗、建筑文化、狩猎文化、农业文化、社会生产、宗教崇拜等方面。从汉字形体解读其中蕴含的文化信息,需要具备扎实的字形学基础,需要科学的实事求是的态度,绝不可断章取义,猜测臆想。

学习目标

通过本章学习,使学生了解文化的概念、文化的结构和分类、汉字文化学、汉字文化解读的科学方法;理解文字和文化的关系、汉字和文化的关系、汉字文化与汉语文化的关系;应用汉字形体结构分析法解读中国古代文化;分析汉字形体所蕴含的文化信息。

第一节 汉字与文化的关系

一、文化概说

(一)文化界说

什么是"文化"?如何界定它的内涵?这是古今中外研究文化的学者们共同遇到的一个难题。1952年,美国文化人类学家克罗伯(A. L. Kroeber)和克拉克洪(Clyde Kluckhohn)合著的《文化:一个概念和定义的批判性回顾》一书,列举了西方学术界从1871年到1951年80年间出现的各种"文化"的定义共计160余种,这其中还不包括中国、苏联和东欧各国有关"文化"的种种定义(转引自田广林主编的《中国传统文化概论》一书)。时至今日,70多年过去了,这期间世界各国、各地关于"文化"的新定义仍然层出不穷,各家关于"文化"的定义其数量之多,已经达到了很难精确统计的地步。给"文化"下一个大家都能接受的、没有争议的确切定义,这是多年来中外所有研究者的愿望,但是迄今为止还没有一个人能够做到。究其原因,一方面是由于多维视野的文化理论的争鸣与发展,另一方面是因为语源学角度上各种语言歧义的客

《甲骨文字典》"文"

观存在。依据不同的文化理论,自然会得出不同的"文化"定义,而在不同民族的语言中,"文化"一词的内涵也不尽相同。

汉语中的"文化"一词,既是中国语言系统中固有的传统词汇,又是近代以来外来语言的翻译语汇。

在中国固有的语言系统中,"文化"是由"文"和"化"两个字复合而成的。"文"在甲骨文中是正立的人形,胸部有刻画的纹饰,它的本义指各色交错的纹理。《易·系辞下》:"物相杂,故曰文。"《礼记·乐记》:"五色成文而不乱。"《说文解字》:"文,错画也,象交文。"均指此义。在此基础上,"文"又有若干引申义:其一,包括语言文字内的各种象征符号,进而具体化为文物典籍、礼乐制度。《尚书·序》所载伏羲画八卦,造书契,"由是文籍生焉"。《论语·子罕》所载孔子说"文王既没,文不在兹乎",是其实例。其二,由伦理之说导出彩画、装饰、人为修养之义,与"质""实"对称,所以《尚书·舜典》疏曰"经纬天地曰文",《论语·雍也》称"质胜文则野,文胜质则史,文质彬彬,然后君子"。其三,在前两层意义之上,更导出美、善、德行之义,这便是《礼记·乐记》所谓"礼减两进,以进为文",郑玄注"文犹美也,善也",《尚书·大禹谟》所谓"文命敷于四海,祇承于帝"。

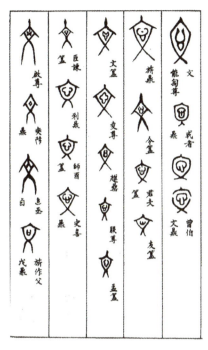

《金文编》"文"

"化",甲骨文像人一正一倒之形,本义为改易、生成、造化,如《庄子·逍遥游》:"化而为鸟,其名为鹏。"《易·系辞下》:"男女构精,万物化生。"《黄帝内经·素问》:"化不可代,时不可违。"《礼记·中庸》:"可以赞天地之化育。"等。归纳以上诸说,"化"指事物形态或性质的改变,同时"化"又引申为教行迁善之义。

"文"与"化"并联使用,较早见之于战国末年儒生编辑的《易·贲卦·象传》:(刚柔交错),天文也。文明以止,人文也。观乎天文,以察时变;观乎人文,以化成天下。

这段话里的"文",即从纹理之义演化而来。日月往来交错文饰于天,即"天文",亦即天道自然规律。同样,"人文",指人伦社会规律,即社会生活中人与人之间纵横交织的关系,如君臣、父子、夫妇、兄弟、朋友,构成复杂网络,具有纹理表象。这段话说,治国者必须观察天文,以明了时序之变化,又需观察人文,使天下之人均能遵从文明礼仪,行为止其所当止。在这里,"人文"与"化成天下"紧密联系,"以文教化"的思想已十分明确。

西汉以后,"文"与"化"方合成一个整词,如"圣人之治天下也,先文德而后武力。凡武之兴,为不服也。文化不改,然后加诛。"(《说苑·指武》)"文化内辑,武功外悠。"(《文选·补之诗》)这里的"文化",或与天造地设的自然对举,或与无教化的"质朴""野蛮"对举。因此,在汉语系统中,"文化"的本义就是"以文教化",它表示对人的性情的陶冶,品德的教养,本属精神领域之范畴。

作为翻译语汇的"文化",当初是借用了日文译词,其词来源于拉丁文 Cultura,含有"耕种、居住、练习、注意"等多重意义。英文写作 Culture,最初有"改良土壤、栽培植物、种植树木"等含义,并由此引申出"教育、修养、人类能力的发展、礼貌、知识、情操、风尚"等意义,这与中国古代传统的"文化"一词所具有的"文治教化"内涵比较接近,因此学者们便用"文化"一词来对译 Culture 这个外来语。

显而易见,中国传统的"文化"与西方传统的 Culture 在词义上有着明显的区别。中国传统的"文化"强调人类的社会活动,偏重于精神领域;而 Culture 则从人类的物质生产活动出发,进而引申到社会领域和精神领域,它的本义强调的是人和自然的关系。

(二)文化的结构和分类

"文化"的内涵决定了它的外延范围极其宽广,以致研究文化的学者们往往感到无从入手。笼统地说,文化是一种社会现象,是人们长期创造形成的产物。同时又是一种历史现象,是社会历史的积淀物。确切来说,文化是指一个国家或民族的历史、地理、风土人情、传统习俗、生活方式、文学艺术、行为规范、思维方式、价值观念等。

文化的内部结构包括下列几个层次:物态文化、制度文化、行为文化、心态文化。物态文化层是人类的物质生产活动方式和产品的总和,是可触知的具有物质实体的文化事物。制度文化层是人类在社会实践中组建的各种社会行为规范。行为文化层是人际交往中约定俗成的以礼俗、民俗、风俗等形态表现出来的行为模式。心态文化是人类在社会意识活动中孕育出来的价值观念、审美情趣、思维方式等主观因素,相当于通常所说的精神文化、社会意识等概念。这是文化的核心。

根据文化的结构和范畴,把文化分为广义和狭义两种。广义的"文化",着眼于人类与一般动物、人类社会与自然界的本质区别,着眼于人类卓立于自然的独特的生存方式,其涵盖面非常广泛,所以又称作"大文化"。梁启超在《什么是文化》中称,"文化者,人类心能所开释出来之有价值的共业也",这"共业"包含众多领域,诸如认识的(语言、哲学、科学、教育)、规范的(道德、法律、信仰)、艺术的(文学、美术、音乐、舞蹈、戏剧)、器用的(生产工具、日用器具以及制造它们的技术)、社会的(制度、组织、风俗习惯),等等。广义的"文化"从人之所认为人的意义上立论,认为正是文化的出现"将动物的人变为创造的人、组织的人、思想的人、说话的人以及计划的人",因而将人类社会——历史生活的全部内容统统摄入"文化"的定义域。一般来说,文化哲学、文化人类学等学科的研究工作者多持此类文化界说。

与广义"文化"相对的,是狭义的"文化"。狭义的"文化"排除人类社会——历史生活中关于物质创造活动及其结果的部分,专注于精神创造活动及其结果,所以又被称作"小文化"。1871年英国文化学家泰勒在《原始文化》一书中提出,文化"乃是包括知识、信仰、艺术、道德、法律、习俗和任何人作为一名社会成员而获得的能力和习惯在内的复杂整体",是狭义"文化"早期的经典界说。在汉语言系统中,"文化"的本义是"以文教化",也属于"小文化"范畴。《现代汉语词典》关于"文化"的释义①,即"人类在社会历史发展过程中所创造的物质财富和精神财富的总和,特指精神财富",当属狭义文化。一般而言,凡涉及精神创造领域的文化现象,均属狭义文化。

(三)文化的特征

从文化的内涵定义出发,我们可以把文化看作是人类生活的写照和人类活动的结晶,因此,文化必然要具有相当的普遍性。而人类的活动,是在不同的时间、不同的地点和不同的社

第七章 汉字形体蕴含的文化信息

会环境下进行的,这又使文化具有了种种不同的差异性。对文化的共性和各种差异性进行研究、概括,我们可以看出文化具有四个显著特征。

第一,同一性。文化从最本质的角度上讲是对自然的人化,劳动创造了人,人在劳动中创造了文化。人类的各种活动是在社会中进行的,因此,文化是人类共同创造的社会性产物,是人类在长期的社会实践中经验的积累和智慧的汇聚。它是人类社会成员共同接受、共同享有的。中国古代的"四大发明",西方近代以来的"声、光、化、电",都是全人类共有的文化。

第二,时代性。任何人类的活动,都是在特定历史条件下进行的,所以文化是一定社会、一定时代的产物,是一个历史的概念。每一代人都生活在一个特定的文化环境下,他们很自然地从上一代那里继承传统文化,并根据新的时代需要对其进行利用和改造,使其适应新的时代要求,因此,文化同时具有传承性和变异性。

泰勒《原始文化》

第三,民族性。人类与动物的显著区别就在于人类的社会性,因此,人类的活动总是带有社会集团性质,以实现社会集团的利益为活动的目的和方向。当不同的社会集团分化、整合为民族的时候,反映这种以集团利益为活动方向的社会文化,便自然地带有民族文化的特征。特定民族所恪守的共同语言、共同利益、共同风俗习惯和民族性格,是民族文化的突出表现。而当社会集团内部分化为不同的阶级时,文化又带有鲜明的阶级性。

第四,地域性。人类的活动必须借助一定的空间条件才能进行,因此,文化也就很自然地具有了地域特性。文化的地域性与文化的民族性是紧密相关的,因为一般民族都带有区域性和社会共同体,民族文化在某种程度、某种角度上,也反映出区域文化的特点和内容。所不同的是,文化的地域性较之文化的民族性,有着更为宽泛的包容性和更为灵活的机动性。如就全世界而言,有东方文化、西方文化之分;就某一区域而言,有海洋文化、大陆文化、山地文化、草原文化的区别;就某一个国家而言,则有中原文化、北方文化、关中文化、三晋文化、齐鲁文化、荆楚文化、吴越文化、巴蜀文化之分。

二、汉字与文化的关系

(一)文字与文化的关系

文字与文化的关系,可以简单地概括为:文字是人类最重要的文化现象之一,文字是文化的产物,是文化的载体,又是文化的一部分。

文字是文化的产物。文化,是社会的人的活动所创造的东西和有赖于人和社会生活而存在的东西,或者说,是人类在社会历史过程中所创造的物质财富和精神财富的总合。虽然人类的原始文化创造的具体情形今天已经无从知晓,但是,无论是为捕获野兽而对石器的打磨,还是为熟食而不停地钻木取火,或是企求神灵保佑的祭祀与祷告,无一不是人类原始文化的创造

147

活动。文字是人类原始文化累积的结晶,没有人类的原始文化,就不会有文字的产生,而文字的产生,则带来了人类文化的新的黎明。文字产生以后,依然在文化的浸濡中演进与生长。

文字是文化的重要载体。文字产生以后,以它超越时空的留存与传递功能,记载了人类丰富浩繁的文化活动和文化成果。这一点几乎是不需要论证的。有了文字,才有了"有史以来";有了文字,才极大地促进了文化的发展。很难设想,如果没有文字,人类的文化创造与发展会是一种什么样子。

文字是文化的一部分。文字是文化系统中的一个子系统,是一个文化项。就汉字而言,它是汉民族文化的一个重要组成部分,汉字及其系统是汉民族文化的结晶,汉民族的物质文化与精神文化的凝结,成就了汉字这一神奇的东方魔块。饶宗颐说:"汉字已是中国文化的肌理骨干,可以说是整个汉文化构成的因子,我们必须对汉文字有充分的理解,然后方可探骊得珠地掌握到对汉文化深层结构的认识。"从个人层面而言,在一般人的眼里,甚至"文字"就等同于"文化",识文断字就是有"文化"的表征,"肚子里有墨水儿"的就是"文化人",目不识丁的肯定没有"文化"。尽管这样的理解未必科学准确,但也足以说明文字与文化的关系是多么密切。

聂鸿音《中国文字概略》

对于文字与文化的关系,聂鸿音在其《中国文字概略》一书中有过很好的描述,他说:"我们可以通过一个简单的比方来认识文字与文化的本质关系:文化好比一个人,文字则是这个人身上穿的一件衣服。人早在衣服之前就存在了,衣服则是由人制造出来以后再穿到身上的,除了衣服以外,被人穿到身上的还有裤子、鞋子、袜子、帽子,等等。人和衣服是完全不同的两样东西,但它们往往是同时出现在别人眼中的。而且别人通过衣服的尺寸、样式和颜色还可以大致猜出着装者的胖瘦以及某些喜好。文化也是在文字产生之前很早就已存在的,后来产生的文字不过是文化的种种外在特征之一。作为民族的精神产品,它和众多的其他精神产品、物质产品以及社会组织形式一起构成了该民族的文化内容。"我们说文字与文化的关系密切,并不是要把文字与文化等同起来。事实上,文字与文化之间还有很大的区别,主要表现在:

第一,文字不是文化的唯一表达形式。"文字和文化是完全不同的两样东西,尽管人们可以通过文字看到文化的一些零星的内涵,但由于文字并不是文化的首要表现形式,甚至文化大都可以脱离文字而存在,所以文字符号传达给人们的文化信息永远不会多于它传达给人们的语言信息。"

第二,文字是文化的精神内核,但不是全部的浓缩。文字是文化的一部分,而且是文化系统中极小的一部分,尽管它是民族历史文化的活化石,但它并不是浓缩的全部,所以,即使把它放大还原,也不能展现民族文化的全部。

第三,文字是造字时代文化的瞬间固化,而不是民族文化演进的全程记录。文字是时代的产物,造字时代的某些文化信息肯定会固化在它的构形里,但从此之后,除了字体的演变、构造法的变化以及新字的产生之外,它不会随着文化的发展变化而重构,所以,文字所能提供的信息是相对静态的,封闭的;而不是开放的,流动的。造字之前或之后,时代的文化信息很难在文字中找到。

第七章 汉字形体蕴含的文化信息

第四，文字是次第产生的，其所蕴含的文化信息也应该是次第分明的，但今天已经很难全面揭示其中所蕴含的次第分明的文化。我们知道，今天所面对的庞大的文字集合体不可能是上帝或某位圣人或某一群人的一挥而就，而是不同时代的人们在不同的历史时期所创造的，这就是文字产生的次第性。随之而来的，它所蕴含的文化信息也应该是次第的，处于不同的历史文化层面。但是，由于历史的悠久，尽管有历史上留存下来的各种字书的帮助，我们也不可能完全确定每一个字符产生的历史时代，也就不能确定每一个字符所蕴含的文化信息的时代背景。所以，黄德宽、常森说："汉字是伴随历史发展而次第产生并逐步完成的符号系统，它天生具有历史层次性。遗憾的是，当汉字作为一种系统、完整的文化遗存留传后世的时候，人们几乎无法再现其中暗含的、井然分明的历史层次。"

第五，不同的文字类型所蕴含的文化信息是有区别的。人类所使用的文字都是人类文化的产物，它们也都是人类文化的表现形式，也都蕴含着人类的文化信息。但是，由于人类所选择记录语言的方式不同，所形成的不同文字类型与文化的关系有疏密的区别。一般来说，拼音文字由于形音系联，所蕴含的文化信息较少；而表意文字形义系联，所蕴含的文化信息就相对多一些。汉字，尤其是古代汉字是表意文字，它与汉民族文化有着密切的关系，也就是在这个意义上说，汉字是汉民族历史文化的活化石。

掌握文字与文化的关系，尤其是汉字与汉文化的关系，可以帮助我们正确地认识汉字。它既具有文化属性，又具有工具属性。我们既不能因为它的文化属性而与文化等同起来，把文化的功过是非算到它的头上，也不能因为它的工具属性而简单地认为，只要是工具都是与时俱进的，其他工具能改变，汉字也可以轻易改变。

掌握文字与文化的关系，可以帮助我们突破"工具论"的限制，避免只把文字看成记录语言的书写符号，而对它的文化功能视而不见；也可以帮助我们避免"文化论"的空而无当的猜想发挥，而对文字的工具属性予以否认或回避。

文字是记录语言的书写工具，是对作用于听觉的语言符号的视觉转换，不管它能否脱离语言而独立存在，但记录语言无疑是它的最主要也最重要的功能，否认或忽略文字的工具属性而只谈文字的文化功能无疑是舍本逐末；同时，文字的背后肯定是有东西的，这个东西就是文化。忽视文字的文化功能同样也是简单思维的结果。但是，我们应该清醒地意识到，文字的文化功能是强大的，但它所蕴含的文化信息绝对没有人们想象的那样系统而全面，也不是人们想象的那样清晰与明澈。我们既然没有能力建立时间隧道，与字符产生的时代相连，还原出人们约定字符时的社会共同文化心理，我们也就不要企望汉字文化学会通过汉字构形的解析与透视，给我们复原或描绘出一幅层次井然分明、清晰明澈、全面系统的汉文化历史画卷。当然，我们也不必因此而感到无所作为，汉字是一个蕴涵无比丰富的汉文化宝藏，它对汉民族文化的蕴涵与影响是巨大而深远的，我们对它非常熟悉也非常陌生。对它的文化价值的整理、挖掘与评价才刚刚开始，正处于拓荒时期，只要以汉字为核心，多学科系联，多角度验证与求解，撩开被岁月风尘所遮蔽的汉字的本来面目，展示它丰富灿烂的文化风采还是有可能的。只是我们在探索时应该注意，汉字文化的研究需要高涨的热情与执着，但不要被热情遮蔽理性的思索，也不要由执着而走向偏执；需要异想天开，大胆想象，但更需要小心求证，科学研究；需要借助其他学科的帮助，但不需要非理性的范围扩张，以其他学科的文化功能为自己张目。

(二)汉字与文化的关系

据何九盈主编的《中国汉字文化大观》，一般来说，汉字与文化的关系可以从以下四个方面去认识：

其一，从汉字的历史出发，通过探讨汉字系统的发生、发展、演变的过程，考察汉字与社会、经济、政治、教育等方面的关系。

其二，从汉字的流行地域出发，通过探讨汉字的流传、应用、兴废、改造等情况，考察汉字与当地社会、经济、政治、教育等方面的关系。

其三，从汉字的性质和功能出发，考察与汉字有关的语言、思维、心理以及文学等方面的关系。

其四，从汉字的存在方式出发，考察与汉字有关的科学发明、生产技术，以及书写技巧、艺术创作等方面的关系。

在众多的关系中，汉字与文化的统一性问题和矛盾性问题最为突出。

1. 汉字与文化的统一性

汉字对汉文化的记录，是通过对汉语的记录来实现的。汉字和汉民族文化的统一，实际上包括了两种一致性，第一种是语言和文化的一致性，第二种是语言和文字的一致性。通常所说的"言文一致"，似乎可以用在这里，但其实是不太合适的。"文"是一个多义词，可以表示"文化"，也可以表示"文字"，还可以表示"文章"或"书面语"，所以在讨论汉字、汉语、汉民族文化的一致性问题时，不宜用"言文一致"这类容易引起歧解的习惯性说法。

为了将文化成果记录下来并传承下去，汉字、汉语和汉民族文化之间产生了一种系统的对应关系。从理论上说，汉民族文化的成果随着时间的推移而不断地增加、累积和丰富，于是汉语的语音、词汇、语法也不断地发展、丰富起来，汉字作为记录汉语的工具，为了满足各种新的需求，在字形、字体、字量、字频等方面，也必然会随着文化的发展和语言的发展而变化、发展。

例如"砲"，本来是指抛石机一类的冷兵器，后来发明了用火药燃放的火炮，于是记录新式火炮的汉字字形变成了"炮"，意符不再写作"石"，而写作"火"。又如"饔飧"，"饔"指上午的饭，是正餐，"飧"指下午的饭，不是正餐；所以在字形上虽然都是"食"做意符，另一个偏旁的取用却不一样。"雍"是声符，同时有"调和""熟食"的意思，指出上午这顿饭是现做现吃的；"夕"指出下午这顿饭的时间。"飧"指的是在上午的剩饭的基础上做成的简易的饭。由"饔"可推知"飧"不是现做的，由"飧"可推知"饔"不是晚饭。可是到了后来，由于饮食文化的发展，每天不止吃两顿饭，而且晚饭也很丰盛，做得也很不简单，"饔"和"飧"就失去了代表性，以至于使用"餐""饭"或"宴"加上"早、中、晚"来分别指称早、中、晚餐。于是随着一种文化现象的改变，相应的词语发生了变化，相应的汉字在应用上也发生了变化。如今，"饔""飧"二字已经不再通用了。

在汉字的字体演变史上，"隶变"是一件典型的因文化发展而引起的字体变化的事件。此外，由书写速度引出了行书、楷书的区别，由对汉字字形的抽象概括引出了草书，秦始皇推行书同文而使六国文字消亡，唐宋以后，俗文字的兴盛而导致大量异体字的产生，这些也都是由文化而引发的汉字现象。

2. 汉字与文化的矛盾性

在汉字与文化的关系中，文化是矛盾的主要方面。文化的进步，可以导致汉字的发展；文化的停滞，可以导致汉字演变的停滞。清朝康熙、乾隆时代是所谓"康乾盛世"，然而这是封建制度的盛世，稳定有余，发展不足。发展，指的是当时已经开始了人类的科技革命。思想上的封闭、科学上的保守、知识上的复古、教育上的僵化，导致对传统汉学的整理再整理，研究再研究。从汉学到汉学，从汉语到汉语，从汉字到汉字，眼界不能开阔，知识不能更新，语言不能丰

第七章 汉字形体蕴含的文化信息

富,所以汉字不能发展。

汉字的发展与文化的发展之间有一个"时间差"。文化的发展处于主导的、领先的、决定性的地位,汉字的发展则处于附属的、跟进的、服从性的地位。在中国历史上,从来没有因为汉字的革命而引起诸如政治革命、经济革命、科技革命的时候,其原因就是在文化这辆车上,汉字只是外壳,是轮子,而不是发动机,更不是可操纵的方向盘。

小篆能够成为统一六国文字的字体,是由于秦始皇兼并了天下而提供了政治基础。隶书的流行,是与社会条件相关联的。秦汉之际,社会事务的增多,文字的使用范围扩大,因而产生了一种需求,需要一种比小篆更便于书写使用的字体,而尚处于雏形阶段的隶书使人们感到了部分的满意,于是被不断地改进完善,并且在小篆的政治基础——秦王朝崩溃之后,逐渐成为通用的书体。

先有社会文化的需求,后有汉字系统的变改,在需求提出之后、变改发生之前,便是文化与汉字的不统一表现最为突出的时候,也正是文化与汉字的矛盾性暴露得最充分的时候。

文化的发展是非常丰富多样的,文化对汉字提出的新的需求往往因时而异,由此产生的汉字的变改也就因事而异。因此,汉字与文化之间的矛盾,常常表现为不同的形式。例如:有音无字、有词无字和一词多字、一字多音等。也就是说,汉字与文化的矛盾,集中地体现到汉字与汉语的矛盾上面。

有音无字、有词无字,可是又不能标记有关的音、词的时候,也就是文化发展、汉字尚未及时地做出相应反应的时候,正是处于汉字系统向新的发展阶段过渡的时期。在这一过渡时期里,假借字、生造字和借用符号便应运而生。中国历代史书中都有因外民族语言影响而产生的音译词,如身(yuán)毒、冒顿(mòdù)、吐谷(yù)浑。近代科学传入中国以后,音译的科学词语更是数不胜数。"维生素C"的"C",是一个汉语中没有的音节,平时就讹读作"西"的音。现代北京话里的"kǎn",是一个常用的词,却没有合适的字来标记,只好用"侃"或者"砍"来凑合。

由于过渡时期的汉字与文化、汉字与汉语的不一致,也引发了一词多字、一字多音的现象,即异体字、多读字。汉字的异体字中有一个耐人寻味的现象。《汉语大字典》附录的《异体字表》收录了约11900组异体字,异体字最多的是"杀(26个)、迁(23个)、乱(22个)、难(22个)、灾(19个)、祸(18个)"和"灵(26个)、斋(22个)、魅(21个)、国(20个)、龙(18个)、圣(18个)"。异体字多出自民间,中国历史上的战乱杀伐、天灾人祸、各种形式的流离迁徙,使得有关的字变成了常用字、避讳字、"凶字",而有了各种各样的异体。同时,神灵鬼魅、龙和圣人等作为百姓的精神寄托,也成为常用字,并被赋予种种想象和希望,因而有了各种各样的形体。

这种一词多字的现象和由于知识的拓展而在假借字的选用上造成了一词多字的现象不同。后者受语音、方言等语言方面的因素影响,像"印度"一词,有"身毒""天竺"等不同的记写形式,是因为读音选字造成的。而"杀、迁、乱"等词的多种异体字,则属于受文化、社会、心理的影响而出现的。这种一词多字的现象,尤其值得汉字文化研究者重视。

一字多音的问题反映的是有音无字或有词无字的问题,在既没有专用字,又需要和借字的原来读音相区别的时候,就产生了一字多音的现象。所谓多音,不仅指声或韵的不同,也包括在原有声、韵的基础上,只改变声调,即"四声别义"。现代社会中,科技文化的发展日新月异,导致出现"过渡期"的因素越来越多,而在现代社会高速高效发展的情况下,又不给汉字以足够的条件来弥补它与文化之间的发展方面的"时间差",因此,借用符号便在外来文化和语言的影响下,日益广泛地得到应用。

第二节　汉字文化学

一、汉字文化的内涵

"汉字文化"是"汉字"与"文化"所组成的短语，虽然切分的方法只有一种，即"汉字/文化"，但其内部蕴含的关系可以有两种理解：一种是"（汉字）文化"，即"汉字的文化"；另一种是"汉字＋文化"，即"汉字与文化"。这两种理解所带来的意义上的差别，正是"汉字文化"概念的内涵。其一，"汉字文化"是"汉字的文化"，是把汉字作为文化的本体，作为汉民族文化大系统中的一个文化项，一个子系统，以汉字本体的研究为基础，探讨汉字作为一个文化系统自身所具有的文化意义。其二，"汉字文化"是"汉字与文化"，是把汉字作为汉文化的载体，主要通过对汉字字形的分析，来探讨汉字个体字符及其系统所负载的文化信息，以及与汉民族其他文化的关系。"汉字文化"内涵的这两个方面是密切相关的，前者可以简称本体论，后者可以简称关系论，它们既构成了"汉字文化"概念内涵的整体，也是汉字文化学研究的任务。同时，还需要明确的是，记录语言的交际职能是文字的基本职能，而这里所说的"汉字文化"，主要指的是其语言交际以外的文化功能。

二、汉字文化与汉语文化

汉字文化与汉语文化有着密切的联系，但也有着重要的区别。无论是它们的联系还是区别，对于汉字文化的研究和学习都十分重要。

语言既是人类最重要的交际工具，也是一种文化符号。正像我们不能仅仅把文字看作记录语言的符号一样，我们也不能只把语言看作交际的工具，乃至思维的工具。美国语言学家萨丕尔说："语言的背后是有东西的，而且语言不能离开文化而存在。"帕尔默也说："语言的历史和文化的历史是相辅相成的，它们可以互相协调和启发。"汉语是汉民族文化的符号，汉语文化属于语言学范畴，研究的是汉语的语汇、语音、语法与文化的关系，其中，由于语汇是社会生活变化的晴雨表，语汇与文化的关系研究是其研究的重点。汉字文化则是以汉字字形为本位，研究汉字字形及其系统的文化蕴涵与文化影响以及与其他文化的关系。由于汉字与汉语的关系十分密切，甚至于难舍难分，以至于有些时候我们很难把它们分离得泾渭分明，更多的时候是纠合在一起，共同发挥作用。例如对联等修辞艺术，就是汉语与汉字完美组合的产物，没有汉语的缺少形态变化、以单音节词为主、语序是重要的语法手段的特点，以及语义、词类、平仄的相对，是不可能产生对联的，这是由汉语的特点所决定的。但是，如果没有一字一音一义的方块形状的汉字，其均衡平稳的整齐美的内涵也无从表现。

汉字与汉语毕竟是两个不同的符号系统，汉字文化与汉语文化的区别也是客观存在、十分重要的。我们不能把两者混淆起来，以汉字文化代替汉语文化，或以汉语文化代替汉字文化。从汉字文化学的角度看，目前最需要注意的就是不要把汉语文化现象归结为汉字文化现象。比如：汉语中的方位词"东、西、南、北、中"除了表示方位外，还具有丰富的文化内涵，古人常常把"五方"与"五情""五声""五色""五律""五行"等联系在一起。

五方及相关五行文化

五方	东	南	中	西	北
五情	怒（或喜）	喜（或乐）	思	悲	恐
五声	呼	笑	歌	哭	呻
五色	青	红	黄	白	黑
五律	角	徵	宫	商	羽
五行	木	火	土	金	水
五时	春	夏	长夏	秋	冬
五脏	肝	心	脾	肺	肾
五官	目	舌	口	鼻	耳
五味	酸	苦	甘	辛	咸
五常	仁	礼	信	义	智
五兽	青龙	朱雀	黄龙	白虎	玄武
五帝	太昊	炎帝	黄帝	少昊	颛顼

这是纯粹的汉语文化，而与汉字文化没有多少关系。另如，在《说文解字》中，以"牛"作意符的字有 41 个，有许多关于"牛"的特称词，如"牯"（牛父也）、"犊"（牛子也）、"牷"（牛纯色）……这种细致的设词，反映了在历史上的游牧和农耕社会形态中"牛"的重要与对"牛"的重视，但这是汉语文化问题，而不是汉字文化问题。

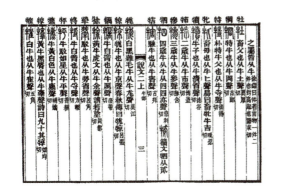 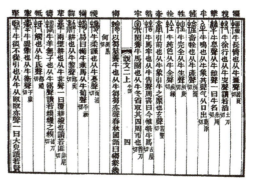

《说文解字·牛部》

由于汉字与汉语既有联系又有区别，所以，我们在研究和学习汉字文化时，应该区别三种情况：第一，是汉语文化而不是汉字文化现象，如"以语考史"属于汉语文化，"以字考史"则属于汉字文化；第二，既是汉字文化，也是汉语文化，如对联、回文、字谜等；第三，只是汉字文化，而不是汉语文化，如以汉字的形义系联解释其文化内涵等。汉字文化研究的是后两种情况，而不应包括第一种情况，虽然它也能给我们一些启示。

三、汉字文化学

何九盈说："汉字文化学是一门以汉字为核心的多边缘交叉学科。尽管研究工作还有待深入，但这门学科的任务非常明确。一是阐明汉字作为一个符号系统、信息系统，它自身所具有的文化意义；二是探讨文字与中国文化的关系，也就是从汉字入手研究中国文化，从文化学的角度研究汉字。"

"汉字文化学"有两种切分法。一种是"汉字/文化学"，另一种是"汉字文化/学"。第一种切分是不可取的，未能体现汉字自身的文化特性。后一种是两级切分，体现了"汉字文化"的整体性和相关性。"汉字文化学"研究的是"汉字文化"之"学"，而不是"汉字"加"文化学"。

从文化体系而言，"汉字文化"是汉文化（过去叫"中国文化"，也叫"中华文化"，或叫"华夏文化"。叫"中国文化"欠严密，因为中国是多民族国家；叫"华夏文化"太古老，汉字是一个子系统，是汉文化的一个部分）。从汉字体系而言，汉字文化学是汉字学的一个分支。所以，"汉字文化学"也可以转换为另一种结构形式"文化/汉字学"。这个概念的优点是，它的第一个层次就显示出"文化"与"汉字学"之间的关系，"汉字学"是中心语。不足之处是"文化"和"汉字"不在同一个层次上。这只是形式上的切分，"汉字文化学"与"文化汉字学"在内容上无实质性的区分。由于"汉字文化学"这个概念见诸书面语已经有十多年的历史，已被同行认可，也就用不着再更换名称引起不必要的概念之争了。

文化是无所不在的，在天上，在地下，在物质，在精神。文化必须通过具体事物才能表现出来，当我们说将汉字与文化联系在一起时，实际上是说个别汉字及汉字作为一个体系所蕴含的文化内容。"汉字文化"指的是汉字的文化内涵。汉字涉及万事万物、方方面面，汉字文化自然也会涉及万事万物、方方面面。"字里乾坤"很恰当地表达了汉字的这一特性。

王宁也说："汉字文化学这种研究有两方面的目的：一方面是宏观的，即把汉字看成一种文化事项，然后把它的整体放在人类文化的大背景、巨系统下，来观察它与其他文化事项的关系，这是宏观汉字文化学；另一方面则是微观的，即要研究汉字个体字符构形和总体构形系统所携带的文化信息，对这些文化信息进行分析、加以揭示，这是微观汉字文化学。总之，汉字文化学是在作为文化事项的汉字与其他文化事项的互证中建立起来的。"

第三节　汉字形体蕴含的文化信息

汉字是世界上最古老的文字之一，也是唯一保存到现在并仍具有强大生命力的表意文字。同时它还是自源文字，形体表意，因而它的形体中积淀了丰富的中国古代文化。作为华夏文明象征的汉字，是汉民族文化的产物，是汉民族文化的活化石，是最适合记录汉语的文字系统。汉字作为记录汉语的符号，突破时空传播，蕴含着丰富的文化信息。因此，从汉字可以解读出中国古代丰富多彩的文化，究其根源在于汉字的表意性特征为文化解读提供了可能，汉字的连续性特征为文化解读提供了可能。表意，就是用符号来表达语言中的词。汉字构形中，象形、指事、会意都是表意字，自然具有表意性。形声又是如何体现表意的呢？形声是形符、声符的组合，形符是意义的类属，有表意性特征；况且很多声符也表示具体的意义，如"供"，从人共声，形符"人"是类属，声符"共"的甲骨文像一双手托着某一东西，表示"供应"的意义。因为这类形声字声符大多在右，文字学史称为"右文说"。既然汉字基本都具有表意性，而"文字学本来就是字形

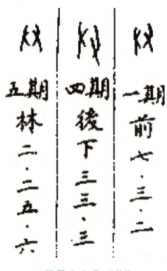

《甲骨文字典》"共"

• 第七章　汉字形体蕴含的文化信息 •

学"，字形是承载丰厚的语言信息和文化信息的物质载体，这样就可以从符号层、字形展开分析解读，从而为汉字的文化解读提供了可能。

汉字的发展演进，既是记录语言的过程，也是构形演进的过程。从古文字过渡到今文字，其间经历了甲骨文、金文、大篆（籀文和石鼓文）、小篆、隶书、楷书、行书、草书，汉字的表意方式从象形性逐步过渡到符号性，表现为一种连续性。因此，今天人们仍然可以借助汉字的流变关系，读懂几千年前的甲骨文、简帛文字。

一、从汉字形体看华夏民族的形成

华夏民族都奉炎帝、黄帝为始祖，《国语·晋语》："昔少典娶于有蟜氏，生黄帝、炎帝。黄帝以姬水成，炎帝以姜水成。成而异德，故黄帝为姬，炎帝为姜。"《竹书纪年》："自黄帝至禹三十世。"禹在公元前 2000 年左右，那么黄帝应在公元前 3000 年左右。黄帝、炎帝都发祥于陕西一带，按照地域和时间推算，是仰韶文化末期，属原始公社的母系社会晚期。

"姓"字见于甲骨文，《说文》："姓，人所生也。古指神圣，母感天而生子，故称天子。从女从生，生亦声。"《春秋传》曰："天子因生以赐姓。""姓"是会意兼形声字，应为"女所生也"，是一母所生而繁衍的家族系统称号。段玉裁《说文解字注》："《五经异义》，《诗》齐、鲁、韩，《春秋公羊》说圣人皆无父，感天而生。"《吕氏春秋·恃君览》："昔太古尝无君矣，其民聚生群处，知母不知父，无亲戚、兄弟、夫妻、男女之别。"姓产生于知母不知父的母系社会时代。所以流传下来的古姓多从"女"，如姚、媿、姒、嬴、姜、姬等。

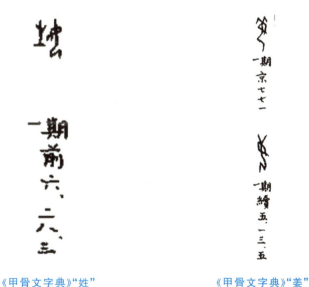

《甲骨文字典》"姓"　　　　　　　《甲骨文字典》"姜"

炎帝姜姓，"姜""羌"本一字分化，甲骨文也经常互用。《说文》："羌，西戎牧羊人也，从人从羊，羊亦声。"姜、羌都像头戴羊角头饰之人，有的字形从"彳"，正是尚没有定居游牧生活的反映。姜姓应当是以羊为图腾的起源于我国西北的原始游牧部落。汉代人将炎帝、神农误合为一，如皇甫谧的《帝王世纪》记载："神农氏，姜姓也。母曰妊姒，有乔氏之女，名女登。游于华阳，有神龙首感女登于尚羊，生炎帝。人身牛首，长于姜水，因以氏焉。有圣德，以火承木，位在南方，主夏，故谓之炎帝。在位百二十年，位传于帝承、帝临、帝明、帝直、帝来、帝衰、帝榆罔，凡八世。"而帝榆罔为黄帝所灭，神农早于黄帝，也早于炎帝。《说文》："姜，神农居姜水，认为姓，

155

从女羊声。"这只能是汉代人的臆测,很可能相反,姜水因姜姓部落所居而得名。《水经注·渭水注》:"岐水,……水北即岐山矣。岐水又东经姜氏城南,为姜水。"岐山在今陕西省岐山县境内,属考古新石器时期黄河中游文化区。

《甲骨文字典》"羌"　　　　　　　　《甲骨文字典》"姬"

黄帝何以得名?《淮南子·天文训》:"中央土也,其帝黄帝,其佐后土,执绳而制四方。"认为其名与土有关,活动于姬水,由陕西黄土高原而得名,此一说也。《说文》:"皇,大也。"《广雅·释诂》:"皇,美也。"《广韵·唐韵》:"皇,天也。"黄帝就是天帝,是人们赞美的称呼,此又一说也。黄帝是一位原始部落首领的名称,不大可能为天帝,前说较为可信些。

黄帝姬姓,甲骨文"姬"字,像一梳有发髻的女人旁置梳篦。对比姜字,则炎、黄似乎是因女人装束不同而区别的两个母系社会原始部落。按照时间推算,5000年前正是仰韶文化末期,炎帝、黄帝很可能是两位女性部落首领。

甲骨文"美"字,从大从羊,像一个成年人头戴羊角或羽毛之饰。《说文》:"美,甘也,从羊从大,羊在六畜主给膳也,美与善同意。"《说文》是从吃的角度解释"美"字,显然是错误的,美的观念似乎源于炎帝部落的一种流俗。

炎、黄两大部落所在的黄河中游文化区是华夏文化、中华民族的主要源头。炎帝属古羌族,古羌族大部分与黄帝互相融合,称为汉族的直系祖先。另一部分古羌族则西行、南下,与当地吐蕃融合,成为汉藏语系汉族以外的少数民族的先民。

"华夏"二字连用最早见于《尚书·武成》:"华夏蛮貊,罔不率俾。"但《武成》篇是东汉人王肃伪托,不可信。《左传·定公十年》:"裔不谋夏,夷不乱华。"唐孔颖达《疏》:"中国有礼仪之大,故曰夏;有服章之美,谓之华,华、夏一也。"金文"夏"字,像一侧立人形对空拜日之形。《说文》:"夏,中国之人也。"《礼记·祭义》:"郊之祭,大报天而主日,配以月,夏后氏祭其暗,殷人祭其阳,周人祭日以朝及暗。"孔颖达《正义》:"而主日配以月者,谓天无形体,悬象著明不过日月,

第七章 汉字形体蕴含的文化信息

《甲骨文字典》"羌"

故以日为百神之主。"夏、商、周都有祭拜太阳的习俗。出土文物、神话传说中有关华夏先民崇拜日神的证据很多,值得注意的是后羿射日的故事,"尧令羿射十日,中其九日,日中乌尽死。"后羿射的是谁?《史记·夏本纪》:"夏后帝启崩,子帝康立。帝太康失国,昆弟五人,须于洛汭,做《五子之歌》。"《集解》引孔安国:"盘于游田,不恤民事,为羿所逐,不得返国。"善射的后羿凭武力驱逐了只知游玩畋猎的太康兄弟,射的是这群"不恤民事"的夏朝统治者。这个神话暗示了夏与日的关系,或以日为其图腾。金文"夏"字多从"日","夏后氏祭其暗","夏"字像黄昏时面西祭日的中原人。

《金文编》"夏"

"华"是"花"的古字,"华夏"连文的意思是有教化的中原人。

由禹建立的"夏"使华夏民族历史跨入了一个新纪元。《史记·夏本纪》:"禹行自冀州始。"《尔雅·释地》:"两河间曰冀州。"大致指今山西一带。禹都阳城,阳城在今河南登封附近。夏朝相当于公元前 2100—前 1600 年,和河南龙山文化相接,夏是新石器时期黄河中游文化区的直接继承者。夏在我国历史上建立了第一个正式的国家政权,由炎、黄通过战争融合东夷,尧、舜又融合了苗、蛮,至夏代统一的华夏民族已经出现了。

157

二、从汉字形体看古代的婚俗

婚姻制度的演变,经过了群婚杂交、同辈血缘婚姻、对偶婚、一夫一妻制几个阶段。传说、人类学调查、考古都证明了这一点。

《吕氏春秋·恃君览》:"昔太古尝无君矣,其民聚生群处,知母不知父,无亲戚、兄弟、夫妻、男女之别,无上下长幼之道,无进退揖让之礼,无衣服履带宫室畜积之便,无器械、舟车、城郭、险阻之备。"《列子·汤问》:"老幼侪居,不君不臣,男女杂游,不媒不聘。"这种群婚杂交是漫长的旧石器时期猿人的婚姻形式。

唐代李冗的《独异志》:"昔宇宙初开之时,有女娲兄妹二人在昆仑山,而天下未有人民。议为夫妻,又自羞耻。"这种族内血缘同辈婚,大概开始于旧石器晚期的直立人(早期智人)时代。白、彝、侗、布衣、苗、瑶、土家等民族盛行姑舅表兄姐妹优先婚配习俗,就是血缘同辈婚的遗留。

炎、黄相当于对偶婚时期,仰韶文化半坡类型墓葬特点是多人两次同性合葬,没有发现男女合葬墓,说明当时还没有形成固定的一夫一妻制。炎、黄以后向父系社会过渡,出现了一夫一妻制。大汶口文化晚期,年龄相近的男女合葬墓已经相当普遍,和传说的时代相比,尧、舜以前已经是父系社会了。

华夏民族历来尊重祖训,汉字虽然不大可能产生于母系社会,但汉字中毕竟透露出早期人类造字的观念,可以根据汉字形体探讨母系社会向父系社会过渡的一些情况。

"家"字,《说文》:"居也,从宀,豭省声。"甲骨文家从"宀"从"豭","豭"亦声。甲骨文"家"所从之"豭"是个象形字,是在"豕"字的腹部下加一斜线表示生殖器,《说文》:"豭,牡豕也。"也就是公猪。甲骨文中指上交大公猪的地方,也是女性头领平均分食大公猪的地方,更是同母所生族人公共活动的场所,可以代表同族之人,甲骨文中的用法有时和"宗"一样。"家族"连文通常指氏族。

《甲骨文字典》"家"

"母"和"女"两个字,在甲骨文中都是以胸部为主要特征,"母"字中的两点代表乳房。甲骨文中,在成年女性的意义上"母""女"二字可以通用。《说文》:"女,妇人也,象形。""母,牧也,从女象怀子形,一曰象乳子形。"将"母"解释为"牧"显然不对,但说"象乳子形",还是可取的,因为母亲担负着哺乳的重要职责,所以突出其主要特征。

"孕"字,甲骨文中像人身腹部隆起怀有小孩之形,《说文》:"孕,怀子也,从子从几。"解释字义对了,但分析字形却不够准确。

《甲骨文字典》"女""母"

《甲骨文字典》"毓""孕"　　　　　　　《甲骨文字典》"弃"

　　"毓"字,甲骨文像"母"后有倒子出生,倒子下还有数点,表示产子时的羊水,合在一起表示生育的意思。《说文》:"育,养子使作善也。从云,肉声。《虞书》曰:教育子。毓,育或从每。""毓"是"育"的异体字,《说文》分析"育"为形声字是错误的,其实"云"是倒子的形状,肉是后来增加的形符而已。

　　由于原始社会卫生保健条件有限,新生婴儿的成活率非常低,很多考古遗址中都发现有陶瓮葬的儿童。在知母不知父的时代,怪胎、死胎也很常见,或者受到迷信思想的影响,认为某些婴儿不祥,经常会有弃婴的事情发生。《史记·周本纪》记载的周人始祖后稷名"弃",他的母亲姜嫄生他时,认为不祥,一开始想要抛弃他,所以取名"弃"。甲骨文"弃"字正好反映了这种情况,像双手持簸箕抛弃出生婴儿的形状。《说文》:"棄,捐也。从廾推丰棄之,从𠫓。𠫓,逆子也。弃,古文棄。"解释字形是根据小篆,和甲骨文略有不同,但也有一定的道理。现在通行的"弃"字是古文的写法,表示双手持一初生之子(倒子形)将要抛弃掉。

三、从汉字形体看古代建筑居住文化

　　有研究者指出,远古先民经历了穴居之后,逐渐地走上高土,建筑起遮风避雨的房屋,过起了稳定的生活,从此以后,"安土重迁"的观念也就逐渐地得到形成和巩固。在这个过程中,建筑业得到长足的发展,各种各样的建筑物十分繁多,奠定了我国古代的建筑居住文化在整个文化史中具有光辉一页的地位。建筑居住文化不仅有史籍的记载,而且也在汉字形体中蕴含有丰富的文化信息。透过一些类化符号及其所组成的汉字形体的研究，可以窥测到远古先民最原始的居住方式、各式各样的建筑物以及这些建筑物的功用、基本设施或附属设施，并且可以从中寻觅到先民在建筑居住方面所体现出来的物质和精神的需求等深层次的文化信息。

穴居是我们祖先最原始的居住方式，古籍中有很多记载，所以从汉字中从"穴"的字可以窥见古代的建筑居住文化。在古文字中，"穴"和"宀"通用，而且真正与房屋有关的汉字使用最多的构件还是"宀"。《说文》："宀，交覆深屋也。有堂有室，是为深屋。"王筠说："从字形上看，象两下之形，亦象四注之形。""乃一极两宇两墙之形也。"饶炯分析得更为详细："古者屋因长为之，与厂对刺仅覆一面，其形固浅，后世甍为重屋，则交覆两面，而左右有翼，其形甚深，篆文正象深屋中脊与正面线，及两翼交覆之形，故曰'交覆深屋也'。"甲骨文"宀"像宫室外部轮廓之形。根据半坡村仰韶房屋遗址复原，房屋是在圆形基址上建墙，墙上覆圆锥形屋顶，屋顶中开有窗孔，下有门。这种建筑外露部分较少，因而深密，这大概就是许慎所说的"交覆深屋"。反映在汉字形体中的古代建筑居住文化信息，既是社会生产力发展到一定水平的一种外在表现，又是人类精神文化与需求所达到一定水平的必然产物。

四、从汉字形体看古代狩猎文化

狩猎是古人生活最重要的方式之一，从汉字中与狩猎有关的字可以看出古人狩猎的工具、方式等，如有的研究者就通过考察"弓""矢""单"诸字来再现先民的狩猎情形：

"弓"是古人最重要的狩猎工具之一。《说文解字》："以近穷远。象形。古者挥作弓。《周礼》六弓：王弓、弧弓以射甲革、甚质；夹弓、庾弓以射干侯鸟兽；唐弓、大弓以授学射者。"许慎对"弓"字的形体没有解说。在甲骨文中，"弓"字形体像弓张开之形，十分逼真地描摹了弓的形态，在金文字形中，与小篆字形相似。"挥作弓"，是一个历史传说，相传"挥"是黄帝的一个臣子，或认为是"旧石器中期智人"。古人创制弓箭而"以近穷远"应该是年代十分悠久的事。

"矢"是与"弓"相匹配的猎取远距离猎物的工具。《说文解字》："弓弩矢也。从入，象镝栝羽之形。古者夷牟初作矢。"许慎分析字形从"入"，是不正确的。"矢"的形体，无论是甲骨文，还是金文，乃至小篆，是上像矢锋，中间的一竖，像矢干，下像矢栝，旁出像羽的是弓弩的矢形象，似乎是一幅非常生动形象的箭矢的描摹图。

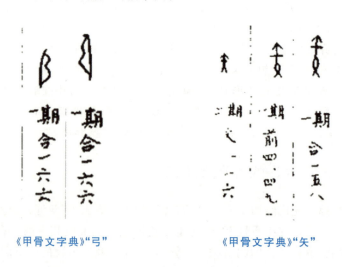

《甲骨文字典》"弓"　　　　　　《甲骨文字典》"矢"

第七章 汉字形体蕴含的文化信息

在古人的狩猎过程中，使用尖锐和重力的器物也很常见。"单"从字形上看，其甲骨文像一个"丫"形上有两个伸出带茎的圆圈形，或者圆圈形下是一个"丨"形，或者是一个"T"形，此外是一个"中"字形。这些形体虽然有细微差别，但最初都应该是像捕兽的"干"，作"丫"形后于两歧之端绑缚石块之形。

《甲骨文字典》"单"

五、从汉字形体看古代农业文化

人类进入农业社会，是一个具有划时代意义的大事件。其中所产生的灿烂而繁荣的物质与精神文化，在他们所创制的汉字形体中多有蕴涵，即使今天我们所使用的已经经过无数次演变的汉字，如果稍加留意，仍能从中探测到些许信息。此类问题学者多有论及，下面撮要进行简介。

上古农耕种植的一个显著特点是使用农耕器具而耕作于山林草地。这种特点在"农（農）"字字形里仍然有着浓郁的信息。许慎《说文解字》谓"农"为"耕也"，并列举了两个或体，一个是"从林"的籀文，一个是以耕作之器为构件的古文；而其作为正字形体的"农"虽曰"囟声"，参之金文却是"从田"，"囟"为"田"字之讹。学者们研究"农"字形体时，或认为其像手持工具（蜃器）耕作于山林草地；或认为其形体从辰从林，林或作艸，像辰在艸木丛中；或认为从臼从辰者，像手持蚌镰形，当为农之本字。由此可见，这些字形分析都与农事有关，"农"字形体之中蕴含着丰富的农业文化信息。另外，这种字形的分析，对原始农业之起源于何地有着极为重要的佐证。

力、耒、耜、犁等都属于耕作田地的农业工具。"力"，甲骨文字形像原始农具之耒形，金文形体是由"力"形构件和一个"田"形构件组成，其中"田"形在整个字形中起着一种陪衬作用。正是这种陪衬，使"力"字所像的耒形更为显然，更为象形。对"力"字的说解，自许慎始就有误解了；许慎之后又有诸多学者本《说文》而为之诠释，因而误解益深。许慎认为"力"是"筋也"，是"象人筋之形"。后世学者更是强为之解，其实"力"像原始农具的耒形。因为用来耕作须有力，故引申为"气力"之"力"。文字起于对事物的描摹，则"力"为农具之形成立；"气力"之"力"无形可像、无事可指，所以由相关联的器物的字形而引申或借用，这才是"力"字诸义形成的真

161

正缘由。

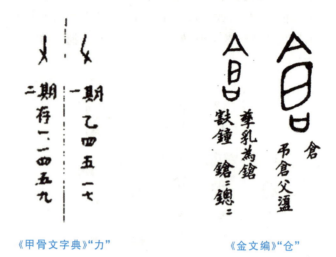

《甲骨文字典》"力"　　　　《金文编》"仓"

"仓"是收藏粮食的场所,应当说也是农业生产整个过程中的一个工具。许慎说:"仓,谷藏也。仓黄取而藏之,故谓之仓。从食省,口象仓形。"他还列了一个"奇字仓"。对"仓"字的形体,学者据甲骨文和金文或者另据他字,多有释说。孔广居认为,"仓象仓形。人象苫盖,丨象墙壁,口象仓底,彐象仓门横版层迭形";还有人认为古"仓"字形体中的部分"象仓,有出气孔",又"从合,取缄密义"。由此可以得知,当时的农业社会生产力已相当发达,因为其所耕种获取的粮食已有积蓄,人们已经知道将其储存下来以备不时之需。

以上仅仅选取一些典型的汉字形体从一个侧面分析古文字蕴含的古代文化,其实古文字形体中蕴含的古代文化是极其丰富的,包括了社会形态、社会制度、社会生产、生活习俗、宗教崇拜等各个方面。汉字形体是文化研究的一个窗口,本身就蕴含着丰富的文化信息,包括文明的积累、构思的巧妙、观念的丰富、形象的生动等,在其解读中可以直切华夏文化之命脉,感受中华文化的博大气魄,体会华夏文明的源远流长。因此,对其文化解读有利于培养文化感知能力;有利于推进当前语言文字教学;有利于推进人文素质教育的发展。文字起源于图画,汉字的物质形式即其方块结构是以象形为基础的。"较早产生的汉字多为独体的象形字,这些字各以其所代表的物象为构形理据,相互之间只强调区别,而缺乏有机的联系。"于是发展到以象形字为构字单位形成的会意字、指事字、形声字,指事是在象形的基础上加标记来指事,会意是在原有的象形基础上逐步深化,形声则是以象形为基础增加声符或形符来扩大文字而产生的,它们的共同特点就是利用所记录的词义中具体的一面来直接绘形——象形性。教师在教学中如果抓住汉字形象性、人文性、主体性,不仅方便学生了解汉字词义渊源,也使语言文字教学摆脱枯燥的记忆;既符合汉字本体构造和使用的规律,又符合学生接受汉字心理认知规律;既可以加强学生思维品质的培养,又能够推进人文素质教育的发展,实现教学资源的优化。

第四节　讲汉字文化切忌臆说

关于汉字文化问题,正如有的学者所指出的那样:汉字和社会文化之间存在着十分密切的关系,从文化的角度对汉字进行阐释,既有助于汉字学研究的进一步深入,也为文化学的研究提供了新视角,的确是一项双赢的工作。但是,汉字的文化阐释是一项非常专业化的工作,需要有足够的专业知识,需要全面了解汉字构形的基本规律,广泛涉猎与汉字构形有关的文化知识,需要坚持实事求是的态度,采用科学可靠的方法。只有这样,汉字的文化阐释工作才能真正在汉字学和文化学研究领域发挥积极的作用。然而,有人却把这项复杂的工作简单化、庸俗化,他们从实用主义的目的出发,对汉字字形随意猜测,妄加考证,抹杀了汉字构形的基本规律,随意将汉字构形与某种社会文化现象相比附,任意夸大汉字的文化功能,给汉字的文化阐释工作带来了不良影响。

汉字与文化之间虽然存在着互证关系,但这种互证关系并不是完全对等的。从总体上来讲,文化对汉字的证明功能要大于汉字对文化的证明功能,因为汉字毕竟是一种记录语言的符号,而且是历史积淀的产物,尽管它与文化之间存在着密切的关系,但它并不具备细致描写文化的功能,也不具备最终确认文化的功能。这就要求我们在对汉字进行文化阐释时,一定要对汉字文化功能的有限性有着清醒的认识,准确把握汉字文化功能的量度,而不能随意加以夸大。在这方面,王宁等的《〈说文解字〉与中国古代文化》可谓成功的典范。该书《前言》中明确表示:"汉字中所贮存的文化信息,只能从每个字的构形——一个小小的方寸之地,简化了的线条、笔画,以及字与字的关系中得到,所以是有限的,如果夸大它,从自己的主观臆测出发,弄出许多玄之又玄、广之又广的新鲜事来,其实是难以说服人的。"

然而,在目前的汉字文化阐释工作中,任意夸大汉字文化功能的例子确实不少。一些学者不能正确摆放汉字的位置,不是把汉字看作记录汉语的工具,而是把它当成了考证和确认文化的灵丹妙药,试图通过汉字构形去构建整个中国古代文化史,似乎中华民族文化的所有方面都可以在汉字当中找到根据,甚至把汉字描述为记录文化的"怪异的密码",这无疑是对汉字文化功能的过分夸张。例如,有人试图利用汉字字形证明我国古代曾经实行抢婚制,认为在抢婚制中,妇女成了抢掠的对象,被抢掠来的妇女,完全成了男子的奴隶,被男人奴役淫乐。从"妥"的古字形上,我们也可以看到抢婚的影迹,甲骨文"妥",上边是一只大手,下边跪着一个女人,是擒捉制服或掳掠妇女之状。这种解释仅仅从个体字符出发去分析字形,而没有考虑到汉字构形的系统性。实际上,"妥"中的"女"并不仅仅代表女子,而是泛指男人和女人。甲骨文中有些从"女"的字,又有从"人"的异体字。如"奚"字,本义为奴隶,像以绳索牵制奴隶之状,其中的奴隶既可以写作"女",又可以写作"大"(正面的"人")。我们不能只根据"奚"有从"女"之形,就说它表示的是女奴隶。《说文》中的"奴""姷"等字也有从"人"旁的异体字,进一步说明从整个汉字构形系统来看,"人"旁和"女"旁有时是可以通用的。因而,我们不能把所有从"女"的字都解释为仅与女子有关。"妥"字之所以从"女"而不从"人",也是受汉字构形系统制约的,因为在甲骨文当中,已经有了一个从"爪"从"人"的"印"字,如果"妥"字也从"人",二字就无法区别了。可见,将"妥"的构意解释为掳掠妇女之状,是违背汉字构形原则的。

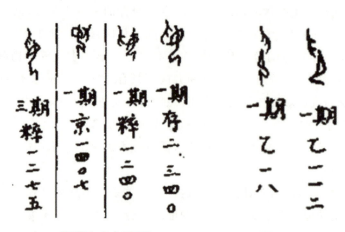

《甲骨文字典》"妥"　　　　　《甲骨文字典》"印"

对汉字进行文化阐释时发生的偏误,很多时候是由于对汉字字形的演变缺乏了解而导致的。汉字经历几千年的演变之后,字形和文化的关系变得越来越疏远,不少人直接拿后代的字形分析作为依据,必然会得出错误的结论。早在汉代,就曾出现不少按照隶书字形说解文字的错误现象,例如由于隶书"长"和"马"的字形上部相似,当时有人就把"长"字解释为"马头人"。而实际上,在早期汉字中,"长"像长头发的人,与"马"的字形没有任何关系。其他如"人持十为斗""虫者屈中也"等也都属于此类。对于这些缺乏历史发展观念的奇谈怪论,许慎在《说文解字》中进行了有力的批评。但由于许慎没有看到过甲骨文,他在根据小篆字形说解文字时,也经常犯臆测的错误。如他将小篆的"为"字解释为"母猴也",说"其为禽也好爪。爪,母猴象也。下腹为母猴形"。其实,甲骨文的"为"字是以手牵象之形,正反映了古代以象为劳动工具的社会事实。像许慎这样的文字学大家,以理据保存较多的小篆为分析对象,尚且会犯这样的错误,我们在对待现代楷书字形时,就更应该慎之又慎了。

《甲骨文字典》"为"

宋代王安石的《字说》也是随意解字的典型代表。他认为,字的声音、形体都有意义,都合乎自然万物之理,在这种思想的指导下,他说解文字时一概拿偏旁的意义去拼合整字的意义,遇到迂曲难解之处,不惜拐弯抹角,凭空臆测。如认为"诗"为寺人之"言"、"猫"能"去苗之害,故字从苗","狼"是"兽之有才智者,故从良",如此等等。明代王世贞编的《调谑编》曾记录两则笑话:宋代大文豪苏轼,号东坡。他经常讽刺王安石的文字说解。有一次,苏轼问王安石"坡"字该如何解释。王安石回答说:"'坡'者乃'土'之'皮'。"苏轼听后暗自发笑,戏言道:"照这样说来,那么'滑'字乃'水'之'骨'喽?"王安石听了,半天默然无语。又有一次,苏轼听说王安石的《字说》刚完成,前去向王安石祝贺,王安石问苏轼:"'鸠'字从'九'从'鸟',难道也有什么证据吗?"苏轼故意戏弄他说:"《诗经》上说:'尸鸠在桑,其子七兮',加上它们的爹和娘,不正好是九个吗!"王安石听了,竟然欣然点头认可。时间长了,才知道苏轼又跟他开了个大玩笑。苏轼的讽刺并没有真正使后人得到警醒,直到今天,仍然有人在宣传着"波"是"水的皮或表面"、"滑"是"似放在水流动表面上的一根骨头"的谬说,实在是枉费了苏轼的良苦用心。今天有些人所推崇的汉字"拼形说",认为汉字都是由偏旁一次性拼合而成的,每个偏旁(包括声符)都是有意义的,这与王安石的《字说》如出一辙。如他们把"愁"字解释为"古代农民秋天的心境——发愁怎么过冬"。如果仅仅作为帮助记忆字形的辅助手段,倒还可以理解,但问题在于他们非要从中推演出"丰富的文化内涵"来,说:"'秋'和'心'的组合为何不是表达秋天丰收的喜悦呢?众所周知,20世纪初在中华大地上还有数千万的农民没有脱贫,没有达到温饱的水平,可想而知,三千多年前的先人们生活水平不知要比我们今天没有达到温饱水平的贫困户还要贫困许多倍,物质生活以及与之相关的生存的问题必然是他们思考的中心问题,因此,"秋"和"心"的组合形成的观念,只能是当时低下的生产力的反映,即只能是对未来冬天的气候的严寒和植物的枯萎的忧虑。"其实,"愁"是个形声字,"秋"是声符,并无表义功能,但上述说解却把"秋"当成了表义部件,从而给"愁"字附会上"浓厚的文化色彩"。

这些例子都表明,汉字的文化阐释必须建立在科学的基础上,既不能违背汉字的发展规律,也不能违背文化的发展规律。汉字的文化阐释是科学,不是幻想,更不是个人无根据的联想和猜测。汉字构形确实蕴含着丰富的文化内涵,在文化研究方面具有极大的参考价值。但要想让汉字的文化功能真正发挥作用,要求我们在对汉字进行文化阐释时,一定要用正确的理论来指导,用科学的方法去操作,要树立正确的汉字文化观念,准确把握汉字文化功能的量度,合理分析汉字构形,尽可能避免主观臆断。

总之,在汉字文化解读时应坚持以下两点:

第一,历史的观点。汉字不是孤立地存在于社会历史之外的超然的、神造的物品,它和中国的社会历史休戚相关,它的每一次形体变化,都是和我们的生活密切联系的,不能脱离历史去任意说解汉字。

第二,科学的观点。汉字文化研究要本着实事求是的态度。汉字的形体及其结构中,并不能提供出一个完整的、精细而清晰的历史文化全貌,通过对历史文化的考查,我们可以弄清楚一些汉字的问题,但并不能彻底解决所有的问题。

本章小结

"文化"的内涵丰富而复杂,汉语中的"文化"一词,既是中国语言系统中固有的传统词汇,又是近代以来外来语言的翻译语汇。中国传统的"文化"与西方传统的 Culture 在词义上有着明显的区别。中国传统的"文化"强调人类的社会活动,偏重于精神领域;而 Culture 则从人类的物质生产活动出发,进而引申到社会领域和精神领域,它的本义强调的是人和自然的关系。

文化是指一个国家或民族的历史、地理、风土人情、传统习俗、生活方式、文学艺术、行为规范、思维方式、价值观念等。文化的内部结构包括下列几个层次:物态文化、制度文化、行为文化、心态文化。根据文化的结构和范畴把文化分为广义和狭义两种。文化具有同一性、时代性、民族性、地域性等特征。

文字与文化的关系,可以简单地概括为:文字是人类最重要的文化现象之一,文字是文化的产物,是文化的载体,又是文化的一部分。

汉字与文化的关系可以从四个方面去认识。在众多的关系中,汉字与文化的统一性问题和矛盾性问题最为突出。

汉字文化与汉语文化有着密切的联系,但也有着重要的区别。无论是它们的联系还是区别,对于汉字文化的研究和学习都十分重要。

汉字文化学是一门以汉字为核心的多边缘交叉学科。尽管研究工作还有待深入，但这门学科的任务非常明确：一是阐明汉字作为一个符号系统、信息系统，它自身所具有的文化意义；二是探讨文字与中国文化的关系，也就是从汉字入手研究中国文化，从文化学的角度研究汉字。

汉字，是汉民族文化的产物，是汉民族文化的活化石，是最适合记录汉语的文字系统。汉字作为记录汉语的符号，突破时空传播，蕴含着丰富的文化信息，涵盖了华夏的历史、婚姻习俗、建筑文化、狩猎文化、农业文化、社会生产、宗教崇拜等方面。

汉字的文化阐释是一项非常专业化的工作，需要有足够的专业知识，需要全面了解汉字构形的基本规律，广泛涉猎与汉字构形有关的文化知识，需要坚持实事求是的态度，采用科学可靠的方法，合理分析汉字构形，尽可能避免主观臆断。

 思考与练习

1. 简要介绍中国语言系统中"文化"一词的含义。
2. 简述汉字与文化的关系。
3. 什么是汉字文化学？
4. 从汉字形体结构出发，分析"美""家""毓""单"等字所蕴含的古代文化信息。
5. 论述汉字文化解读应坚持的原则。

 本章主要参考文献

[1] 陈炜湛.古文字趣谈[M].上海：上海古籍出版社，2005.
[2] 韩伟.汉字形体中所蕴涵的远古狩猎的文化信息[J].信阳师范学院学报（哲学社会科学版），2004(5).
[3] 韩伟.汉字形体中所蕴涵的古代建筑居住文化信息[J].信阳师范学院学报（哲学社会科学版），2005(2).
[4] 韩伟.汉字形体中所蕴涵的远古种植文化信息[J].中州学刊，2005(2).
[5] 何金松.汉字文化解读[M].武汉：湖北人民出版社，2004.
[6] 何九盈.中国汉字文化大观[M].北京：北京大学出版社，1995.
[7] 何九盈.汉字文化学[M].沈阳：辽宁人民出版社，2001.
[8] 贺有龄.汉字与文化[M].北京：警官教育出版社，1999.
[9] 黄德宽，常森.汉字阐释与文化传统[M].合肥：中国科学技术大学出版社，1995.
[10] 李玲璞，臧克和，刘志基.古汉字与中国文化源[M].贵阳：贵州人民出版社，1997.
[11] 刘志成.汉字学[M].成都：天地出版社，2001.
[12] 罗常培.语言与文化[M].北京：北京出版社，2004.
[13] 聂鸿音.中国文字概略[M].北京：语文出版社，1998.
[14] 饶宗颐.符号·初文与字母——汉字树[M].香港：商务印书馆（香港）有限公司，1998.
[15] 容庚.金文编[M].北京：中华书局，1998.
[16] 王宁.汉字构形学讲座[M].上海：上海教育出版社，2002.

[17] 王继洪.汉字文化学概论[M].北京:学林出版社,2006.
[18] 王立军.汉字文化解读的科学方法[J].中国教师,2007(11).
[19] 王应龙.汉字文化解读举隅及方法研究[J].汉字文化,2006(5).
[20] 许慎(汉).说文解字[M].北京:中华书局,1963.
[21] 徐中舒.甲骨文字典[M].成都:四川辞书出版社,1988.
[22] 于省吾.甲骨文字释林[M].北京:中华书局,1985.
[23] 臧克和.说文解字的文化说解[M].武汉:湖北人民出版社,1996.

第八章　汉字字典与汉字规范

本章导读

本章将介绍汉字字典的发展史,字典排、检方法,分类介绍若干汉语字典;简介汉字正字史及新中国成立后政府开展的正字工作。

学习目标

通过对本章内容的学习,学生应该能够了解汉字字典发展史及汉字正字史,了解并正确使用若干重要的汉字字典;理解汉字正字工作的重要作用;分析社会上种种用字不规范现象产生的原因,自觉地正确使用汉字。

第一节　汉字字典

一、字典概述

汉语字典是收集汉字个体,解释汉字形、音、义及其用法的工具书。以"字典"为书名的,《康熙字典》是第一个。词典收录语词,是解释语词的意义、读音及其用法的工具书。"词典"名称直到近代才出现。字典与词典因收录对象不同而有所区别。我国传统学术中"字"与"词"的概念曾长期混同不分,字典、词典中多数为兼收、释单字、复词,字典、词典曾长期被统称为"字书",两者之间关系密切,只是各有侧重,难以分割。被称为"字书"的还包括只收录字形、不作训解的字形汇编。

我国字书的编纂有着悠久的历史。《汉书·艺文志》记载周宣王太史籀曾编《史籀》十五篇,据说是用来作为教授学童的识字教材,这是见之于文献记载的我国最早的一部字书。

战国时,诸侯列国言语异声,文字异形。秦始皇统一中国后开始了统一文字的工作,丞相李斯作《仓颉篇》,中车府令赵高作《爰历篇》,大史令胡毋敬作《博学篇》,三书文字多取自《史籀篇》,但所收为小篆字形。

秦汉之际,为了识字教学的需要,闾里书师合《仓颉》《爰历》《博学》三篇为《仓颉篇》,以六十字为一章,凡五十五章,3300字,使学习者有所遵循。《仓颉》等篇无注音、释义,编排没有严格的规律,仅是一些字表、字汇。它们也是字书的一种形式。扬雄、杜林曾为《仓颉篇》作注。

后来司马相如作《凡将篇》、史游作《急就篇》、扬雄作《训纂篇》等。《急就篇》已经采用分部别居的编排方式。

东汉时期,许慎撰成我国第一部字典《说文解字》。

我国古代的字书的排序方式大致可分为义序、形序、音序三大类。

义序,以《尔雅》为代表,按字、词的性质和意义分类排列。此类著作还有汉代孔鲋的《小尔雅》、刘熙的《释名》(又名《逸雅》)、三国魏张揖的《广雅》、宋陆佃的《埤雅》、罗愿的《尔雅翼》、明方以智的《通雅》、清吴玉搢的《别雅》、史梦兰的《叠雅》等。

形序，《说文解字》为其代表，按字的形体结构排列。《说文解字》以后，有梁代顾野王的《玉篇》、宋代王洙等人的《类篇》（旧题司马光）、宋元时期戴侗的《六书故》、辽代释行均的《龙龛手鉴》、明代梅膺祚的《字汇》、张自烈的《正字通》、清代康熙敕编的《康熙字典》等。

形序法还衍生出号码法、笔画法及笔画与笔形相结合排序法等。

号码法即四角号码排检字序法，由王云五发明，其著《号码检字法》于1925年5月由商务印书馆出版。其法用数字0到9表示一个汉字四角的十种笔形，有时在最后增加一位补码。

笔画法指字典根据汉字的笔画数来排序汉字条目。由于汉字中同笔画数的字太多，不易查检，又发展为用笔画数与笔形相结合来排序。比如笔画数相同的汉字，根据其首笔笔形来定序，首笔笔形相同的再根据次笔笔形，以此类推。

音序，主要是一些以韵为序的韵书。文献记载最早的韵书是三国时魏李登的《声类》，该书已佚。现在所能见到的时代最早的韵书为隋陆法言等的《切韵》，是依据字或单音节词的音韵来排列的。此类著作还有唐代孙愐的《唐韵》，宋陈彭年等的《广韵》、丁度等的《集韵》《礼部韵略》、刘渊的《壬子新刊礼部韵略》，金王文郁的《平水新刊礼部韵略》，元熊忠的《古今韵会举要》，明乐韶凤等的《洪武正韵》，清李光地等人所编的《音韵阐微》等。

义序、形序、音序均随着时代的发展而不断改进，以与语言文字的发展相适应。其中的部首和韵部总的趋势是走向简化：《说文解字》有540部首，到了《字汇》只有214部，其为后来的《康熙字典》《辞海》等字书所效法；《广韵》分206韵，《平水新刊礼部韵略》归纳为106韵（即"平水韵"）。此后，以106韵编排的韵书成为官方考试衡量用韵的标准。

与排序相关的是检索。一般而言，字、词典使用的排序法决定了其字、词条目基本的检索方式。但是为了便于查检，现在字书一般附有多种查检方式。如现在有许多字书，无论是采用何种排序法，往往都备有难检字检索表，且难检字检索表多采用笔画与笔形相结合的排检法。现在常见的《新华字典》有音序检字表、部首检字表、难检字检字表，商务印书馆还曾刊行过带有四角号码检字法的版本。

近、现代编的字典、词典，由于编纂目的、使用对象不同，有各种不同类型。

二、一些字典的简介

下面按照普及型字典、古汉语字典、汉字形体字典、汉字辨正字典四个小类对若干汉字字典进行简介，最后介绍《汉语大字典》与《中华字海》。

(一)普及型字典

普及型字典指为满足社会上一般的、普通的民众查阅汉字而编纂的字典。

1.《新字典》

《新字典》是一部中型汉语语文字典，1912年由商务印书馆出版，分为精装和线装两种，内容相同，由著名辞书学家、商务印书馆辞典部部长陆尔奎主持编写。字典前4卷为正编，按地支分为12集，后两卷为检字表、附录、补编。

《新字典》是中国现代辞书史上的第一部汉语语文辞书，对我国现代的汉语语文辞书编纂有着重要的影响。它改变了以《康熙字典》为代表的传统字书的编纂模式，以现代辞书学理论为指导，同时注意结合时代要求，在收字、释义、义项排列、附图、检索、附录等方面都有所创新。

例如，在收字方面，《新字典》注意收录一些近代科技新字，以及一些常用俗字，同时对当时通用的《康熙字典》所收的字做了认真细致的筛选，以常用字列入正编，把不常用的字列入补编。

在释义方面，《新字典》注意收录新义项，对《康熙字典》等传统字书的释义也做了修订；同时在义项的排列上，用序号标出每个义项，而传统字书的各义项不标序号。

在附图方面，为了更为直观，《新字典》附列了若干插图，以补充说明释义内容。而传统字书一般没有插图。

在检索方面，传统字书没有检字表。《新字典》按照部首和笔画的多少，编制了检字表、难检字表，为其后的汉语语文辞书所沿用和借鉴。

在附录方面，《新字典》汇编了"中外度量衡币表""中国历代纪元表"，以便于读者查对。

以上这些都是《新字典》的独创之处，且为以后编纂的字书所沿袭。因此可以认为，《新字典》在辞书编纂方面具有划时代的意义，是自《康熙字典》之后近200年以来中国辞书史上的一部里程碑性质的字典。

由于后来《辞源》的出版，《新字典》的主要内容已经被包括在《辞源》中，读者渐少，渐不为后人所知，但是它在学术研究上仍有重要价值。因此，2007年1月，商务印书馆以《新字典》缩印本1932年7月重排第1版、1940年4月第25次印刷本为底本影印出版。

2.《同音字典》

《同音字典》在民国年间曾几次刊行。此字典是供中等文化程度者使用。收单字一万个左右，词汇约三万条，所收字和语汇以现代用例为主，但也兼收了一些较为冷僻的古字及浅近的文言词语，因此也能部分地起到词典的作用。全书按注音字母顺序排列，形成一组一组的同音字。多音多义字分别予以说明。字下解释较为确切。书前有笔画检字表。

新中国成立后，《同音字典》曾分别于1956年、1957年由商务印书馆重新刊行，首字用简化字，后列繁体、异体等。该书因出版较早，没有采用汉语拼音字母排列、注音，不便于当代人使用。

3.《新华字典》

《新华字典》是我国目前最通行的一部小型汉字普通字典。在汉字字典中，其发行量最大。1953年出版注音字母音序排序本，1954年出版部首排列本。

1959年出版的汉语拼音字母音序排序本是用《汉语拼音方案》编排字典的创始之作。后又经过多次修订重版，到2020年，已出十二版。此书主要收录现代汉语用字，兼收部分古汉语常用字。包括异体字、繁体字在内，收字数上万，并收带注解的复音词、词组三千多个。编排体例是：字头按汉语拼音字母次序排列，繁体、异体附列于后；声韵相同的同音字依四声顺序编排。一个字因意义不同而有几个读音或几个声调的，分列几个字头，用拼音注明其异读。注音采用汉语拼音，并附有注音字母标音。释义主要着眼于现代汉语用例。此书的特点是：标音准确，释义简明，词义分析细密，条理清楚。使用者可以按字音查字，也可以按部首查字。基本上可以满足一般阅读的需要。第十二版增加新词语言100多个，增补了50个字词新义新用法，书后附录十种。

其他普及型字典还有黎锦熙主编的《国音字典》及《国音常用字汇》、北京师范大学中国大辞典编纂处编的《学文化字典》、浙江省教育厅编的《同音常用字典》、北京大学中文系语言学教研室编的《汉语方言字汇》，以及《汉语常用字典》《工农兵字典》《学习字典》等。

（二）古汉语字典

1.《说文解字》

《说文解字》(简称《说文》)为东汉许慎撰。全书共分十四篇,加上《叙》共十五篇。收字9353个,另有重文1163个(古、籀、篆异体字),实收单字10516个。在编排上,该书首创了部首法,用540部统摄所收之字。全书以篆文(即小篆)为主体,把古、籀文等不同于小篆的形体列于各字的下面。每字皆按文字结构分析字义。现在见到的《说文》中的反切注音是北宋初徐铉根据《唐韵》加进去的,新附字也为徐铉所加。

《说文解字》从字形出发解释字的本义,揭示了汉字的构造规律,保存了文字的古音、古训,为历代学者所推崇。阅读先秦古籍、研究古文字学,至今仍离不开此书。

《说文》原本已失传,我们今天见到的版本是宋代徐铉整理过的,称为"大徐本";与其相对的"小徐本"为徐铉之弟徐锴整理的《说文解字系传》。后人研究《说文》的著作很多,其中以清代段玉裁的《说文解字注》、桂馥的《说文解字义证》、王筠的《说文句读》与《说文释例》、朱骏声的《说文通训定声》等最为出名,四人被称为"说文四大家"。近人丁福保编《说文解字诂林》,将历代研究《说文》的专著和文章按字分编,剪贴原书影印而成,便于参考使用。董莲池更是主编成巨型文献《说文解字研究文献集成》,分为古代卷与现当代卷。古代卷收录范围上自唐,下迄清末;现当代卷收录范围上自1911年,下迄2005年,是"说文"学集大成之著作。

不可否认的是,《说文》在解释字义方面存在一些问题,如有些字的字形分析失之穿凿,有些字的解释充满阴阳五行的味道,都背离了文字的构形本义。

中华书局1963年影印刊行的"大徐本"为原书每一个字头加上今文字字形,卷末新附《检字表》,以便于今之读者查阅。

2.《康熙字典》

《康熙字典》为康熙年间张玉书、陈廷敬等奉康熙帝敕编,现在通行的有1980年中华书局影印本。

该书是在明代梅膺祚《字汇》、张自烈《正字通》的基础上编成的,体例上也大致与此二书同。康熙五十五年(1716)编成,同年印行。

全书共收字47035个,《补遗》一卷收稍偏僻之字,《备考》一卷收不通用之字。就字数而言,它是当时以及以后很长一个时期内我国收字最多的一部字典。释字体例是先注音后释义,每字下先列《唐韵》《广韵》《集韵》等历代主要韵书的反切,后释字的本义,然后再列这个字的其他义项。一般引用古书作例证,若有所考辨,则加"按"字附于注末。如一字有古体的即列于该字之下,重文、别体、俗字、讹字则附于注后。全书按214个部首编排。书前列《总目》《检字》《辨似》《等韵》等,书末附《补遗》《备考》。

因其收字较多,曾产生过不小的影响,现在也还有参考价值。但其错误不少,使用时应慎重。关于引文方面的错误,可参考原书新版后所附王引之撰的《字典考证》,此外,黄云眉的《康熙字典引书证误》、日本人渡部温的《康熙字典考异正误》、蟫魂的《书康熙字典后》等也指出了不少疏漏错误,都可参看。

3.《中华大字典》

《中华大字典》为民国时徐元诰、欧阳溥存等编纂。初版于1915年,中华书局1935年重印本删去了初版书前的题词、叙及《切韵指掌图》等。1978年中华书局重印。它收字48000多个,是我国收字较多的一部字典。除去正文本字外,兼列籀、古、省、或、俗、讹诸体,近代的方言字、翻译的新字,也都采入。注音以宋代丁度等编的《集韵》为主,每个音只用一个反切标明。字义解释和引证也较完备简明,并纠正了《康熙字典》引书的不少错误。全书仍按214部首排列,但调整了一些部首的顺序。

此书虽收入了不少新字、新义,但总体而言仍是一部古汉语字典。它在《康熙字典》的基础上有所改进,至今仍不失为一部可用的较好的字典,但由于编撰较早,内容方面存在不少问题,使用时应加以分析。

4.《古汉语常用字字典》

《古汉语常用字字典》为"古汉语常用字字典"编写组编,1979年商务印书馆出版,是一部解释古汉语中常用字的小型字典。全书收字按汉语拼音字母顺序排列,双音词一般排在第一个字的字头下。以简化字为字头,下注明繁体、异体,并用汉语拼音字母和注音字母注音,再释字义。释义先本义再引申义、假借义等,并引例句说明。附录中的《难字表》收字只有注音和释义,未举例,是正文的补充。有《古汉语语法简介》《我国历代纪元表》两个附录。书前有《汉语拼音音节索引》和《部首检字》。

5.《经典释文》

《经典释文》为唐陆德明撰,1928年上海涵芬楼曾据通志堂刊本影印。该书以训释古代一些重要典籍中的文字音义为主旨,对儒家经典以及《老子》《庄子》《尔雅》等书中的文字,广泛采录各家的音切,兼收诸家之训,考证各本异同。有的字下还列出异体。全书按所释典籍分为30卷,编排异于一般字典,对研究唐以前的汉字读音及意义等具有很重要的价值。现在通行的注疏本《十三经》注中第一个圆圈下面所附注的音义,就是陆书原文。

6.《经籍籑诂》

《经籍籑诂》为清阮元、臧镛堂等撰,今有1936年世界书局影印本。该书编于1798年,是应乾嘉考据之学的需要而产生的。它收集唐以前各种古书的文字训诂,以经传为主,包括古经书、子、史的本文与诸家注释。对每个字只释义,不注音切,是把古书中有关字义解释的材料全部收集起来,以被解释的字为字头,不避重复地具列备载,故曰"籑诂"。

全书收字依《佩文韵府》106韵分卷。《佩文韵府》未收的字依《广韵》补入,《广韵》未收的字依《集韵》补入,一字数音的,按反切的不同分别编入备韵。书后有《目录索引》《同字异体》,并将《补遗》按字附正文后,低排一格。《经籍籑诂》汇聚了唐代以前的故训资料,便于读者查检。

当然,该书存在资料搜集不全和编排体例不妥这两大缺点。但是完全籑集故训原注、不另作其他处理的专书,在很长时期内仅此一家。它所起的作用非一般字书可比。

7.《故训汇纂》

《故训汇纂》由武汉大学古籍所编写,主编为宗福邦、陈世铙、萧海波。该书为全国高等院校古籍整理研究工作委员会重点项目,历时18年编纂而成,是商务印书馆继《辞源》后出版的又一部大型汉语工具书。它全面汇辑了从先秦至晚清的古籍文献中的注释材料,是一部全面系统地汇辑先秦至晚清古籍文献中故训资料的大型语文工具书。

全书共收字头近 2 万个,引据的训诂资料 50 万条,篇幅达 1300 万字。从学术渊源上讲,《故训汇纂》是对《经籍籑诂》的继承和拓展,它囊括了《经籍籑诂》的全部内容,并做了认真的校订,在此基础上又做了大幅度的补充。在时间的跨度上,由《经籍籑诂》的从先秦至唐代扩展到晚清;在征引的注释资料上,由《经籍籑诂》的 80 多种扩展到 250 多种;在篇幅上,由《经籍籑诂》的 300 多万字扩展到 1300 万字。《故训汇纂》不仅继承了中国传统语言学的传统,而且是在现代语言学理论指导下的结果。资料丰富,规模宏大,编排合理,检索方便,是其显著的特色。书中汇集了大量训诂资料,基本涵盖了每一个字头的所有的训诂资料,对于文字研究者、训诂学研究者及古籍文献研究者极具参考价值。其不足之处是在征引文献之时难免有误。

其他重要的古汉语字典还有梁顾野王撰的《玉篇》,辽释行均编的《龙龛手鉴》,明梅膺祚撰的《字汇》,明张自烈、廖文英撰《正字通》等。

(三)汉字形体字典

1.《金石大字典》

《金石大字典》由汪仁寿编,1914 年求古斋书局印行。该书收录金石各体文字,以楷字领头,下依次列出小篆、籀文、钟鼎文、战国时列国异文、石鼓文以及碑、印、简等字形,并注出古体字出处。全书按《康熙字典》部首次序排列。带有笔画检字表。该书可供我们据楷书查找相应的古体字。

2.《甲骨文编》与《新甲骨文编》

《甲骨文编》初版于 1934 年,编纂者为孙海波。1965 年由中华书局再版,题为中国科学院考古研究所编。再版本收录殷墟甲骨刻辞 4672 个字,其中正篇 1723 字,附录 2949 字。甲骨刻辞中当时所见的已释和未释单字基本上已收录齐备。全书编制了顺序号数。卷末附"检字"一卷。该书可供研究、查考甲骨文字之用。但是经过了几十年的发展,《甲骨文编》已经不能如实地反映当前甲骨学的研究水平,不能完全满足当今使用者的需要。

《新甲骨文编》由刘钊、洪飏、张新俊编纂,福建人民出版社 2009 年 5 月出版。与《甲骨文编》相比,该书补充了新的材料:在材料上广泛吸纳了《甲骨文合集》《英国所藏甲骨集》《小屯南地甲骨》《怀特氏等收藏甲骨集》以及最新的《殷墟花园庄东地甲骨》等甲骨著录材料,其中后面四种是编著《甲骨文编》时不曾见到的;以收商代甲骨文为主,兼及西周甲骨文。吸纳了学术界从旧《甲骨文编》问世至今四十多年间古文字考释研究新成果。采用新方法收录字形:改变了过去手工摹写的方法,全部采用电脑处理,原拓片字形为黑底白字的,则黑白反色处理;字形大小视编排需要作适当处理;字头下收字多的,以清晰、典型之字形为首选,同时兼顾不同类组和各种异体,字头下收字少的,则尽可能全部收录;个别残损严重但较少见的字形,则直接截取原图片,不作黑白翻转处理。避免以往摹写字形的失真和不当,客观、真实地再现甲骨文字。全书主体由正编、合文、附录三部分组成。正编按照《说文解字》一书顺序排列。当今读者要查阅甲骨文字形,当首选该书。2014 年,福建人民出版社又出版了《新甲骨文编(增订本)》。

3.《金文编》与《新金文编》

《金文编》为容庚编撰,先后刊行四版,现在通行的是张振林、马国权摹补的第四版《金文编》,1985 年 7 月中华书局出版。字条按《说文》的分部排列,正编 2420 字条,附录上收录 607 字条,附录下收录 741 字条。所录字条均带有编码,见于《说文》的各字条以篆文作为字条标目用字，各字条下收录金文字形，收录的每一个金文字形都注明出处。书末附有《器目表》和《检字表》。《金文编》以摹字准确、收字丰富著称，不仅是古文字研究者必备的工具书，也受到了书法爱好者的推崇、青睐。

董莲池编著的《新金文编》由作家出版社 2011 年出版。与《金文编》相比较，《新金文编》所收字形远超过《金文编》，并吸收了金文考释新成果，所收字形主要取自原器拓片。

4.《战国文字编》

《战国文字编》由汤余惠主编，福建人民出版社 2001 年出版。所收战国文字资料涵盖了整个战国文字领域，包括青铜器铭文、陶文、玺印文字、封泥文字、简牍文字、帛书文字、玉石铭文、货币文字等。所收资料皆用原形。全书单字条依《说文》次序编排，分十四卷；其后收录合文，后有附录收入不识及未定之字。每一字条下按秦、楚、晋、齐、燕五系顺序分类收录战国文字字形，收录的字形均标注出处。书后附有笔画检字表。该书是一部综合性战国文字字编，对古文字研究尤其是战国文字研究具有重要意义。

5.《楚文字编》与《楚系简帛文字学》

《楚文字编》由李守奎编著，华东师范大学出版社 2003 年 11 月出版。作者广泛吸收优秀研究成果，对 2000 年以前公布的所有楚文字材料（包括铜器、石器、货币、简牍、缯帛、玺印、封泥、陶器等）载体上的楚文字进行了全面的搜集、整理。全书单字字头按照《说文解字》的次第编成十四卷。另附合文一卷、待考字一卷。书后附有笔画和四角号码两套检索方法。该书对于古文字研究尤其是楚系文字的研究价值很高。

《楚系简帛文字编》作者是滕壬生，该书 1995 年由湖北教育出版社出版，所收字形主要来源于当时已经刊发的楚系简帛材料，部分字形来源于尚未正式刊发的楚系简牍材料。湖北教育出版社 2008 年又出版了《楚系简帛文字编（增订本）》，扩大了收字范围，增补了一些后出的楚系简牍字形。

6.《石刻篆文编》

《石刻篆文编》为商承祚编，1957 年科学出版社出版。它是专门汇集石刻篆文的字典，收录包括商周至晋的各种碑刻文字，共 95 种，合计篆文 2921 字。全书十四卷，所收篆文按《说文解字》的次序编排。《说文》未收的字，根据其偏旁附收于各部。每字之下，均标明字形来源，并录入与此有关的辞例。书后附有检字表。

7.《汉语古文字字形表》《古文字类编》

《汉语古文字字形表》为徐中舒主编，四川辞书出版社 1981 年出版。《古文字类编》为高明编著，有中华书局 1980 年版、台湾大通书局 1986 年版两个版本；上海古籍出版社 2008 年刊行由涂白奎增订的增订本。

8.《中国书法大字典》

《中国书法大字典》由林宏元主编，1978 年香港中外出版社出版。该字典收录中国历代名书法家手迹，按原迹剪贴影印成书。全书共采用 360 余名书法家所书写碑碣法帖，共 310 多部，430 多卷。收集字条 4392 个，连重文达 47430 多字。书中以楷、行、草书为主体，领首字按《康熙字典》部首检字法编排，字形的排列顺序是楷书、行书、草书、章草、隶书、篆书、古文。每个字形下面皆注朝代、作者，大部分注明出处。书前有《本书汇集历代书法家一览》和《本书汇集碑碣法帖等一览》,并有《检字表》。该书是研究我国古代书法艺术的一部很有用的工具书。

9."古汉字字形表系列"

黄德宽主编、徐在国副主编,包括《商代文字字形表》《西周文字字形表》《春秋文字字形表》《战国文字字形表》《秦文字字形表》,上海古籍出版社2017年出版。该"系列"五种字形表按时代、地域(战国以后分为战国文字与秦文字)收录了秦以前的各类古文字字形。

其他汉字形体字典还有《殷墟文字类编》《甲骨学文字编》《古籀汇编》《吉金文录》《汉印文字征》《篆字汇》《汉隶字源》《草字汇》《楷书溯源》《宋元以来俗字谱》《增订碑别字》《真草隶篆四体大字典》《正草隶篆四体字汇》《汉魏六朝隋唐五代字形表》等。

(四)汉字辨正字典

古代的汉字辨正字书有唐颜师古的《颜氏字样》、颜元孙的《干禄字书》、欧阳融的《经典分毫正字》、唐玄宗的《开元文字音义》、张参的《五经文字》,宋代郭忠恕的《佩觿》、张有的《复古编》、娄机的《广干禄字书》、李从周的《字通》,辽释行均的《龙龛手鉴》,元代李文仲的《字鉴》,明代焦竑的《俗书刊误》、叶秉敬的《字孪》,清代龙启瑞的《字学举隅》等。

现代的辨正字书有顾雄藻编的《字辨》、杨燮郦编的《字辨补遗》、新辞书编译社编的《实用辨字词典》、段超与程德谟合编的《汉字简化及异体字检字表》、陈玄编的《汉字异义异读举例》、陈玄编的《汉字误读辨正举例》、刘禾编的《常用多音字汇注》、普通话语音研究班编的《普通话正音字表》、文字改革出版社编的《难字表》(修订稿)、北京师范学院中文系编写组编的《容易写错的字》、魏公编的《容易读错的字》、叶余编的《容易用错的字和词》、天津财经学院写作教研组编的《常用字的区别》、王与群的《汉字形音义辨析》与《错字指正字典》,以及《第一批异体字整理表》《简化字总表》《印刷通用汉字字形表》《现代汉语通用字表》等。

最近二三十年来又出现了一批新的正字字典,这些字典不仅注明某个字的音、义与用法,还注明字的笔画数、笔顺。如凌云主编的《常用字笔顺字典》(北京工业大学出版社2002年版)。

上述四类汉字字典(书)还有很多,不再一一列出。

(五)《汉语大字典》与《中华字海》

1.《汉语大字典》及其版本

(1)《汉语大字典》编纂之由

1975年,国家出版事业管理局在广州召开的全国词典编写出版规划会议上,提出编纂《汉语大字典》的计划,经周恩来、邓小平批准立项,确定由湖北、四川两省出版部门组织有关专业工作者协作编写。该字典由著名学者徐中舒任主编。

(2)《汉语大字典》的版本

①八卷本。

《汉语大字典》最先刊行的是八卷本,自1986年出版第一册起,到1990年出版完。八卷本是《汉语大字典》的初本、正本与母本,内容上最为完整、齐备。正文7卷,每册前有"总部首目录"、"部首排检法说明"、"新旧字形对照举例"、各卷"部首目录"和"检字表"。第8卷是各种附录、分卷部首表、全书笔画检字表和补遗。排版上采用繁简体混排的方式,释文和现代例证用简化字,其余全部用繁体字。

《汉语大字典》注重形音义的密切配合,尽可能历史地、正确地反映汉字形音义的发展。在字形方面，在楷书的单字条目下，收录了能够反映形体演变关系的、有代表性的甲骨文、金文、小篆和隶书形体，并简要说明其结构的演变。所收入的每一个形体都有可靠的实物或拓片为依据，不选用二手或三手材料。在字音方面，使用汉语拼音字母标注字的现代读音，同时反切注明中古音、通过韵部反映上古音。在字义方面，释义完备，本义、派生义、通假义都加以详述；不仅注意收录常用字的常用义，而且注意考释常用字的生僻义和生僻字的义项，还适当地收录了复音词中的词(语)素义；释义准确，义项齐备，例证丰富典范。

全书约 1500（一说 2000）万字，共收楷书单字 56000（一说收单字 54678 个）多个，凡古今文献、图书资料中出现的汉字，几乎都可以从中查出，是至 1994 年为止，世界上收录汉字单字最多的一部字典（现被《中华字海》所取代）。全书正文 4810 页，为当今世界上规模最大、释义最全的一部汉语字典。按部首编排，在传统的 214 个部首的基础上酌情删并为 200 个部首。有部首检字表和笔画检字表供使用者使用。

书中附有上古音字表、中古音字表、通假字表、异体字表、历代部分字书收字情况简表、简化字总表、汉语拼音方案、现代汉语常用字表（收常用字 2500 个）、普通话异读词审音表、国际音标表、汉语大字典分卷部首表等。

《汉语大字典》在继承前人经验的基础上，注意吸收今人的研究成果，被誉为"共和国的《康熙字典》"。

使用者要注意的是，由于全书采用繁体字编排，必须按繁体字进行查检。

②缩印本。

由于《汉语大字典》初本（八卷本）分卷太多，部头浩大，造成使用上的困难，查检不便，收藏、携带麻烦，且价格昂贵，一般读者较难承受。鉴于此，1992 年，湖北辞书出版社和四川辞书出版社出版了缩印本。缩印本采用照相技术制版，即按照原版照相缩小字号，制作时除对个别字头的明显讹误作了必要的订正外，原文及附录内容基本上与原版一致。因此，缩印本在内容上与八卷本是一致的。缩印本全书成一册，便于查检。然而由于字形太小，极少数字不太清晰。

③简编本。

1988 年下半年着手编纂《汉语大字典》简编本，由李格非担任主编。简编工作的原则是：简缩篇幅，保持特色，订正讹误，突出实用。根据这一原则，编者以正编本为蓝本，删去了没有典籍用例的字头和义项，共收字头 21000 个左右；删去了字书、韵书的说解，以及大部分注疏材料和考释性文字，保留了有典籍用例的字头和义项，保留了主要的古文字形体及其解说，注音上保留了上古韵部、中古反切和现代音读。压缩之后，全书篇幅约为 500 万字，缩减了约四分之三的内容。

简编本原为单独一册。2000 年 4 月，将简编本一册改为三册出版。

④三卷本（原本）。

1995 年出版三卷本《汉语大字典》，利用原版的版型制作，对原八卷本的附录进行了适当删节，并对个别字头在形、音、义方面的讹误作了必要的订正，此外内容没有任何变动。三卷本的目的和作用相当于缩印本，意在通过压缩版面，改变图书的外观形制，方便读者使用。由于三卷本字形较大，避免了缩印本存在某些字形模糊的现象。

⑤袖珍本。

袖珍本 1999 年出版，32 开本，全一册。袖珍本立足于普及和实用，删除字形及字源解说，删除了上古音及中古音，只保留现代读音；简化了释义及例证，一般一个义项只留一个较简单明晰的例证,有的甚至没有例证。所有释文及例证全部用简体字排版。经过这些改编,袖珍本字数压缩为350万。另一方面,袖珍本又保持《汉语大字典》"收字最全"这一特色,保留了大字典所有的字头及义项。

⑥四卷本。

2000年,《汉语大字典》四卷本出版。四卷本像三卷本一样,也是利用原八卷本的软片重印,只是对少量的明显错误作了校订,其他内容照旧。

⑦普及本。

2003年,《汉语大字典》普及本出版,32开,精装。普及本的编写思想是:简缩篇幅,便于查阅,经济实用,重在普及。"普及本"将字头精简为2万个左右,删除了古文字形体、《说文》释义、中古反切以及上古韵部等内容,对每一个字头直接标以现代音读。同时,删除了只有音读、释义而没有例证的义项,以及不太常见的义项。一个义项基本只保留一个例证,删除其他例证。通过这四方面的处理后,总字数约为160万,只相当于简编本的三分之一。

在排版上,普及本正文排序由原来的部首排序法改为字头拼音排序法,适合现代读者的检索习惯;改繁简混排为简体字排版。

综上,《汉语大字典》各版本中,八卷本、缩印本、原本的三卷本及四卷本属于同一系列,内容上完全一致,只是装订形式有所区别。简编本及简编的三卷本内容上完全相同,两书在封面上都标注"简编本"字样。袖珍本与普及本在内容和形式上与其他版本迥异,开本都变为32开,书名上也分别标明了"袖珍本"及"普及本"字样。

⑧《汉语大字典》第二版。

《汉语大字典》第二版修订工作由汉语大字典编纂处、四川辞书出版社组织实施,于1999年正式启动,由四川辞书出版社和崇文书局共同出版。除了原编写者和汉语大字典编纂处的专家合力打造外,还聘请了包括许嘉璐、曹先擢、江蓝生、黄德宽等在内的数十位国内语言学界、辞书学界著名专家、学者,对修订内容进行审定。2010年4月出版,共9册。收楷书单字60370个,总字数超过1500万个,是《康熙字典》的4倍。不仅对首版中注音、释义、文例等方面存在的讹误进行了更正,还对缺漏意义、例句等进行必要的增补。字形规范,改原本旧字形为新字形,字形规范统一。重新编制《笔画检字表》,增加了《音序检字表》《难检字表》。

2.《中华字海》

《中华字海》为冷玉龙、韦一心等编撰,中华书局、中国友谊出版公司1994年出版。

该书收楷书汉语单字85000多个。据该书凡例,其收字主要依据历代辞书,历代辞书未收而见于文献典籍的汉字,国家语言文字工作委员会颁布的《简化字总表》中的全部简化字,甲骨文、金文和竹简、帛书中学术界比较公认的隶定字,历代碑刻中的异体字(讹字除单体外,一般不收),地方文献和方言辞典中的方言字,近现代出现的科技新字,当今还在使用的人名和地名用字,当今出版物中出现的超出《简化字总表》范围之外的类推简化字,1977年中国文字改革委员会公布的《第二次汉字简化方案(草案)》中的汉字(收录后作客观介绍),流行于港、澳、台地区的汉字,以及日本、韩国、新加坡等国使用的汉字也酌量收录。所收字条注明出处;读音明确的用汉语拼音注明今音,读音不明的则阙注;释义简约。有部首检字表、难检字表、笔画检字表、音序检字表以供读者查检。为目前收字最多的汉字字典,可以说该书是楷书汉字的集大成者。

但是该书也存在着一些不足,如在字的归部及训释方面就有尚待改进之处。在字的归部上，该书主要以构字偏旁的位置及所占面积之大小为归部原则；在训释上，对某些简体字形的解释未能溯源，突出地表现在 20 世纪 50 年代汉字简化过程中采用了许多古已经存在的简体字形，为该书所忽略而未能说明其较早的字形来源。以"虑"为例，在归部上，该书将"虑"字置于"虍"部，而汉字部首排检法基本的原则还是从义，在一般的字典中，"虑"都归为"心"部。因此，要想在该书中查检某些字显得不太方便。再看其释义，"虑"字条只是简单地注解为"'慮'的简化字"。其实"虑"在《玉篇·虍部》中已经存在，训"愁貌"，音房七切。据其反切，今读 bì。可见"虑"这一字形已产生很久，现在是以"虑"这一个字形兼表两个字。《中华字海》对"虑"字的上述注解，使读者误认为"虑"这一字形是 20 世纪五六十年代汉字简化的产物。

第二节 汉字规范化

一、历史上的正字与正字法

（一）正字及正字法

正字是指用统一的标准形体来规范文字的书写与使用，也就是人们常说的汉字规范化；正字法是指用统一的标准形体来规范文字的书写和使用的规范性法则。

文字是记录语言的书写符号系统，必须有统一的标准和规范，否则会影响文字职能的发挥。每一种文字都应有统一的标准形体；凡是有文字的国家或民族，现在一般都有自己的正字法，也都有对文字进行管理和规范的机构。拼音文字正字法的着眼点主要是词，因此又称正词法或正写法，主要解决词的拼写问题，如规定字母表达音位的方法、词的分写与连写、大小写规则、移行规则等；汉字正字法主要规定汉字的正确写法和字体。

（二）我国历史上的正字工作

汉字历史悠久，其正字历史源远流长。

《荀子·解蔽》中说："好书者众矣，而仓颉独传者，一也；好稼者众矣，而后稷独传者，一也；好乐者众矣，而夔独传者，一也；好义者众矣，而舜独传者，一也。"或认为此处的"一"指专一，其实也有可能是"统一"之义。古代"好书者"很多，唯有仓颉大名独传，就在于他对汉字进行了整齐划一的统一规范工作。

周宣王时，太史籀编《史籀篇》，固然可以作为贵族子弟识字教材，也可能是社会用字的范本。

战国时期因诸侯纷争，国家分裂，言语异声，文字异形，秦始皇统一中国后推行"书同文"政策，用秦国文字统一六国文字，停止使用不与秦文合者；同时对秦传统文字进行改造，形成小篆字形，作为通行的标准文字。这种做法顺应了统一国家对文字统一的要求。秦在规定小篆作为书面用标准字体的同时，允许在日常生活中使用隶书。秦代的"书同文"改革，是封建时代中央政府首次直接领导的汉字正字工作。

汉初，秦代的《仓颉篇》等仍为汉初"闾里书师"教学蒙童的课本。随着民间隶书的通行和完善，汉代扩大了隶书的使用范围，东汉时已采用在民间通行已久的、更便于书写的隶书为官方标准字体。

第八章 汉字字典与汉字规范

汉代立五经于学官,置十四博士。当时并没有供教学的官定经本,各家经文皆凭所见所承,博士考试常因文字不同而起争端,甚至行贿改兰台漆书经字(东汉时藏于兰台、用漆书写、作为标准的经文文本)以迁合己说。汉灵帝熹平四年(175),蔡邕等奏请正定六经文字,获准。蔡邕等参校经书诸本,书于石,刻四十六碑,立于洛阳城南的开阳门外太学讲堂前,即所谓熹平石经,为中国刻于石碑上最早的官定儒家经本,又称"汉石经"。其字体只有隶书一种,故又称"一字石经"。所刻经书有《周易》《尚书》《鲁诗》《仪礼》《春秋》和《公羊传》《论语》。除《论语》外,均为当时学官所立。石经订误正伪,为读书人提供了儒家经典教材的范本。

三国时,魏正始二年(241),刊刻经书于碑石,遗址在今河南省洛阳市偃师区的佃庄镇。石经刻《尚书》《春秋》二书,用篆文、古文、隶书三种字体刻写,后人称为《三体石经》《魏石经》《正始石经》。

晋代吕忱撰《字林》。

北齐时,在秘书省置正书,隋、唐、宋各朝沿袭。与校书郎同掌校雠典籍,订正讹误,辽时属于秘书监著作局。隋、唐还设有太子正字,职责为掌管刊正文字。

南朝梁武帝、简文帝命顾野王编纂了第一部楷书字典《玉篇》,从而奠定了楷书的正统地位。

唐朝时十分重视正字工作,武则天《武氏字海》(一百卷)和唐玄宗《开元文字音义》(三十卷)堪为文字法规。颜师古的《字样》《匡谬正俗》、颜元孙的《干禄字书》、张参的《五经文字》、玄度的《九经字样》等也是当时重要的正字文本。尤其是颜元孙的《干禄字书》,把汉字分为"俗、通、正"三体,分别规定其不同的应用范围。唐代,楷书正式成为官方文字。唐文宗(李昂)时,将《周易》《尚书》《毛诗》《周礼》《仪礼》《礼记》《春秋左氏传》《公羊传》《谷梁传》《孝经》《论语》《尔雅》十二经用楷书刻石,开成二年(837)成,称为开成石经,又称唐石经。颜师古开创的"字样"之学及以正楷字体刊石的《开成石经》在唐代都起了官方正字法的作用,也成为其后宋、元、明、清各代的正字基础。

封建时代,朝廷很重视官吏用字规范,奏章、政府公文上写错字往往会受到严惩,因此官场成为正字工作的一个推手。隋唐以后盛行的科举考试,对字体的要求很严,如用字不规范(如在考卷里发现一个错别字或破体字、俗字),文章写得再好,考生也不会被录取,因此科举考场成为正字工作的另一个推手。

宋代张有著《复古编》、王洙等人著《类篇》(旧题司马光)等。

明有梅膺祚《字汇》、张自烈《正字通》等。

清龙启瑞著《字学举隅》。康熙皇帝敕编《康熙字典》,成为封建王朝汉字正字的总结之作,为汉字的定形、定音、定义作出了贡献。

尽管在我国历史上,历代政府都重视正字工作,但是收效不大,突出表现为文字使用的混乱、通行文字中存在大量文字异形现象。

二、新中国成立以后的汉字整理与规范工作

新中国成立后,政府组织实施汉字规范化工作。

广义的汉字规范化包括汉字系统本身的规范化,即汉字的标准化整理,通常所说的定量、定形、定音、定序"四定"。

狭义的规范化指汉字使用的规范化,是指全社会要根据国家、政府制定的各种正字法标准使用汉字。

正字法的基本要求是使用规范字,不用不规范字。

规范汉字指新中国成立以来由政府发布的有关汉字规范文件规定的汉字。

新中国成立以后,政府主导对汉字进行的整理及规范化工作,主要有简化汉字、整理异体字、印刷体字形整理等,它们构成新中国正字工作的主要内容。

(一)简化汉字

文字是在不断演变和不断规范的矛盾中发展的。文字的职能要求其形体稳定、统一和标准化,用文字规范来限制它的变异和不规范。人们在使用文字的过程中,又不可避免地会突破文字规范标准的约束,在一定程度上使文字体系发生变化。这些变化有些是合理的,符合文字发展趋势的,有些则是违反文字发展规律、破坏文字系统的,因此社会不得不重新确立正字法的标准。为了适用文字的发展,不同时代有不同的正字法内容、标准。

1. 历史上汉字的简化

首先要明确简化字与简体字的概念。所谓简体字是指流行于民间、形体较为简易的俗字;现行的简化字是指在简体字的基础上,经过专家的整理和改进,并有政府主管部门发布的、收入《简化字总表》中的较简汉字。

汉字自产生至今,其发展演变的总趋势是简化。甲骨文、金文中就有许多繁简不同的异体,隶、楷中的简体字更多。汉字在历史上经过多次的人工规范,如秦代对小篆的整理、东汉对隶书的整理、南北朝及唐代对楷书的整理等,而东汉许慎对小篆的整理影响尤为深远。每一次规范,对前代文字来说,都是一次系统的简化:小篆是对其前古文字的简化,隶书是篆书的简化,草书、行书又是隶书的简化,而楷书盛行后出现的简体字又是对楷书的简化。《说文》之后,虽然汉字的结构体系基本定型,繁、篆之间的结构对应关系较为稳固,在很长时间里汉字的系统性简化趋缓。但是汉字简化个案不断出现。楷书在魏晋时开始出现,而其简体字已见于南北朝(4—6世纪)的碑刻,隋唐时代简体字逐渐增多,在民间相当普遍,被称为"俗体字"或"俗字"。我们今天使用的许多简化字,在当时就已经开始出现,例如"营""寿""尽""敌""继""烛""壮""齐""渊""娄""顾""献""变""灯""坟""驴"等。唐代颜元孙著的《干禄字书》和王仁昫著的《刊谬补缺切韵》,都收有大量俗字。隋唐以后,随着印刷术的逐步普及使用,民间书坊的增多,简体字由碑刻和手写转到雕版印刷的书籍上,从而扩大了简体字的流行范围,简体字的传播更为迅速,数量大增。有研究者据1930年出版的由刘复、李家瑞合编的《宋元以来俗字谱》来统计宋元明清12种民间刻本中简体字的使用情况,其中1604个繁体字所用的简体字多达6240个,平均每个繁体字有3.9个不同的简化字,与今天使用的简体字完全相同的有"实""宝""听""万""礼""旧""与""庄""梦""虽""医""阳""凤""声""义""乱""台""党""归""办""辞""断""罗""会""怜""怀"等,达330多个,反映了一千年来简体字的发展情况。① 易熙吾的《简体字原》(1955年中华书局版)收民间流行的简体字726字。孙伯绳、俞运之编的《古代的简化汉字》(1959年文字改革出版社版),辑录从《说文》至《字汇》的历代字书、汉魏六朝至唐的碑碣以及经史文选中的古代简化字1500个。

---

① 上述数据来源于网络(http://wenda.tianya.cn/wenda/thread?tid=1d627a3a5b036555)。

20世纪以来,社会上出现了更多的简体字。近代中国,遭受列强的欺凌蹂躏,仁人志士苦苦寻找振兴中华之路途。许多人认为列强之所以欺凌蹂躏中国,是因为中国的落后。中国的落后源于教育落后,国人文化素质不高。而导致教育落后、国人文化素质不高的罪魁祸首是"难识、难记、难写、难认"的汉字。许多知识分子开始收集、研究和提倡使用简体字,并提出各种简化方案。有研究者对新中国成立前近50年间的汉字简化情况进行了考察,现撮要简录如下:

1909年,陆费逵在《教育杂志》创刊号上发表《普通教育应当采用俗体字》一文,这是历史上第一次公开提倡使用简体字。1922年,他又发表了《整理汉字意见》一文,建议采用已在民间流行的简体字,并简化其他笔画多的汉字。

1920年钱玄同在《新青年》第7卷第3号上发表了《减省汉字笔画的提议》一文。1922年,钱玄同在国语统一筹备委员会上提出《减省现行汉字的笔画案》,主张应该根据通行于民众社会的简体字来减省汉字笔画,即把过去只在民间流行的简体字作为正体字应用于一切正规的书面语,得到黎锦熙、杨树达等的响应。这是历史上有关使用简体字及汉字简化的第一个具体方案。他还分析、归纳了历史上简体字的八种构成方式,即:全体删减;粗具框廓;采用草书;仅写原字的一部分;原字的一部分用很简单的几笔代替;采用古体;音符改少笔画;别造简体;假借他字。他归纳出的八种简化汉字的方法影响深远,实际上也就是现行简化字的产生依据。

1928年,胡怀琛的《简易字说》出版,收简体字三百多个。

1932年,国民政府教育部公布出版国语筹备委员会编订的《国音常用字汇》,除收入不少简体字外,还提出应推行简体字,使书写简易。

1934年,中国图书馆服务社出版杜定友的《简字标准字表》,收简体字353个。徐则敏在《论语半月刊》上发表《550俗字表》。钱玄同在国语统一筹备委员会提出《搜集固有而较适用的简体字案》。

1935年春,上海文化界组织"手头字(即简体字)推行会",发起推行"手头字"运动。

1935年,钱玄同主持编成《简体字谱》草稿,收简体字2400多个。同年8月,国民党政府教育部采用这份草稿的一部分,公布《第一批简体字表》,收字324个。1936年2月又通令收回。这是历史上由政府公布的第一个简体字表,对社会上简体字的应用、流行产生了很大的作用。

1936年10月,容庚的《简体字典》出版,收字达4455个,基本上本自草书。同年11月,北新书局出版陈光尧的《常用简字表》,收字3150个,约一半本自草书,一半来自俗体字。

1937年,北平研究所字体研究会发表《简体字表》第一表,收字1700个。[①]

在文化界进步人士蔡元培、邵力子、郭沫若、郑振铎等人的积极倡导下,简体字成为一些正式报刊的用字。

抗日战争爆发,简化汉字运动除了在抗日根据地继续发展外,在其他地方陷于停顿。新中国成立后,人民政府立即着手继续推行简化汉字。

综上所述,汉字简化运动具有广泛的社会基础,适应汉字系统的发展趋势。

2.新中国成立后汉字的简化

新中国成立以后,政府即着手组织专家在研究、总结前人简化汉字经验的基础上对汉字进

---

① 上述内容参考了网络资源(http://wenda.tianya.cn/wenda/thread?tid=1d627a3a5b036555)。

行有计划的简化。简化的总原则是约定俗成,稳步前进。

约定俗成,是指在社会习惯的基础上,尽量采用已经流行的简体字。具体做法是:在过去汉字简化的基础上进行简化,首先收集、研究、整理在群众中长期而广泛流行的,已经社会化了的简体字,对此只作必要的修改和补充;简体字的选择以最常用的为限,不是对每一个繁难的字都进行简化。

稳步前进,是指对需要简化的字分批进行,不一次解决,也不一次推行。这样做既符合社会需要,又有群众基础;既便利初学者的学习,又照顾已识字人的习惯,从而保证简化字得以顺利推行。

1950 年,中央人民政府教育部社会教育司编制《常用简体字登记表》。

1951 年,在《常用简体字登记表》基础上,根据"述而不作"的原则,拟出《第一批简体字表》,收字 555 个。

1952 年 2 月 5 日,成立中国文字改革研究委员会(简称文改委)。

1954 年底,文改委在《第一批简体字表》的基础上,拟出《汉字简化方案(草案)》,收字 798 个,简化偏旁 56 个,并废除四百个异体字。

1955 年 2 月 2 日,《汉字简化方案(草案)》发表,把其中的 261 个字分 3 批在全国 50 多种报刊上试用。同年 7 月 13 日,国务院成立汉字简化方案审订委员会。同年 10 月,举行全国文字改革会议,讨论通过《汉字简化方案(修正草案)》,收字减少为 515 个,简化偏旁减少为 54 个。

1956 年 1 月 28 日,《汉字简化方案》经汉字简化方案审订委员会审订,由国务院全体会议第 23 次会议通过,31 日在《人民日报》上正式公布,在全国推行。此方案简化了 515 个字。[①]

3. 20 世纪五六十年代汉字简化工作中简化字的来源

现行简化字中占大多数的是利用简化偏旁类推产生的,如讠、纟、钅、阝、车、来诸形替代合体字中的对应的言、糸、金、邑、車、來,以造出新的简化字形。新中国成立后,简化汉字最重要的方法就是类推简化,绝大多数简化字都是类推简化产生的。

在非类推简化字中,绝大多数是起用旧有字形。据李乐毅的《简化字源》,在收入《简化字总表》521 个非类推简化字中(包括第三表附录中的 39 个字,不包括 14 个不能单独使用的简化偏旁),始见于先秦时期的有 68 个,始见于秦汉时期的有 96 个,始见于三国两晋南北朝时期的有 32 个,始见于隋唐五代时期的有 31 个,始见于宋辽金元时期的有 82 个,始见于明清太平天国时期的有 53 个,始见于民国时期的有 59 个,1949 年之后的有 101 个。而据张书岩等的《简化字溯源》,在对选取的《简化字总表》第一、二表中 388 个简化字头(含简化偏旁)进行溯源时,发现属于新中国成立后的新造字仅有一个,即"簾"的简化字"帘",其他都是起用民国之前就已经存在的简体字形。简化字中起用的既有简体字形有多种来源。

(1) 来源于笔画简单的古形

① 来源于原本就存在的古字(初文),如:气(氣)、云(雲)、众(眾)、从(從)、电(電)、须(鬚)、网(網)、启(啓)、丰(豐)、众(眾)。

② 来源于早已存在的古异体字中的简体,如:礼(禮)、尔(爾)[②]、弃(棄)、岳(嶽)、栖(棲)、

---

① 上述内容参考了网络资源(http://wenda.tianya.cn/wenda/thread?tid=1d627a3a5b036555)。
② 《说文》分"尔""爾"为二字,二者实为一字。

累(纍)、集(雧)、宝(寶)、星(曐)。

(2)来源于对繁体字形的改造

①保留繁体轮廓,减省繁体笔画。

如:爱(愛)、卤(鹵)、冈(岡)①、属(屬)、单(單)、来(來)、麦(麥)、断(斷)、丧(喪)、龟(龜)。

②减省繁体部件。

即选取繁体字中的一个或几个部件来代替原字,省去其他部件。这也可称作"以部分代全体"。如:制(製)、时(時)、粜(糶)、广(廣)、独(獨)、夺(奪)、奋(奮)、声(聲)、号(號)、点(點)。

③将繁杂的繁体偏旁替换为简单的偏旁。

第一类　用简单的义符替换复杂的义符,如:笔(筆)、猫(貓)、执(執)、迹(跡)、献(獻)、尘(塵)。

第二类　用简单的声符替换复杂的声符,如:淀(澱)、铁(鐵)、灯(燈)、递(遞)、袄(襖)、亿(億)、种(種)、钟(鐘)、痒(癢)、踊(踴)。

第三类　将原形声结构中的义符保留,将复杂声符替换为简单的义符,从而将形声字变为会意字,如:泪(淚)、国(國)、标(標)、阳(陽)、阴(陰)、穷(窮)、茧(繭)。

(3)草书楷化

即将已经社会化的草书字体的笔形楷化,作为简体字。如:鱼(魚)、书(書)、贝(貝)、专(專)、当(當)、东(東)、为(為)、乐(樂)、长(長)、寿(壽)、兴(興)、会(會)、应(應)、实(實)。

(4)记号替换

即用笔画简单的记号来替代一个或几个笔画繁杂的偏旁。这个符号只起替代作用,没有直接的表意或示音功能。如:师(師)、汉(漢)、劝(勸)、权(權)、办(辦)、对(對)、观(觀)、艰(艱)、难(難)、聂(聶)、凤(鳳)、欢(歡)、鸡(雞)、轰(轟)、区(區)、叹(歎)、戏(戲)、赵(趙)、党(黨)、币(幣)、枣(棗)、仅(僅)。

(5)另造简体字

这里所说的另造简体字,即简体字形不是源于对原繁体字的改造,与原繁体没有字形上的联系,同时简体字的产生时间晚于其繁体。

新造会意字,如:体(體)、灶(竈)、蚕(蠶)。

新造形声字,如:惊(驚)、肤(膚)、霉(黴)。

(6)同音借用

有的简体字来源于同音假借,如:才(纔)、后(後)、于(於)、征(徵)、谷(穀)、御(禦)、几(幾)、胡(鬍)、万(萬)、丑(醜)、里(裏)、千(韆)、冬(鼕)、出(齣)、姜(薑)。

简体字的产生是很复杂的,上面只是介绍了简体字产生的大致情况,并不能包括简体字产生的全部情形。如简体"处"字始见于明代,是截取繁体"處"字下部,并加以改造而形成的简体字形;"归"字产生于民国时期,是将繁体"歸"右边仅保留上半部分,右边替换为记号而成的简体字;"称"字所从的"禸"与"尔"字繁体"爾"形近,于是"称"历史上曾讹为"稱",因此人们据"爾"字简体作"尔"类推出"稱"之简体"称",来作为"稱"字的简体。再如"圣"字,作为"聖"字简体使用出现在元代,其实"圣"这一字形已经见于《说文》,只不过表示的是另外一个字,音义均与"聖"有别。作为"聖"字简体的"圣"究竟是怎么来的恐怕难以说得清。"旧"字产生于元代,

---

① 古文字中有字形"冈",为"网"字异体。

为"臼"字讹体。

收入《简化字总表》的非类推简化字中,也有一部分是吸收了新中国成立后汉字简化运动的新成果。这些新简化的字,或系另造新字,如护(護)、农(農)、卫(衛)、吁(籲)、严(嚴)、毕(畢)、华(華)、丛(叢);或以简单声符替换复杂声符,如态(態)、邮(郵)、审(審)、歼(殲)、剧(劇)、沟(溝)、衬(襯)、拥(擁)、舰(艦)、辽(遼)、酿(釀);或用简单义符替换复杂义符,如哄(鬨)、肮(骯);或截取繁体字的一部分,如灭(滅)、乡(鄉)、开(開)、盘(盤)、誊(謄)、椭(橢)、业(業)、产(產);或用简单的记号替代复杂的偏旁,如邓(鄧)、树(樹)、风(風);或用同音假借,如斗(鬥)、录(錄)、术(術)、卜(蔔)、咸(鹹);或是在保留繁体轮廓的基础上减少笔画,如伞(傘)、齿(齒)、壶(壺)。其中利用偏旁替换的方式创制的简化字最多。

4.《简化字总表》

《汉字简化方案》公布 8 年后,即 1964 年 5 月,中国文字改革委员会编辑出版《简化字总表》,总共包括 2235 个简化字,多数是用这 515 个字和 54 个偏旁类推出来的,在认读上基本上没有什么困难。该表是新中国成立后汉字简化工作的总结和成果的集中体现。全表由三个字表组成。

第一表收 352 个不作简化偏旁用的简化字。

①第一表所收为不能作为简化偏旁使用的简化字,不能类推简化其他繁体字。例如:

"習"简化作"习",而"褶"的右偏旁不能类推简化;

"兒"简化作"儿",而"倪、霓、猊、铌、鲵"等字的右偏旁都不能简化作"儿";

"幹"简化作"干",而"擀"却不能简化作"扞";

"鬥"简化为"斗",但"鬪、鬭、鬨、鬮、鬧"所从之"鬥"不能简化为"斗"等。

②第一表的字一般都是个别简化的,不能用第二表的类推偏旁将它们分别类推简化。例如:

"節"简化为"节",但"癤"不能类推简化为"疖",而是简化为"疖";

"門"简化为"门",但"閶"不能类推简化为"阊",而是简化为"板",等等。

③第一表还用注释的方式对部分字形进行了说明。例如:

"蚕"上从"天",不从"夭";

"壞"简化为"坏",不作"坯","坏""坯"二者不可混;

"奖、浆、桨、酱"右上角从"夕",不从"爫",等等。

同时还用注释的方式说明某些字形在什么情况下简化,在什么情况下不简化。例如:

"叠""迭"意义可能混淆时仍用"叠",不简化为"迭";"答覆""反覆"的"覆"简化作"复","覆盖""颠覆"仍用"覆";

"乾"用作"乾坤""乾隆"的"乾"时不简化,其他简化为"干";

"夥"简化为"伙",作"多"解时不简化;

"麼"读"me"时简化为"么",读"mó"时不简化;

"像"简化为"象",在"像""象"意义可能混淆时仍然用"像";

"餘"简化为"余",在"餘""余"意义可能混淆时仍然用"餘";

"折"和"摺"在意义混淆时,"摺"仍用"摺",不简化为"折";

"宫商角徵羽"的"徵"不简化为"征",等等。

第二表收录 132 个可作简化偏旁用的简化字,以及对"言""食""昜""糸""臤""巻""臨"

"戠""釒""𦣞""𦉫""巠""䜌""咼"进行简化后可以用作类推简化的 14 个偏旁。

需要注意的是,第二表的字都可以用来类推简化其他繁体字。但是绝对不能用来类推简化第一表中的繁体字,第一表中的繁体字都已经作了个别简化,需要逐个记忆。第一项所列繁体字,无论单独用或者作偏旁用,同样简化。第二项的简化偏旁,不论在一个字的任何部位都可以使用,其中"讠""饣""纟""钅"一般只能用于左偏旁,这些简化偏旁一般都不能单独使用。

第三表是应用第二表所列简化字和简化偏旁类推简化得出来的 1754 个简化字。三个表总计为 2238 字。其中"签""须"两字重现,实为 2236 字。《简化字总表》是中央政府领导的、由专家学者参与的第一次汉字简化工作的总结,被确定为社会通用汉字的正字标准。

没有收入《简化字总表》的字,可以按照应用第二表中的简化字和简化偏旁类推简化。

20 世纪 70 年代,我国进行了第二次汉字简化。1977 年 12 月 20 日,《第二次汉字简化方案(草案)》公布,内收整体简化字 462 个,连同偏旁类推简化字,共 853 个。由于这个"草案"单纯从减少笔画出发,违反了汉字的结构规律,忽略了文字的社会性和稳定性,忽略了约定俗成的原则,因此,"草案"既缺乏科学性,又没有社会基础。"草案"公布后,各方面的不同意见很多。1986 年,经国务院批准,正式废止此草案。

为纠正社会用字混乱,便于群众使用规范的简化字,经国务院批准,国家语言文字工作委员会 1986 年 10 月 10 日重新发表原中国文字改革委员会于 1964 年编印的《简化字总表》。对原《简化字总表》中的个别字作了调整。"叠""覆""像""囉"不再作"迭""复""象""罗"的繁体字处理。因此,在第一表中删去了"迭(叠)""象(像)""复(覆,但作为復、複的简化字仍保留)",这样实有简化字 350 个;此外,对第一表中"余(餘)"的脚注内容作了补充。在第二表"罗"字的字头下删去繁体字"囉","囉"依简化偏旁"罗"类推简化为"啰"。"了"字读"liǎo"(了解)时,仍简作"了",读"liào"(瞭望)时作"瞭",不简作"了"。第一、二表收简化字 482 个。第三表中增收"啰"字,第三表"讠"下偏旁类推字"雠"字加了脚注。全表实收 2235 字。规定以此表中收录的简化字为规范的简化字,凡是在《简化字总表》中已经被简化了的繁体字,应该用简化字;凡是不符合《简化字总表》规定的简化字,都是不规范的简化字,应当停止使用。

应当指出的是,国家规定繁体字不作为现行的规范字形,禁止在一般的社会书面交际中使用繁体字,并不是废除繁体字,而只是限制繁体字的应用。某些领域比如古籍整理或其他需要使用繁体字的情况下仍然可以使用繁体字。

5. 对新中国成立后汉字简化工作的评价

简化字既有优点又有缺点。其不足是:有些字改变了原来的偏旁系统,使繁简对照关系变得复杂——如"購"简作"购","講"简作"讲",而"遘"则不简;减少了一些形近字,却又增加了一些形近字,且增加的多于减少的;同音代替减少了字数,但有时影响了表意的明确性;有些简化字的形体不便分解和称说,特别是那些草书楷化字;有些简化字削弱了音符的表音功能。但是,汉字通过简化,精简了许多字的笔画数,从而使汉字变得比以前易学、易写、易用、易认;由于部分繁体字归并入简化字,减少了汉字的数量;部分形声简化字比繁体字表音准确;许多不能独立成字或不能称说的繁体字,其部件变成可以分解和称说的常用字或部件。总的来说,汉字简化取得的成绩是主要的,中国的汉字简化在总体上是正确的,实际效果总体上是好的,简化汉字在中国已经广泛应用于各个方面,并且为一些国家所采用,使用者数量庞大,这是当今汉字使用中不能忽视和不可改变的事实。我们对汉字简化中存在的问题应客观对待,不应过分夸大。

6. 汉字的繁、简转换

简化汉字主要在大陆通行,港、澳、台等地主要使用繁体字。随着我国改革开放及经济的不断持续发展,交往趋于频繁,经常遇到繁简字的文本转换问题,即把繁体字文本转换为简化字文本,或把简化字文本转换为繁体字文本。由于繁、简字之间关系繁杂,产生了繁、简转换问题。

必须要承认的是繁、简汉字之间多为一一对应关系。

但是,有的繁体字借用了另外一个书写较为简单的字作为自己的简化字,那个书写较为简单的字就承担了两个字的记词功能,例如"卜"既是"占卜"之"卜",又是"蘿蔔"的"蔔"之简化字;"丑"既是干支"丑",又是"醜陋"之"醜"简化字等。在将简化字文本转换为繁体字时,不能简单地以"蔔""醜"代替"卜""丑",否则就会出现"占蔔""乙醜"这样的错误。

有的繁、简字之间,原本在用法上是有交叉关系的,如"後"简化为"后","后"与"後"均可表"先后"意义,而表"君主、皇后"义一般是"後"所没有的。我们不能把"皇后"的"后"转化成"後"①。

有的简化字对应几个繁体字,如"脏"为"五臟"的"臟"及"肮髒"的"髒"简化字,"发"为"發生"的"發"和"头髮"的"髮"的简化字。我们不能把"脏腑"的"脏"转换成"髒"、"头发"的"发"转换成"發"。

有些字有繁、简异体,但是历史上其简体长期比繁体还要通行,如"别"及"一出戏"的"出"历史上就比其分别对应的繁体"彆""齣"通行;有的繁简二体并驾齐驱,如"钟表"的"表"与其繁体"錶"、副词"才"与其繁体"纔"等。

许多人喜欢利用电脑进行汉字的繁、简转换。在利用电脑进行繁、简转换时要特别注意那些字形上非一一对应关系的繁、简字,以防止繁、简转换时发生错误。现在的电脑程序能识别合成词,像"头发""内脏""北斗"这样的合成词,在繁、简转换中只要设置成按词转换,几乎不至于犯错误;而当一个字在文档中不与其他文字组成合成词或者是组成结构较为松散的短语时,繁简转换发生错误概率较高。如"斗争"一词为合成词,可以用电脑自动转换为"鬥爭";而"一斗米"则往往会错误地转换为"一鬥米"。再如"征"本来表示"征途",汉字简化后又成为"徵兆"的"徵"的简化字。"征兆""象征"这一类凝固性很强的合成词可以转换成"徵兆""象徵";而"喜欢食素是长寿之征"只能自动转换成"喜歡食素是長壽之征",其"征"字在句中独字成词,不能自动转换成"徵"。还有像"出""别"之类的很早就代替繁体的简体字字形在电脑上则不能自动将它们转换成对应的繁体字形"齣""彆"等。我们在利用电脑进行繁、简转换时一定要小心,以防发生上述错误;利用电脑自动进行繁、简转换后一定还要再仔细地逐字查核。

7. 简、繁汉字存废之争

近年来,有人主张废除简化字,恢复繁体字,而且其中不乏文化界甚至学术界名人。他们的理由主要是,繁体字理据性强,且字形承载着丰富的中华文化信息,而简化字理据性较弱,字形承载文化信息的能力也较弱。有人举出"爱"为例,认为繁体的"愛"带有"心"字旁,为有心之爱,较能表达"爱"字的字义;而简体的"爱"字没有"心",分明为无心之爱,难以表达"爱"的字

---

① 出土古文字材料中常见以"後"表君后之"后"。

义。有政协委员甚至提交在小学增设繁体字教育的提案,更有激进者建议全国用十年时间,分批废除简化字,恢复使用繁体字。

我们认为,上述恢复繁体字的理由是不充分的,甚至是站不住脚的。我们知道,相对于繁体字而言,小篆字形无疑更有理据,其字形也更能承载文化信息;而甲骨文、商周金文又比小篆字形更有理据,字形承载的文化信息更为丰富。因此,如果从符合字理、承载文化的角度出发,我们是否应当恢复小篆字形甚至起用早已死亡的商周甲骨文、金文字形作为当今的通行汉字呢?事实上某些简化字其理据性并不比其对应的繁体字差。就"爱""愛"而言,"愛"固然为有心之"愛"①;而"爱"下为"友"字,"友"完全可以表示友爱。再如"體",是从"骨""豊"声的形声字,由于"豊""體"现代的语音并不相同,从而影响了其理据性;而其简体为"体",为从"人""本"的会意字,谁都知道,身体是人的根本,可见其理据性是很强的。

有人认为简体字区别特征不明显,容易混淆,举"设法""没法"为例,"设""没"形近易混,而"设"之繁体的"設"与"没"是不会相混的。实际上现代汉字中"氵""讠"作为构字频率非常高的偏旁而为识字者所熟识,除非是刚入学的儿童,否则几乎不会将二者相混。

文字只是辅助语言起交际作用的工具,这一性质决定了它必须符合从俗、从简的原则。简化字使用了几十年(多数简化字有着更为久远的历史),具有广泛的社会基础,使用简化字符合从俗的原则。人们对使用工具的企望是越简单越好,作为辅助性交际工具的文字也不例外,简化字符合从简的原则。众所周知,西方字母文字也是来源于原始的象形文字,是否也要把它们恢复到原始的象形文字以便于其传承历史文化呢?

关于汉字繁、简存废问题,我们认为,应当尊重简化字已经通行几十年这一现实。在一般场合应当使用简化字,特殊的领域如古籍整理、高校古代汉语及古代文学教材的编纂等特殊领域可以使用繁体字。

海峡两岸同为中国人,本为同根生,而在汉字使用上目前分别通行简化字与繁体字。据新华网消息,台湾地区原领导人马英九曾建议采用"识正(繁)书简"方式解决两岸汉字使用的分歧,可见他并没有排斥使用简化字。当然,他的建议实际上是一种折中的做法,如果采用此法,则意味着我国语文政策的调整。究竟采用什么样的政策,在此姑且不作讨论,相信这个问题一定会随着两岸交流的不断深化与发展而最终得到解决。不可否认的是,繁体字毕竟不利于人们使用;从汉字发展史来看,简化是汉字发展的趋势。

另外,从世界范围来看,使用简化汉字已经是一个趋势。根据有关资料显示,除中国内地进行汉字简化外,其他使用汉字的国家也有许多在进行汉字的简化工作。

新加坡 1969 年公布第一批简体字 502 个,其中只有 67 个字(称为"异体简化字")与我国公布的简化字不同;1974 年,又公布《简体字总表》,收简体字 2248 个,涵盖了中国公布的所有简化字,另有 10 个中国尚未简化的字;1976 年 5 月,颁布《简体字总表》修订本,删除这 10 个简化字和异体简化字,从而与中国的《简化字总表》完全一致。

马来西亚于 1972 年成立"马来西亚简化汉字委员会",1981 年出版《简化汉字总表》,与中国的《简化字总表》完全一致。

泰国本来规定华文学校一律不准用简体字教学。在联合国以简体字为汉字标准后,宣布取消原来的限制,于 1983 年底同意所有的华文学校都可以教学简体字,发行简繁对照表手册,

---

① 《说文》:"爱,行皃。从夊㤅聲。"则"爱"本不表示惠爱、怜爱、敬爱义。

并在小学课本上附加简繁对照表。

日本使用汉字已有近两千年的历史,在民间也长期流行一些简体字。昭和 21 年(1946),日本内阁公布《当用汉字表》,收字 1850 个,其中有 131 个是简体字,与中国简体字相同的有 53 个,差不多相同的有 9 个。

1983 年,韩国的《朝鲜日报》公布第一批简体字 90 个,在《朝鲜日报》上使用,与中国相同的有 29 个,差不多相同的有 4 个。①

以上事实说明,使用简体汉字或简化汉字正成为一种趋势。

(二)异体字的整理

1. 异体字界说

异体字是音义全同、记词职能完全一样、仅仅字形不同的字,它们在任何语境下都能互相替代而不影响语义的表达。

2. 异体字整理的原则

汉字异体现象古来有之。由于异体字的存在而造成了一字多形,增加了人们学习、使用的负担,影响了汉字职能的发挥。因此有必要对异体字进行整理,以减少字数,消除字形混乱现象,便于人们学习和使用。整理异体字是汉字正字的重要内容。

新中国成立后,政府组织实施了异体字的整理工作。

整理异体字的原则:从俗与从简相结合,照顾书写方便。在从俗与从简不能兼顾或繁简差不多的时候以从俗为主。"从俗"符合文字的社会性,"从简"符合文字发展的主要趋势。

"从俗"指选择较常使用的字形,废除较生僻的字形。例如:

选用的规范字:够 阔 村 乃 奔 霸 拿 吝 留 冰 筒 拖 匝 泄
废除的异体字:夠 濶 邨 廼 犇 覇 挐 悋 畱 氷 筩 扡 帀 洩

"从简"指选择笔画较少的,废除笔画较多的。例如:

选用的规范字:袜 浣 采 玩 喂 笋 臁 粘 跖 棹 挂 暂 札 岳
废除的异体字:韤 澣 採 翫 餧 筍 臚 黏 蹠 櫂 掛 蹔 剳 嶽

有左右和上下结构的异体字,为了便于书写,一般选用左右结构的字作为规范字。例如:

选用的规范字:惭 峰 鹅 群 蹴 概 棋 稿 晰 楞 略 鹅 峨
废除的异体字:慙 峯 鵞 羣 蹵 槩 棊 稾 晳 稜 畧 鵞 峩

只有"案""岸""拿""幕""掌""蟹""崭""咒"等少数上下结构的字因为使用广泛而被选用为规范字。

3.《第一批异体字整理表》

1955 年 12 月,文化部和中国文字改革委员会联合公布《第一批异体字整理表》。

此表收异体字 810 组,共 1865 个字形,每组只留一个正体,其余作为异体淘汰,共淘汰 1055 个异体字。该表自 1956 年 2 月 1 日起在全国正式实施,规定只有四种情况可以作为使用异体字的例外:①翻译古书需用原文原字的;②一般图书已经制成版的或分册尚未出齐的,

---

① 以上有关海外汉字简化内容来源于《简化字》(http://baike.baidu.com/view/16311.htm)一文。

可以重排再版时改正;③商店原有牌号不受限制;④用作姓氏的,在报刊图书中可以保留原字。

根据汉字使用的实际需要,此后对《第一批异体字整理表》的内容又作了局部调整。调整的具体内容是:

①根据1986年10月10日重新发表《简化字总表》的说明,确认《简化字总表》收入的"䜣、谫、晔、奢、诃、鳣、紬、刬、鲙、诓、雠"11个类推简化字为规范字,不再作为淘汰的异体字。

②根据1988年3月25日国家语言文字工作委员会与中华人民共和国新闻出版署"关于发布《现代汉语通用字表》的联合通知"中的规定,确认《印刷通用汉字字形表》收入的"蔄、邱、於、澹、骼、彷、菰、溷、徼、薰、黏、桉、愣、晖、凋"等15个字为规范字,收入《现代汉语通用字表》,不再作为淘汰的异体字。

经过上述调整,《第一批异体字整理表》实际淘汰异体字1427个,有效地减少了出版物上的异体字,精简了社会通用字的数量,给人们学习和使用汉字带来了方便。

(三) 确定规范的印刷用字形

整理印刷体字形,主要是对异写字进行整理。异写字是指构字部件相同,而写法不同的一组字,如"黃"字又作"黄"、"西"又作"㐫"、"开"又作"幵"、"并"又作"幷"等。以前,汉字的楷书印刷体中,字形不统一的现象较为普遍,同一个字在不同的出版物中字形有多种。印刷体的混乱现象影响了出版物的阅读,给人们学习和使用汉字增加了负担。因此,中国文字改革委员会和文化部联合对印刷体字形进行了整理。整理的总原则是"从简从俗,便于学习和使用",具体操作原则,主要有以下八点:

①笔画繁、简不同的,选用简省的。如:

选"辶"弃"辶",选"吕"弃"呂",选"黄"弃"黃",选"宽"弃"寬"。

②笔画有连、断不同的,选用连接的。如:

选"侯"弃"侯",选"瓦"弃"瓦",选"免"弃"免",选"華"弃"華"。

③笔画有中断与延伸不同的,选用延伸的。如:

选"犮"弃"犮",选"角"弃"角",选"蝇"弃"蝇",选"奥"弃"奥"。

④笔画有短长之别者,选用缩短的。如:

选"冉"弃"冉",选"亏"弃"亏",选"丑"弃"丑"。

⑤起笔笔画有撇横之别的,选用横笔的。如:

选"丯"弃"丯"("害"字所从),选"干"弃"干"(如"刊"字),选"天"弃"夭"(如"忝"字)。

⑥起笔为点的,一律写成侧点。如:衤、主、永、户。

⑦笔画有直笔和折笔之别的,选用直笔。如:吴、直、真、普。

⑧笔画有"八""丷"之别的,选用"丷"。如:平、半、关、肖。

上述印刷字体的整理原则,在保证"从俗从简"的前提下,尽可能地考虑了书写的方便,有助于减少写错字的概率。

1965年1月发布了《印刷通用汉字字形表》,符合此表的字形为新字形,不符合此表的为旧字形。此表是中国文字改革委员会和文化部联合对印刷体字形进行整理的结果。收字6196个,提供了通用汉字印刷字体(宋体)的标准字形,明确规定了表内字的笔画数目、笔画形状、笔画顺序和构件部位。它既是印刷字体的标准,也为手写体确立了字形规范,也是写字教学的标准。该表的发布,是中华人民共和国成立后汉字整理工作的重要成果,对统一印刷字形、促进社会用字规范化和方便中文信息处理都具有重要意义。

(四)其他正字工作

除了上述几项重要的汉字整理工作之外,我国还对地名用字、计量用字以及其他书面符号进行了规范。

1. 生僻地名用字的替换

我国幅员广阔,汉字使用又有一定的地域性特征,许多地名用字在当地可能属于常用字,但是在其他地方却是生僻的,其中还有一些字笔画繁杂,书写不便;有的字难以识读,这不利于文字职能的发挥。因此,我国从20世纪50年代初便开始了更改地名用字的工作,到1964年止,经国务院批准,将35个县级地名中的生僻字改用为常用字。如将"雩都县"改为"于都县"、"新淦县"改为"新干县"、"盩厔县"改为"周至县"、"鄌县"改为"富县"、"邠县"改为"彬县"、"鬱林县"改为"玉林县"、"婺川县"改为"务川县"、"鳛水县"改为"习水县"、"醴泉县"改为"礼泉县"、"鄠县"改为"户县",等等。

国务院1986年1月23日颁布《地名管理条例》。1996年6月18日,中国民政部制定了《地名管理条例实施细则》,以便于更好地贯彻落实1986年中国国务院颁发的《地名管理条例》。2021年9月1日,新修订的《地名管理条例》在国务院第147次常务会议修订通过,自2022年5月1日起施行。新修订的《地名管理条例》规定:地名使用国家通用语言文字,避免使用生僻字。1987年3月27日,国家语委、中国地名委员会、铁道部、交通部、国家海洋局、国家测绘局联合颁发了《关于地名用字的若干规定》的通知,对地名用字规范作了新的规定,要求"地名的汉字字形,以1965年文化部和中国文字改革委员会联合发布的《印刷通用汉字字形表》为准"。

2. 计量单位名称用字的整理

1959年6月25日,国务院发布了《关于统一计量制度的命令》,对一种术语表示两种计量单位(如"公厘""公分"既表示长度又表示重量)的状况进行整理;废除了一些表示计量单位的特殊汉字(如表示长度的"粍""糎",表示重量的"瓱""瓼",表示容量的"竓""竰"等)。但是这次整理并不彻底,如在书面语中,"盎司"与"温斯"并存,"英两""唡"并用;在语音上,"唡"有"liǎng""yīng liǎng"两种读法,等等。1977年7月20日,国家文字改革委员会和国家标准计量局颁布了《关于部分计量单位名称统一用字的通知》(下简称《通知》),要求所有出版物、打印文件、设计图表、商品包装以及广播等,均应采用列于该《通知》"附表"中的计量单位译名用字,停止使用其他译名用字。《通知》所附的《部分计量单位名称统一用字表》,废除了一字双音节、三音节复音字,如"哩""呎""吋""浬""矸""竔/籥""嘞"分别改用"英里""英尺""英寸""海浬""公升""加仑""蒲式耳"等;书面及读音上不统一的进行统一,如"温斯""英两""唡"统一用"盎司"。

3.《标点符号用法》

1951年9月,中央人民政府出版总署公布了《标点符号用法》,同年10月,政务院下达指示,要求全国遵照使用。国家技术监督局于1995年12月13日将修订后的《标点符号用法》(GB/T 15834—1995)作为中华人民共和国国家标准发布,1996年6月1日实施。2011年12月30日,中国国家标准化管理委员会发布新版《标点符号用法》(GB/T 15834—2011),代替GB/T 15834—1995,于2012年6月1日实施。

4.《出版物上数字用法的规定》

1995年12月13日,国家技术监督局发布《出版物上数字用法的规定》,规定了出版物上数字使用规范。如:规定统计表中的数值必须使用阿拉伯数字;规定定型的词、词组、成语、惯用语、缩略语或具有修辞色彩的词语中作为语素的数字必须使用汉字;规定公历世纪、年代、年、月、日要求使用阿拉伯数字;阿拉伯数字书写的数值在表示数值的范围时,使用浪纹式连接号"～",等等。

(五)《现代汉语通用字表》

1988年3月25日,国家语委和国家新闻出版总署联合发布了《现代汉语通用字表》,由语文出版社1988年出版,共收字7000个。此表是全面体现新中国成立以来正字工作成果的字表,它规定了每个字的规范字形,包括笔画数、笔顺和笔画部件的组合结构;体现了《第一批异体字整理表》《简化字总表》《印刷通用汉字字形表》等重要字表的基本精神,吸收了各字形规范化字表的精华,并作了某些合理的调整。《现代汉语通用字表》曾成为国家正字工作的主要标准。

(六)《通用规范汉字表》

此表为教育部、国家语言文字工作委员会组织研制,2009年8月12日发表《通用规范汉字表》(征求意见稿)。是对《第一批异体字整理表》(1955年发布)、《印刷通用汉字字形表》(1965年发布)、《简化字总表》(1986年发布)、《现代汉语常用字表》(1988年发布)、《现代汉语通用字表》(1988年发布)等进行了整合,并根据现代用字状况对相关内容进行了修改。收字8300个,根据现代汉字的通用程度划分为三级。一级字表收字3500个,是使用频度最高的常用字集,主要满足基础教育及文化普及层面的用字需求。二级字表收字3000个,使用频度低于一级字表;一、二级字表共6500个字,主要满足现代汉语文本印刷出版的需要。三级字表收字1800个,是姓氏人名、地名、科技术语和中小学语文教材文言文用字中未进入一、二级字表且较通用的字,主要满足与大众生活和文化普及密切相关的专门领域的用字需求。

此表以《印刷通用汉字字形表》的笔形变异规则为依据,对《现代汉语通用字表》中与规则不一致的44个字作了字形微调,调整后的字形如下:

琴、瑟、琵、琶、徽、魁、伞、氽、褰、衾、巽、撰、馔、噻、亲、榇、杀、剎、脎、铩、弑、条、涤、绦、鲦、茶、搽、新、薪、杂、寨、恴、瞥、弊、憋、唇、蜃、蓐、溽、缛、褥、耨、薅、觳

应当承认,目前社会上用字存在一些混乱现象,能发布一个权威的《通用规范汉字表》无疑是有着积极意义的。但是《通用规范汉字表》(征求意见稿)发布以后,社会上不同的声音很多,尤其是对44个字作出字形微调处理,社会上意见很大。

2013年6月5日,国务院《关于公布〈通用规范汉字表〉的通知》,同意教育部、国家语言文字工作委员会组织制定的《通用规范汉字表》,并予公布。该表充分听取了社会意见与建议,一级字表收字3500个,二级字表收字3000个,三级字表收字1605个,共收录汉字8105个。《通用规范汉字表》公布后,社会一般应用领域的汉字使用以《通用规范汉字表》为准,原有相关字

表停止使用。

汉字规范还包括汉字读音的规范,《现代汉语》教材、课程有关章节对字音规范问题有比较系统的讲述,这里就不再介绍了。

本章小结

汉字字典与汉字规范是我们语文生活中不可或缺的两个方面。我国有着悠久的字典编纂历史。《说文解字》是我国历史上第一部真正意义的字典,此后出现的各式各样的字典难以计数,而各种字典中,《新华字典》是最为常用的字典,《汉语大字典》是内容最为全面的字典。我国的字典常用的排序法有形序法、音序法、义序法。我国的正字实践历史悠久。新中国成立后的汉字规范工作主要包括汉字简化、异体字整理、印刷用字形规范等方面,也包括生僻地名用字规范整理、计量单位名称用字整理、标点符号用法、出版物上数字用法等规范工作。国家语委和国家新闻出版总署联合发布《现代汉语通用字表》是国家公布的权威的规范字表,可作为国家正字工作的主要标准。做好汉字规范工作,是我们正确、有效地使用汉字的前提。

思考与练习

1. 课后自行阅读四角号码检字法规则,分别指出"号码检字法"这五个字的编码。
2. 你是如何看待汉字繁简之争的?
3. 列举出若干种你身边常见的用字不规范现象。
4. 最近,网络(http://news.163.com/11/0523/02/74N4E7SG00014AED.html)上有一则消息:江苏教育出版社出版的小学一年级上学期教科书第104页将"林荫道"写成"林阴道"。苏教版小学语文教科书编委、特级教师、金陵中学实验小学杨新富校长告诉记者"林阴大道"的修改缘由,"之前的'林阴大道'都是写作'林荫大道',但这个词中的'荫'有第一声和第四声两个读音,是个异读词。为了进行语言的规范和统一,1985年12月国家语委推出《普通话异读词审音表》。这样一来,'林荫大道'的'荫'原来可读第四声,最后就都'统读'第一声。1997年国家语委推出《语言文字规范手册》,随后1998年1月语文出版社根据这个文件出版了《现代汉语规范字典》,其中就将'林荫大道''树荫'全部改为'林阴大道'和'树阴'。"你对将"林荫道"写成"林阴道"有何看法?

本章主要参考文献

[1] 班固(汉). 汉书[M]. 北京:中华书局,1962.
[2] 黄德宽,陈秉新. 汉语文字学史(增订本)[M]. 合肥:安徽教育出版社,2006.
[3] 李乐毅. 简化字源[M]. 北京:华语教学出版社,1996.
[4] 刘嘉丰. 国家通用语言文字规范化工作指导与使用手册[M]. 北京:高等教育出版社,2007.
[5] 刘志成. 汉字学[M]. 成都:天地出版社,2001.
[6] 聂鸿音. 中国文字概略[M]. 北京:语文出版社,1998.

[7] 裘锡圭.文字学概要[M].北京:商务印书馆,1988.
[8] 苏培成.现代汉字学纲要[M].北京:北京大学出版社,1993.
[9] 王宁.汉字学概要[M].北京:北京师范大学出版社,2001.
[10] 中国社会科学院,语言文字应用研究所.汉字问题学术讨论会论文集[M].北京:语文出版社,1988.
[11] 王凤阳.汉字学[M].长春:吉林文史出版社,1992.
[12] 吴玉章.文字改革文集[M].北京:中国人民大学出版社,1978.
[13] 许慎(汉).说文解字[M].北京:中华书局,1963.
[14] 杨润陆.现代汉字学通论[M].北京:长城出版社,2000.
[15] 叶楚强.精简汉字字数的根据和方法[N].光明日报,1965-5-12.
[16] 语文出版社编.语言文字规范化手册[M].北京:语文出版社,1991.
[17] 詹鄞鑫.汉字说略[M].沈阳:辽宁教育出版社,1991.
[18] 张桂光.汉字学简论[M].广州:广东高等教育出版社,2004.
[19] 张书岩,王铁琨,李青梅,安宁.简化字溯源[M].北京:语文出版社,1997.
[20] 张玉金,夏中华.汉字学概论[M].南宁:广西教育出版社,2001.

第九章 汉字教学

  ┃本章导读┃......

本章将简介汉字教学史,介绍几千年来形成的汉字教学诸法。

  ┃学习目标┃......

通过对本章内容的学习,学生应该能够了解汉字教学史及汉字教学诸法;理解汉字教学具有科学性、规律性与趣味性;学会应用适当的汉字教学法从事识字教学实践;分析历史上产生的诸汉字教学方法之利弊。

第一节 历史上的汉字教学

一、商代已经有了汉字教学

汉字作为世界上最古老的文字之一,产生的确切年代已经不可考。就是殷商时代的甲骨文,距今也有三千多年历史。人类所具有的一切行为与活动的能力,除了出自本能的之外,无不需要通过学习才能获得。同样,人们获得使用文字的能力也离不开学习,而学与教是不可分离的。从理论上讲,自从人类开始使用文字起,也就开始了识字教学实践。因此,保守地讲,汉字教学至少也有 3000 年的历史了。

郭沫若在《殷墟粹编》的《序言》中指出,该书 1465 至 1479 片刻写干支表的甲骨是殷人教子弟刻写文字的记录。

陈炜湛、唐钰明在他们编的《古文字学纲要》中也指出:"习刻以干支表为常见,大概是因干支字在当时是常用字。如《粹》1468 片,正面第四行精细整齐,刀法纯熟,当是老师示范之作,其余各行均歪歪斜斜,拙劣不堪,几不成字,这必是徒弟学刻者所为。"

需要说明的是,除了干支字作为习刻文字外,甲骨文中也发现了其他用作习书的文字。

据刘源的《历年来殷墟甲骨科学发掘情况》一文,1953 年,考古研究所在大司空村 H1 坑底部出土 2 片有字龟甲,文字是习刻;中国社会科学院考古研究所安阳工作队 1958 年在小屯村西 H215 中出土卜甲 1 片,是龟背甲,上刻 11 字,属习刻;1959 年在大司空村出土卜骨 2 片,分别刻有"文贞"二字、"辛贞在衣"四字,均属武丁时期的习刻;1961 年苗圃北地又出土龟背甲 1 片,上刻 6 字,为习刻;1985 年,在苗圃北地以西约 200 米(编者按,原文脱"米"字)处,于 8 号殷墓填土中发现卜骨 1 片,上刻 4 字,为习刻;1991 年 10 月,安阳工作队在花园庄南地发掘,获有字卜骨 5 片,除一片字体近"午组卜辞"外,多为习刻。

艾兰认为大英图书馆所藏的殷墟家谱刻辞可能是习刻(说见其 2010 年 12 月 14 日在中国社会科学院历史研究所先秦史研究室所作报告"家谱刻辞真伪问题";此处转自刘源《艾兰教授

来历史所做"家谱刻辞真伪问题"报告》一文)。①

二、周代以后的汉字教学

据《周礼》记载,"(保氏)掌谏王恶,而养国子以道,乃教之六艺:一曰五礼,二曰六乐,三曰五射,四曰五御,五曰六书,六曰九数"。这里的所谓"六书",实即借助于字理、字用知识来进行识字教学。《周礼》记载的是西周时期对国子的施教情况,可见西周时期汉字教学已经被正式列入学制。据《说文解字·叙》:"周礼,八岁入小学,保氏教国子先以六书。"可见"六书"是"国子"入学后最先学习的内容之一。

西周宣王时的太史籀编《史籀篇》,《汉书·艺文志》认为它是"周时史官教学童书也"。据有关专家研究,该书按字的意义关系编排而成,四字为句,二句为韵,以便学童习诵。它是我国有文献记载的最早的识字课本,可能也是世界上已知的第一部童蒙识字课本。由于《史籀篇》早已亡佚,我们不知其面目。如果该书确实是按字义编排的四字韵文,则说明我国在西周时期已经开始了使用韵文编写识字教材及据义系联的汉字教学实践。

秦始皇统一中国后,用小篆统一天下文字,李斯编《仓颉篇》、中车府令赵高编《爰历篇》、太史令胡毋敬编《博学篇》作为推行小篆的标准字形,此三书后人称之为"秦三仓"。

西汉初,闾里书师将"秦三仓"即《仓颉篇》《爰历篇》《博学篇》进行删改合并,去其重复字,以 60 字为一章,共 55 章,3300 字,合称为《仓颉篇》,分上、中、下三篇,用以蒙童识字教学。此《仓颉篇》及李斯的《仓颉篇》原书均已亡佚。

20 世纪出土的汉简中多次发现《仓颉篇》,从中我们可以窥见《仓颉篇》原貌。从汉简本《仓颉篇》来看,其采用韵文的方式,四字一句,一般是隔句押韵。联字为句时或把偏旁相同的字放在一起,或把字义相同、相近、相类、相反的字放在一起,如阜阳汉简本《仓颉篇》残篇有"□□邑里,县鄢封疆。径路冲□,街巷垣墙。开闭门闾,阅□□□。□□室内,窗牖户房。柠楣樛槐,杙杶桥梁";敦煌汉简《仓颉篇》残篇有"游敖周章。黜黶黯黭,黦黝黔黢。黢黮赫報,儋赤白黄",读起来朗朗上口,显然具有汉字教材的属性,为当时童蒙识字课本。据上引文可知,《仓颉篇》中有时候将字形上有联系、字义密切相关的字组合成句子,这是对汉字结构分析教学法的运用。传统汉字学中的汉字结构分析本质是分析汉字的构造方式,探源汉字的构字理据。结构分析教学法也就是从分析汉字结构入手,来对学习者进行识字教学,其实质就是汉字的字源教学法。

在《仓颉篇》之后的两千多年里,使用韵文编制专门的识字教材、进行集中识字教学,为汉字教学的基本方式。这种方式的优点是,教学内容读起来顺口,听起来和谐悦耳,便于学习者朗诵记忆。

汉代非常重视文化教育,识字教育也不例外。《汉书·艺文志》记载:"古者八岁入小学,故周官保氏掌养国子,教之六书,谓象形、象事、象意、象声、转注、假借,造字之本也。汉兴,萧何草律,亦著其法,曰:'太史试学童,能讽书九千字以上,乃得为史。又以六体试之,课最者认为尚书御史、史书令史。吏民上书,字或不正,辄举劾。'"东汉许慎的《说文解字·叙》:"尉律:学僮十七以上始试,讽籀书九千字,乃得为史。又以八体试之,郡移太史并课,最者认为尚书史。"可见,汉代统治者以学童识字数量作为选拔"史"的标准,并写入法律,足见汉代对汉字教学及

---

① 当然,甲骨文中的习刻文字可能只是在练习刻字技巧,因此与一般的汉字教学有别。

识字能力的重视。

汉武帝时,司马相如作《凡将篇》,字无重复,有的字是《仓颉篇》所没有的。西汉中期到东汉,识字课本的编纂达到高峰。元帝时黄门令史游作《急就篇》,篇中分章叙述各种名物:"急就奇觚与众异,罗列诸物名姓字,分别部居不杂厕。"大致按姓名、衣服、农艺、饮食、器用、音乐、生理、兵器、飞禽、走兽、医药、人事等分类编成韵语,多数七字一句,均为日用必需之字。成帝时将作大匠李长作《元尚篇》,编排与《急就篇》类似。二者所收皆《仓颉篇》的正字,均取全篇正文前二字认为篇名。

汉平帝元始中,命沛人爰礼等百余人在未央廷中说字。黄门侍郎扬雄选取《仓颉篇》中的字作《训纂篇》,全篇终于"滂喜"二字。东汉和帝永元中,郎中贾鲂用"滂喜"二字作篇名,作《滂喜篇》。后人合《仓颉篇》《训纂篇》《滂喜篇》三书为三卷,以《仓颉篇》为上卷,《训纂篇》为中卷,《滂喜篇》为下卷。晋人合称其为"三仓",即所谓"汉三仓"。

汉时已经有了类似今天小学的"书馆"。王国维(《汉魏博士考·观堂集林》卷四)说:"汉时教初学之所名书馆,其师名曰书师,其书用《仓颉》《凡将》《急就》《元尚》诸篇,其旨在使学童识字习字。"

魏晋以后,楷书成为社会通用字体,楷书识字课本陆续出现。

南朝梁武帝萧衍敕令周兴嗣编《千字文》,全篇一千字,字不重,为四言韵语。如:

天地玄黄,宇宙洪荒。日月盈昃,辰宿列张。寒来暑往,秋收冬藏。
闰余成岁,律吕调阳。云腾致雨,露结为霜。金生丽水,玉出昆冈。
剑号巨阙,珠称夜光。果珍李柰,菜重芥姜。海咸河淡,鳞潜羽翔……

《千字文》联字成词,四字为句,隔句押韵,前后连贯,咏物咏事条理分明、通顺可诵。其内容涉及自然与社会多方面的知识。所选多为常用字,便于识读,是我国中古以来著名的蒙学识字课本。隋唐以来广泛流行,诵读《千字文》被视为识字教育的捷径,甚至影响到兄弟民族识字教材的编制,以至于出现了满汉、蒙汉文的对照本《千字文》。宋元以来,对《千字文》的续广增编达几十种,如《续千字文》《广易千字文》《正字千字文》《叙古千文》等,但都没有《千字文》影响大。

宋朝时,王应麟编《三字经》。《三字经》全文长达1722字,为三字一句的韵文,如:

人之初,性本善。性相近,习相远。苟不教,性乃迁。教之道,贵以专。
昔孟母,择邻处。子不学,断机杼。窦燕山,有义方。教五子,名俱扬。
养不教,父之过。教不严,师之惰。子不学,非所宜。幼不学,老何为。
玉不琢,不成器。人不学,不知义。为人子,方少时。亲师友,习礼仪……

《三字经》选择常用字,三字为句,将自然、社会、历史等知识与一些民间传说编进文本中。一般隔句押韵,句式简洁明了,文笔自然流畅,语言通俗易懂,深入浅出,易读易记。宋末以后,《三字经》流传开来,元代以后则成为最普及的蒙童教材。它影响很大,不仅有满文、蒙文译本,甚至还有英文、法文译本。后世模仿此书,有《女三字经》《地理三字经》《医学三字经》《西学三字经》《工农三字经》《军人三字经》《佛教三字经》《道教三字经》等,风靡天下,经久不衰。尤其是新加坡出版的英文译本《三字经》,被联合国教科文组织选入"儿童道德丛书",在全世界加以推广。

北宋初年,无名氏编《百家姓》。

据学者研究,《百家姓》为北宋初年钱塘儒生所作,作者名佚。原书收集中文姓氏411个,后增补到504个,其中单姓444个,复姓60个。《百家姓》收录姓氏,为四字一句的韵文,如:

赵钱孙李,周吴郑王。冯陈褚卫,蒋沈韩杨。朱秦尤许,何吕施张。

孔曹严华,金魏陶姜。戚谢邹喻,柏水窦章。云苏潘葛,奚范彭郎。
鲁韦昌马,苗凤花方。俞任袁柳,酆鲍史唐。费廉岑薛,雷贺倪汤。
滕殷罗毕,郝邬安常。乐于时傅,皮卞齐康。伍余元卜,顾孟平黄……

《百家姓》将宋朝国姓赵、吴越国国姓钱、吴越国王钱俶正妃孙氏以及南唐国王李氏列在前四位。《百家姓》读来顺口,易学好记。它与《三字经》《千字文》《幼学琼林》《增广贤文》等,旧时均被列入孩童的启蒙读物。

《三字经》《百家姓》等的编纂为后代历朝的蒙学读本提供了范本。元、明、清诸朝蒙学读本的编写虽多因循《三字经》《百家姓》的格式,但其影响和流传范围都远不及前者广泛。

《三字经》《百家姓》《千字文》成为几百年使用不衰的经典识字课本,一直使用到清末,乃至在民国时期的私塾里还被广泛地当作蒙童识字教材使用。

上述识字教材均为韵文。

除韵文识字教材外,我国古代还出现了看图识字类儿童识字读本。此类教材有《魁本对相四言杂字》(洪武四年即1371年金陵王氏勤有堂刊本)。据学者研究,此书产生于南宋时。其体例是:文字竖排,每字之旁有一相应图画以供对照。如该书第一行字是"天、云、雷、日、月、星",每字旁都有相应的图画。每字或每词出一相(图画),图文对照(因此称为对相),简单易学。明正统年间又刊出《新编对相四言杂字》。这类教材我国历史上出现过很多,可惜的是流传下来的很少。这类教材采用图文对照的办法,使字形表达意思直观化,增加了学习者的学习兴趣。我们知道,看图识字法是当今世界各国普遍采用的识字教学法,《魁本对相四言杂字》也许是世界上最早的看图识字类教材。

《新编对相四言杂字》(来源于网络)

清代的识字教学,在很长时间里主要是承袭传统做法。

识字教学离不开识字量的研究。

据学者研究,我国历代的社会常用字一般在3000字上下。有研究者对上述识字教材收录字量进行统计研究,发现从《仓颉篇》到"三百千",每种教材的收字量在一两千字左右,同时并用的成套识字课本的总字数在三四千字左右。汉《仓颉篇》(即秦"三仓")共收字3300多字,则各篇约1000字。西汉中期以后出现的《训纂篇》《滂喜篇》各2400字;史游的《急就篇》原为2016字,东汉人增补了128字,现在所见的传本是2144字。"三百千"的总字数是2720字,去重后大约共有2000个单字。清代的文字学家王筠认为,教儿童先识2000字左右,就可以打下初步阅读的基础。我国传统的识字教学,主要采用韵文、集中识字的形式,一般要求在两三年左右的时间使儿童认识2500个左右的汉字,为阅读教学打下基础。

近年有研究者统计,掌握了汉字最常用字中的前2400个,在现代白话文著作中的覆盖率可达95%以上。可见,我国古代关于教学用字量的研究水平还是相当高的,也说明我国童蒙识字教材编纂是具有科学性的。

光绪中叶之后,随着维新变法的兴起,蒙育发生了变化。

光绪二十八年,即1902年,清政府颁布《钦定蒙学堂章程》,对蒙童识字开始进行改革。废除读"三百千",规定第一年教学实字,凡天地人物诸类实字皆绘图加注指示之;第二年教学静字、动字,兼教以动静字加于实字之上之方法;第三年教学虚字;第四年教学积字成句法(见舒新城编《中国近代教育史资料》中册,第399~400页)。改变了传统蒙学先集中识字后读书的方法,采用边识字边读书的方法。

光绪二十八年(1902)刊行《便蒙丛书》,其中的《识字贯通法》依次分课教学,每一课先列单字,次讲意义,又次拼句;《文话便读》每课先单字,次列句子,如第一课先列单字"鸟""狗""儿""飞""叫""追""逃""小",联句为"小鸟飞""小狗叫""小儿追""小狗逃"。这是分散识字方法的开端,但是此时仍保留着集中识字的做法,如第一年的识字教材以集中学习"实字"为主,采用看图识字等方式。

光绪二十九年(1903),清政府颁布《奏定初等小学堂章程》,规定识字教育的办法:第一年讲动字、静字、虚字的区别,兼授虚字与实字联缀法;第二年讲积字成句,并随举寻常实事一件,令以俗话二三句联贯一气,写于纸上……此后,使用韵文编写教材、集中识字的办法逐渐相继废弃。

新中国成立后,尤其是经历了破"四旧"以及十年"文革","三百千"等识字教材被当作封建糟粕而受到批判。本世纪以来,在传统文化渐受重视的背景下,"三百千"等受到部分人士青睐,甚至有人开设"现代私塾",名之曰"孟母堂","三百千"入其基本教材之列。

第二节　20世纪以来的汉字教学

20世纪以来,特别是"五四"以后,社会生活发生了重大变化,新式小学代替了旧私塾。随着新文化运动中"白话文运动"的展开,白话文代替文言文,社会常用字也由古汉语用字向现代汉语用字转变。民国时期开展了国民识字运动,汉字教学中采用识字与阅读相结合的分散识字方式逐渐占据主导地位,识字教材也不再是传统的韵文模式。新中国的建立,汉字教学进入了一个新的历史时期。

一、民国时期的汉字教学

辛亥革命之后,1912年由教育部宣布的《普通教育暂行办法》,提出废科举,兴新学,废除读经讲经。"三百千"除了在民间作为蒙童识字教材仍然被使用外,识字教材逐渐被国文教科书所代替。民国初期仍吸取集中识字教学的经验,从看图识字开始,集中识字数百后转入边识字边阅读。但是已经不同于旧有的集中识字教材,如商务印书馆编辑的《共和国国文教科书》只是在第一册开头几课集中学习诸如"人""手""足""刀""尺""山""水""田""狗""牛""羊""鸡""犬""豕"等简单常用的汉字。

(一)民国时期识字教科书的编制

民国时,随着新式学校的建立,为适应新式识字教学的需要,出现了许多新式的国文课本。有学者考察,1917年之前,商务印书馆、中华书局、文明书局三家出版的国文课本就有12套。近十几年来受到部分读者热捧的民国识字课本有《商务国语教科书》《开明国语课本》《世界书局国语读本》等。

《商务国语教科书》,商务印书馆1917年版,由庄俞等编写,张元济校订。本书自1917年初版问世,十年中共发行七八千万册,是民国时期影响最大的语文教科书。其特点是从居家、处世方面取材,以儿童周围的事物和见闻立义,注意农业、工业、商业等实用知识和日常应用知识,穿插了不少聪明孩子的故事,充满童趣。如上册第52课《职业》:"猫捕鼠,犬守门,各司其事。人无职业,不如犬猫。"课文明理与识字相结合。如上册第56课《整洁》:"屠羲时曰:'凡盥面,必以巾遮护衣领,卷束两袖,勿令沾湿,栉发必使光整,勿令散乱。'"课文可能是有意识地让学生学习"屠""羲""盥""栉"等字,因此将它们编进课文。语言虽稍带有文言味道,却并不十分晦涩难懂,将生活常识及日常行为规范教育与识字教育相结合。如下册第6课《衣服》:"人之衣服,所以护身。我国衣服,长而大,故舒泰。外国衣服,短而小,故轻便。进学堂体操,衣服短小,亦取其轻便也。"课文结合辨物来识字。

《世界书局国语读本》由魏冰心等编,薛天汉等校订,于20世纪30年代出版。这是受"五四"新文化影响、最早用白话文编写的教科书之一。其图文并茂,课文内容中采入寓言、笑话、故事、历史传说和童谣民歌,以增加学生的阅读趣味。如上册第117课《请问尊姓》:"永儿的爸爸对永儿说:'如果有客人来,先要问他尊姓'。明天,对门的徐先生来看永儿的爸爸,永儿说:'徐先生,请问尊姓?'"课文借助于一个充满童趣的故事来串起学生所要学习的汉字,让学生带着乐趣来学习汉字。再如上册第127课《老鼠防猫》:"老鼠开会,商量防猫的办法。一只小老鼠说:'这很容易,只要把一个铃,挂在猫的颈上,我们听到铃声,就可以躲避了。'大家说:'很好,很好,可是谁去把铃挂在猫的颈子上呢?'许多小老鼠都瞪着眼睛,一声也不响。"再如上册第128课《妙妙妙》:"赵信画了一幅画,给王诚瞧。赵信说:'这幅画好不好?'小猫在旁边听见了,高声叫。赵信说:'小猫为什么叫?'王诚说:'他正在说话。'赵信说:'他说什么话?'王诚说:'这幅画画得很好,他代我回答,妙妙妙。'"课文是用童话故事串起学生所学的汉字,风趣幽默。

《开明国语课本》由叶圣陶编写。课文的创作以能够发展儿童的阅读能力和表达能力为目标,内容紧系儿童生活,从儿童周围开始,逐渐拓展到社会。课文活泼有趣,文体兼容博取,文章力选各体的模式,词、句、语调贴近儿童口语,以适应儿童学习心理。初年级课本的文字用手写体,由丰子恺书写并绘插图,图画与文字有机配合,设计新颖。这套课本,选文多自然与人、花鸟鱼虫猫狗等题材,意象优美,几乎构成了一组组儿童田园诗,引人入胜。如上册第41课《荷花》:"万年桥边小池塘,红白荷花开满塘。上桥去,看荷花,一阵风来一阵香。"用儿歌的形式对儿童进行识字教学,在识字的同时让学生认识了荷花。如上册第68课《绿衣邮差上门来》:"薄薄几张纸,纸上许多黑蚂蚁。蚂蚁不做声,事事说得清。"课文用一个谜语贯穿一串汉字,让学生在猜谜语的过程中学习汉字。又如上册第38课《十只猪过桥》:"十只猪过一座桥,母猪跑在前面,小猪跟在后面。过了桥,母猪回过身来,指着小猪说:'一、二、三、四、五、六、七、八、九,我们共有十只,怎么少了一只呢?'"用童话故事对儿童进行识字教学,富有童趣。再如上册第49课《泉水和小草》:"泉水到了河里,许多朋友欢迎他。太阳光拍拍他的背。白鹅到河里看他。小鱼和他一同玩。又有不少的花草,都对他点头。泉水说:'这里好朋友很多。我在这里住一下吧。'"用一篇活泼优美的童话故事串起学生所要学习的汉字。这套教材还是第一部经过当时的国民政府教育部审定的小学教科书。课本于1932年初版后印行40余版次。

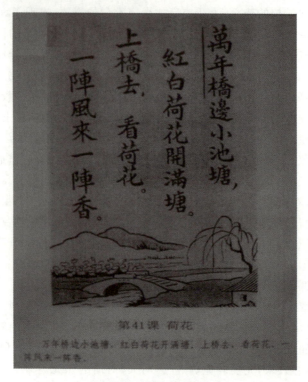

开明国语课本上册第41课

上述三种民国识字教材都是为分散识字而编,文本上也不再讲究整齐押韵。图文并茂,语言浅显易懂,多用充满童真情趣的故事或文字串起学生所要学习的汉字,使学生在学习汉字的同时获得知识,开阔视野,启迪心智,明辨是非,陶冶情操,愉悦性情。这些民国教科书现在受到部分人士的热捧,应当说与它们具有的上述特色是分不开的。

(二)基础教育中的教学用字研究

民国时期,为了适应当时的识字教学、编订新的科学的识字教材的需要,曾有人进行小学识字量研究。

1928年,商务印书馆出版了陈鹤琴编撰的《语体文应用字汇》,采用科学的统计方法进行汉字使用频率研究,将高频字作为教学用字。他对语文课本及通俗书报的用字作了统计分析,从55万字的中文资料中选定4261个字种。他是我国现代最早采用科学方法进行字频统计的人。

1930年12月,民智书局出版了王文新的《小学分级字汇研究》,这是我国现代最早的小学用字研究著作。通过研究,他得出字种5364个,选定其中的3799个字作为小学识字用字,并设定各年级识字量:小学一年级541个字,二年级558个字,三年级654个字,四年级793个字,五年级622个字,六年级631个字。

而据郑国民研究统计,商务印书馆民国元年六月出版共和国教科书《新国文》第一至第四册生字量分别为286个、370个、338个、325个,总生字量为1319个;商务印书馆民国八年八月出版的《新体国语教科书》第一至第四册生字量分别为150个、230个、320个、300个,总生字量为1000个;商务印书馆民国十二年二月出版的《新学制国语教科书》第一至第四册生字量分别为243个、260个、275个、297个,总生字量为1075个;中华书局民国十二年一月发行的新小学教科书《国语读本》第一至第四册生字量分别为273个、285个、306个、306个,总生字量为1170个;世界书局民国二十二年出版的新课程标准教科书《国语读本》第一至第四册生字量分别为190个、267个、289个、299个,总生字量为1055个(以上数字材料来源于崇川教育网)。

(三)民国识字运动

清朝末年,政府就已经举办各种简易学堂,招收失学儿童及贫困家庭的孩子。由于政治腐败、国家贫弱,这项工作发展缓慢。晚清开始,中国的有识之士意识到国家落后的根源在于国民素质低下,"教育救国"思潮在知识文化界涌动。1903年,蔡元培首先提出要进行"平民教育"。民国时期政府开展了消除文盲的识字运动。

1912年中华民国成立后,南京临时政府在教育领域进行改革。各地设立了公共补习学校、露天学校、简易识字学校,等等。但是由于社会混乱、动荡,识字教育举步维艰。

1927年南京国民政府成立。1928年5月,中华民国大学院在南京召开第一次全国教育会议,通过了《三民主义教育宗旨说明书》,提出15项原则,其中第5项就有"推进成年识字补习教育"内容。6月4日,中国国民党中央委员会通过《民众训练案》,将"厉行识字教育"列为专条。10月25日,国民党中央179次常务会议决议下层工作纲领时,将"识字运动"列在首位,并制定了《识字运动宣传计划纲要》。

民国识字卡片(来源于辛亥革命网)

1929年2月,国民党中央第195次常务会议通过《识字运动宣传纲要》,指出"识字的界说有二:从狭义方面说,能辨认若干单字,读出其字音,写出其字形及能了解其涵义,就叫作识字;从广义方面说,于上述条件之外,并须粗解文义,能阅读普通书报,写作浅近应用文,乃能叫作识字。社会教育上所谓识字,是采广义的界说"。

同年,教育部第500号令正式公布《识字运动宣传计划大纲》,规定了识字运动宣传的地点、组织、方法等,并通令全国各省市于最短期内执行。根据大纲中的数据,当时中国总人口中不识字者所占比例超过70%,即超过2.8亿人。

《识字运动宣传计划大纲》颁布前后,国民政府先后推出了一整套推进这项运动的具体方案。在教学内容方面,推行国语注音符号和简体字,使普通民众更易掌握;在教育设施方面,用民众学校取代平民学校,同时设立民众教育馆来处理识字运动的具体事务,创建"活的教育中心"——图书馆,为民众提供知识资源;在教材方面,采用较广泛的是晏阳初在推行"平民教育"

时编订的《平民千字课》,后来有《老少通千字课》,此外还出版了很多关于中国历史及各种常识的识字读物。

1928—1937年,全国共扫除文盲1500多万人,识字运动取得了一定的成效。但由于种种原因,识字运动除在江苏、浙江两省及上海、南京、汉口、天津、北平这五个特别市进行得比较顺利外,在其他地区则较为迟缓,城乡差距明显,未达到预期的目标。

抗日战争爆发后,国民政府仍旧努力推行识字教育,如1939年在重庆、成都、西安、兰州、昆明等后方城市成立民教班,1944年12月颁布《普及失学民众识字教育计划》。但受到客观环境的限制,在民族危亡、民众生存权尚且难以保证的年代,教育权自然会被民众抛在一边,识字运动还是不可避免地走向了衰落。[①]

伴随着识字运动的推行,有人对扫盲用字进行了研究。生活书店1935年11月出版了洪深编著的《一千一百个基本汉字使用教学法》,这是我国最早的也是当时影响最大的扫盲字表。他根据字义及表达的需要,选取每组同(近)义字中最有代表性的一字,选定1100个字作为基本汉字,另外再加250个特别字。主张用这些字来记录一切,写作时遇到基本字以外的字,就改换一个说法。如基本字中有"田"无"地","地主"就说成"田主","种地"改为"种田";有"土"无"泥",需要用"泥"时就用"湿土"代替;有"村"无"庄","庄"一律改为"村",而"钱庄"就说成"钱铺";没有"媳","儿媳"要改为"儿子的老婆"。所选的1100个基本字都是汉语中最常用的字,覆盖率可达90%以上。但是这种做法实际上是试图人为地用有限的文字来束缚无限的语言,失败是不可避免的。

在民国政府推行识字运动的同时,教育、文化界人士在民间开展了"平民教育运动",著名的有晏阳初、人民教育家陶行知等。早在1920年,晏阳初就着手策划平民识字运动,并于1923年成立了中华平民教育促进总会,开展平民识字教育。1923年至1926年,陶行知在南京倡导"平民教育运动",筹募经费,开办学校,编制教材,对平民进行识字教育。在他们的倡导与推动下,平民教育蓬勃开展。

(四)共产党领导、组织的识字教育

早在中国共产党成立前,中国的共产主义者就积极参与了当时的平民教育活动。1919年3月,邓中夏发起组织的北京大学平民教育讲演团成立。早期共产主义者注重将一般平民教育的方向转到举办工农教育上来。1920年,北京共产主义小组派邓中夏在京汉铁路长辛店铁路工场举办劳动补习学校,是中国教育史上第一所工人阶级自己的学校。

中国共产党建立后,成立了"中国劳动组合书记部",派党员深入工矿、农村开办了大量的各类劳动补习学校、识字班,对工农群众进行识字教育。

第二次国内革命战争时期,由于当时的苏区都处于经济文化落后的偏僻地区,民众多为文盲,所以苏区将群众教育的重点放在扫盲上,大力开展识字运动。

1931年苏区临时中央人民政府在瑞金成立,政府中设立教育人民委员部。

1933年4月15日,徐特立签发中华苏维埃共和国临时中央政府教育人民委员部训令第一号《目前的教育任务》,确立了识字小组是群众教育的主要形式之一,采取群众性的互教互学

---

① 以上"民国识字运动"部分的内容来自辛亥革命网＞辛亥百年＞教育＞民国识字运动,2010年11月10日。网址:http://www.xhgmw.org/category-8214-page-2.shtml。

等方式,掀起苏区的全民识字运动,取得了很大成绩。他还撰写成《识字运动》和《识字运动的方法》等文章,提出按识字小组编制、培训组长来教组员、开展读写比赛等方法,并亲自担任教材编审委员会主任,编印了一系列教材,如《共产儿童读本》等。

1933年10月,苏区文化教育建设大会作出"消灭文盲"的决议,在城乡建立各级各类扫盲学校、识字班、识字组等组织形式,采用多种方式组织干部群众识字,收效很大。

抗日战争时期,各个抗日民主根据地继承苏区的群众教育传统,组织了各种形式的群众教育机构。

1939年8月颁布《陕甘宁边区各县社会教育组织暂行条例》,确立的社会教育组织形式中就包括识字组、识字班,它们以扫盲为主。

解放战争时期,识字班等群众性识字教育形式继续坚持和发展,出现了"炕头识字小组"等新形式。

各苏区、抗日根据地、解放区的小学教育中,识字也是一项基本内容。如1934年4月临时中央政府教育部颁布的《小学课程教则大纲》规定的小学教育目标是要使学生成为"识得字,耕得田,又会革命"的人。

二、新中国成立后的汉字教学

(一)新中国成立后的扫盲运动

1. 新中国成立后扫盲运动的展开

据有关材料显示,1949年新中国成立时,全国5.5亿人口中的文盲率高达80%。扫盲成为国家实行经济建设和民主建设的必要条件,成为摆在人民政权面前的一个亟待解决的问题,同时又是一项迫切和重大的政治任务。

1949年11月,中央人民政府教育部设"识字运动委员会",以推动识字教育和扫盲工作。

1950年9月,教育部和全国总工会联合召开第一次工农教育会议,指出要推行识字教育,逐步减少文盲。

1952年6月,教育部公布扫盲常用字表,收字2000个,供编识字课本用。1953年11月,扫盲委员会制定《扫除文盲标准》,规定农民识字1500个,工人识字2000个。1952年9月23日至27日,教育部和全国总工会在北京联合召开了全国扫除文盲工作座谈会。会议指出,扫除文盲的标准,就是使文盲半文盲认识2000字左右,能够阅读通俗书报和写三五百字的短文。

1952年11月5日,中央人民政府委员会第19次会议通过决议,成立中央扫除文盲工作委员会,加强对扫除文盲工作的具体领导。识字扫盲运动从政府机关开始,向全国各地迅速展开。

为了达到脱盲识字目标,国家采取举办夜校及识字班,对职工开办了职工业余学校,对农民则在冬天农闲季节开办冬学识字班等办法。一时间扫盲班遍布工厂、农村、部队、街道,人们以高涨的热情投入学习文化的浪潮中。

从1949年到1960年,全国约有1.5亿人参加了扫盲和各级业余学校的学习。到1953年止,全国扫除职工文盲近100万人,扫除农民文盲近308万人。许多从"扫盲班"毕业的学员升入了业余学校。

中国共产党领导下的新中国开创了中国历史上第一次大规模扫除全民文盲运动,使中国大部分工人、农民、士兵摘掉了文盲半文盲的帽子。

2. 祁建华的"速成识字法"教学

为了尽快地提高识字水平,1951年,中国人民解放军西南军区文化教员祁建华创造了"速成识字法"。这是一种借助注音字母的辅助作用,利用汉字字形、字义、字音相同与相异的不同特点,来提高识字速度的方法。"速成识字法"的教学过程分为三步:第一步,学会注音符号和拼音,掌握识字的辅助工具;第二步,突击学单字,先求会读与初步会讲;第三步,教学语文课本,同时开展大量的阅读、写字、写话活动,巩固所识的字,并扩大了解识字的范围,做到会写会用。一般运用"速成识字法",约在150个小时的教学时间内,即可使一半文盲和识字不多的人初步会认、会讲1500到2000个汉字。

1951年11月29日,重庆《新华日报》介绍了祁建华的"速成识字法"。1952年1月11日,新华社发表了祁建华写的《"速成识字法"的创造经过》。4月23日,政务院文化教育委员会举行颁奖典礼,奖励发明者祁建华的杰出贡献。4月26日,《人民日报》发表社论,号召各地"普遍推行速成识字法"。

1952年5月15日,教育部发出《关于各地开展"速成识字法"的教学实验工作的通知》,指出:"在全国范围内,在广大的工人农民中间普遍地推行速成识字法,有计划地有步骤地扫除文盲,已是当前刻不容缓的重大任务。"

1952年9月6日,全国总工会发出《关于在工人群众中推行"速成识字法"开展扫除文盲运动的指示》。

1952年9月13日,中共中央发出《关于推行识字法开展扫除文盲运动的指示》,要求各地党委"应将推行祁建华速成识字法,开展扫盲运动,作为一项迫切和重大的政治任务,并应以领导历次革命政治运动的精神,来领导这一具有伟大历史意义的运动,以期在今后五年至十年内达到扫除全国文盲之目的。"

速成识字法,先后使5000万人脱盲。毛泽东因此称祁建华为"名副其实的识字专家",刘少奇称其为"当代仓颉"。

3.《扫盲用字表》的制定

实行改革开放政策后,扫盲工作继续进行。

1988年2月15日,国务院颁布了《扫除文盲工作条例》,这是为了加强我国的扫盲工作,尽快完成扫盲的历史任务而制定的行政法规。其中规定了个人扫盲工作的标准,内容是:"农民识1500字,企、事业单位职工、城镇居民识2000字;能够看懂浅显通俗的报刊、文章,能够记简单的账目,能够书写简单的应用文。"

1993年,国家语委所属语言文字应用研究所研制了《扫盲用字表》(《语言文字应用》1993年第3期)。该表分甲、乙两表,甲表收全国统一的扫盲必写字1800个,乙表收扫盲参考用字200个。上述文件是国家扫盲工作的国家标准和规范字。

2000年,我国政府宣布,我国基本扫除青壮年文盲。

(二)小学识字教育、识字量研究

新中国成立后,人民政府组织编写新的识字教材。新中国成立最初几年的小学语文教材是以东北、山东等老解放区的"国语"课本为基础的修订本,带有鲜明的政治色彩,并在此后相当长时间里都保留这个特点。如新中国成立后第一套小学教材中的第一篇课文内容:"毛主席,像太阳,他比太阳更光亮。小兄弟,小姐妹,大家一齐来歌唱:太阳太阳永远光亮,我们跟你永远向上。"

那时的课本内容中关于毛主席的很多,如《八角楼上》《毛主席在花山》《毛主席尊敬老师》《毛主席小时候是怎样学习的》等。20世纪50年代后期的教材紧贴当时的社会现实,如在大跃进期间,人教版小学课本一年级第一课内容为:"爷爷六岁去放羊,爸爸六岁去逃荒。今年我也六岁了,公社送我上学堂。"

20世纪六七十年代的教材分别贯穿阶级斗争与"最高指示",80年代语文教材依然不忘宣传革命。改革开放以后,识字教材则呈现出多元化色彩,人文因素得到加强。

在编订教材的同时,开展了小学语文教学识字量的研究。

1956年,制定《小学语文教学大纲》(草案),规定小学第一、二学年的阅读教学以识字为重点,在这两年里比较集中地教会儿童认识必要数量的(不超过1500个)常用汉字。

1963年,制定《全日制小学语文教学大纲》(草案),在识字写字的总体要求中建议识字1700多个;但是,在各年级的教学要求里,提出一年级识字约750个、二年级约850个,两年约1600个。虽然前后有出入,但是至少不低于1600个。同时指出,为了适应阅读和写作的需要,3500个常用汉字,应该在一、二年级教学生掌握半数左右,其余半数的教学在以后四年中陆续完成。

1978年2月,颁布了《全日制十年制学校小学语文教学大纲》,明确规定在小学阶段要使学生学会常用字3000个左右,前三年学会2500个左右。

1980年,《全日制十年制学校小学语文教学大纲(试行草案)》要求在五年学会3000个左右常用字,一年级识字700个左右,二年级1000个左右。

1986年《全日制小学语文教学大纲》要求认识常用汉字3000个左右,其中要求掌握2500个左右。六年制的一、二年级分别要求认识常用汉字650个左右和900个左右。

近年来,为了加强识字教学的科学性,从而缩短识字教学的时间,提高识字教学的效率,有关专家从语文教学的角度,对汉字的频率做了统计分析:掌握500多个常用字,覆盖率就高达80%;掌握900多个常用字,覆盖率能达到90%;掌握1350个常用字,覆盖率则达95%;掌握2400个常用字(也有人统计为2500个),覆盖率就达到99%。常用字的选择在识字教学中具有重要意义,是保证汉字教学的科学性的重要依据。国内有多名研究者对小学语文识字数量进行了研究。

1988年,语文出版社出版了国家语委汉字处编的《现代汉语常用字表》。该表由国家语委和国家教委联合发布,其目的是"为了适应语文教学和其他方面的需要",收常用字2500个,次常用字1000个。2500个常用字的覆盖率达97.97%,1000个次常用字的覆盖率为1.51%,总覆盖率达99.48%。为汉字教学和语文教材的编写提供了依据。

1992年《九年义务教育全日制小学语文教学大纲》(试用)要求学会常用汉字2500个左右,六年制的一、二年级分别要求学会常用汉字400个左右和750个左右。

2000年《九年义务教育全日制小学语文教学大纲》(试用修订版)要求认识常用汉字3000个左右,学会其中2500个左右。低年级要求认识1800个左右,其中1200个左右会写。

2001年,教育部制定《全日制义务教育语文课程标准(实验稿)》,要求学生能认识3500个左右常用汉字,会写其中的3000个。

(三)对外汉字教学的发展[①]

至迟在汉代,我国就与西方国家有了往来。对外交往首先要消除语言文字障碍。因此我们可以推想,至迟在汉代,我国就应该有了对外汉字教学。公元3世纪,汉字传到了朝鲜;此后又相继传到了日本、越南等国,成为上述国家记录自己民族语言的书写符号。

新中国成立以后,我国的对外汉字教学起初是从属于对外汉语教学的,一般是在对外汉语教材中安排一些汉字教学内容,讲述汉字笔顺、笔画、结构分析等简单的汉字知识,教材后附"汉字生字表"。改革开放以来,对外汉语汉字教学得到了迅速发展,许多高校开展了对外汉语教学工作。

20世纪80年代以后,大部分对外汉教基础汉语教材让汉字教学部分单独成册,与其他各册配合使用,汉字教学内容已较以往充实。20世纪90年代中后期,配套的汉字教材越编越细,达到可以单独开课的规模。

随着对外汉教的蓬勃发展,制定科学的对外汉教用字标准成为一项非常迫切的工作。1990年至1991年,在总结多年来各个院校对外汉语教学经验的基础上,国家对外汉语教学领导小组和北京语言学院汉语水平考试中心联合研制了《汉语水平词汇与汉字等级大纲》。这份大纲是我国初等、中等汉语水平考试的主要依据,也是我国对外汉语教学总体设计、教材编写、课堂教学和成绩测试的重要依据。大纲中汉字的分级与词汇的分级保持一定的联系。汉字大纲收字2905个,分为四级:甲级字800个,乙级字804个,丙级字601个,丁级字700个。这2905个字中,有2485个字是《现代汉语常用字表》中的一级常用字。

同时,在对外汉字教学领域展开了汉字教学与汉语教学关系、字与词谁为对外汉教本位、汉字教学与方法、对外汉字教材编写、汉字本体、留学生汉字学习等课题的研究,取得了一批研究成果,推动了对外汉教的发展。

(四)汉字教学法

汉字教学是基础教育重要的组成部分,是扫盲教育和对外汉语教育的重要内容。无论汉字教学的对象是哪一类人,学会汉字、掌握汉字都是一项艰巨的任务。能否掌握科学的教学方法,便成为能否尽快地、高质量地完成教学任务的关键。因此,汉字教学法的探讨自古就受到人们的重视。

1.传统的结构分析教学法

(1)科学的结构分析教学法

科学的结构分析教学法是指通过分析汉字的结构,利用汉字的结构特点识记汉字的一种教学方法。结构教学法是一种传统的汉字教学法,许慎在《说文·叙》中说:"周礼,八岁入小学,保氏教国子先以六书。"即通过结构分析法来识字。这里的结构不仅是指平面的静态的汉字结构,更是指汉字的构造、生成方法,又称为造字法。结构教学法也是现代汉字教学法中的一个基本方法。需要指出的是,所谓"六书",其实只有前四书,即象形、指事、会意、形声为构造汉字的方法。结构教学法通过对汉字结构进行分析、探源来进行汉字教学,而分析汉字结构也就意味着对字理、字源的探究,因此结构分析教学法实际上是通过探究汉字字源的方式来进行

[①] 本部分参考了李大遂《简明实用汉字学》第十五章第二、三节相关内容。

识字教学。这种汉字教学法也被有的人称为"字源教学法"或"六书识字法"。

采用这种教学法离不开字源探究,但是要明确的是,这并不是要学生去学习古文字,而是把分析汉字字源作为一种辅助教学的手段。这种识字教学方法既能提高识字效率,又向学生灌输了有关汉字的起源、汉字的性质、汉字的结构等方面的科学知识。

①象形字教学。

象形字是指描摹事物的形象和特征而创制的字,也就是说,文字具有图画意味。早期汉字具有形象性。汉字发展到隶、楷阶段,已失去了形象性。现代汉字中大概只有"凹""凸"等少数字以及作偏旁的"氵"具有形象性,"山""田""井"具有些许形象性,此外很难再找到具有形象性意味的字了。不过,现代汉字中的独体字,它们中有许多字是由古代的象形字传承下来的。例如:

日 月 水 火 山 石 田 土 犬 鱼 豕 兔 马 牛 羊 鸟 口 耳 目 自 毛 足 手 角 木

象形字能直观地反映字义,所记录的词语大多为常见的客观事物,能使识字者见形知义。例如,古"月"字像一弯月亮的形状;古"人"字像一个侧面站立、垂手含胸的人形;古"龟"字像一只龟的侧面形状;古"马"字像一匹有马鬣、有四腿的马;古"鱼"字像一尾有鱼头、鱼身、鱼尾的游鱼;古"艹"("草"的初文)字像两棵草的形状;古"门"字像左右两扇门的形状;古"日"字像一轮红日的形态;古"禾"字像谷穗下垂;古"象"字像一只长着长长鼻子的大象形等。教学中可以适当对它们的字形结构进行溯源分析,不仅能提高汉字教学的趣味性,还能增强记忆。

②指事字教学。

指事字一般是指在象形字上加注笔画符号以指示字义的字。例如:

畾 本 末 朱 牟 甘 刃 寸 亡

汉字中的指事字不多。古文字学家于省吾在其《释古文字中附划因声指事字的一例》(《甲骨文字释林》)一文中曾提出"附画因声指事字",即"是在某个独体字上附加一种极简单的点画作为标志,赋予它以新的含义,但仍因原来的独体字认为音符,而其音读又略有转变。这当然是陆续后起的指事字"。如"吏"为"史"、"柬"为"束"、"重"为"東"、"月"为"夕"、"百"为"白"、"千"为"人"、"寅"为"矢"、"音"为"言"、"氐"为"氏"的因声指事字。

在对上述指事字进行识字教学时,可以适当地对其结构进行溯源分析,从而增强对字义的理解和掌握,增强记忆。

③会意字教学。

会意字是由两个或两个以上的字形会合而成的,其字义与构成它的那些部件有关。我们可以通过分析字形来理解和记忆它们。如:

淼 磊 晶 众 羴 鑫 焱 犇 麤 昌 炎 赫 垚

它们为同体会意字,字义往往与构成它们的那个单个汉字所表示的事物数量多有关。再如:

甭 歪 楞 夯 劣 仙 驷 骖 昶 逦 泪 卅 伍

它们的字义由构成它们的字形连读来表示。而绝大多数会意字的字义只是与构成它们的字有某种关系。如:

甮 擤 臭 斌 删 企 闭 原 冠 寇 闲 库 各 降 陟 逐 突 莫
利 析 折 弄 兵 戒 伐 戍 盥 兼 取 宿 武 相 间 卿 服 报

对这些会意字的教学就要根据每一个字的具体情况进行字形结构分析,揭示其字据,以使学习者加深印象,记得牢靠。

④形声字教学。

汉字中形声字占绝大多数,成千上万的汉字由几百个义符和声符组合而成。因此,在汉字教学中,只要掌握了基础构件的音与义,明确其在构字中的功能,以基础构件为中心,就可以把看起来没有关系的一系列汉字串连起来,可以成批识记汉字,同时使枯燥的字形富有生机,充满趣味。

形声字组合简便,造字能力强,用同一个形旁和不同的声旁组合可以构成许多意义相关、表示同一义类事物的字。如:用"木"做形旁,可以组成"桃""梅""梨""枝""棵""桨"等与树木有关的字;用"歹"做形旁,可以组成"残""歼""殉""殃""殡"等与伤亡意义有关的字;用"贝"做形旁,可以组成"赁""贼""购""赚""赌""账"等与钱币有关的字;用"牛"做形旁,可以组成"牲""犊""牺""牦""犁""牵"等与牲畜有关的字;用"手"做形旁,可以组成"掌""攀""摹""拳"等与手的动作有关的字;用"疒"做形旁,可以组成"病""痛""疼""疾""痉""疤"等与疾病或痛苦有关的字;用"目"做形旁,可以组成"盯""眼""眯""眶""瞪""瞩"等与眼睛有关的字。另外,"田"与田地有关,如:畴、畍;"禾"与庄稼有关,如:稼、秧;"⺮"与竹子有关,如:篦、筐;"舟"与水上交通工具有关,如:艇、舰;"讠"与言语有关,如:话、语;"辶"与行走或路途有关,如:近、远;"⻊"与足部动作有关,如:踢、跑;鱼与水生动物有关,如:鲤、鲸;"雨"与天气现象有关,如:雹、霜,等等。

像上面这样总结归类,就能比较清楚地了解形声字这个数量庞大的集合体了。形声字中还有以一个声旁或形旁为基础加上不同的偏旁形成的许多音近或义近的字,如用"冈"做声旁,可以组成"刚""钢""纲""岗"等读"gāng"的字。懂得这一规律能帮助我们推测表声字的读音和意义。比如和"方"这个偏旁相关的字就有如下这些:芳、坊、枋、钫、防、妨、肪、房、鲂、仿、访、纺、昉、舫、放、彷、旁等,这些字都是以"方"为声符的。以"旁"为声符的形声字有滂、磅、螃、鳑、榜、膀、谤、搒、塝、蒡、镑、膀等。从以上举例可以看出形声分析法不仅具有很强的知识性,而且不乏趣味性。

运用汉字结构教学法对形声字进行教学,既可以从形符入手,以某一义符为纽带,将同一义符的形声字系联起来;也可以以某一声符为纽带,将同一声符的形声字系联起来,形成一个个字群,进行教学,使学生成批地认识汉字。这种识字法同时还能起到区分形似字及同音字的作用。如"阡""陌""阳""陆""阻""险""陲""阪""隆""陡"等字可以依托义符"阝"为纽带系联为一个字群进行教学,"阝"义为土山,由其作义符的字多与此义有关;"征""往""径""徘""徊""彷""徨""徂""行""徒"等字可以依托"彳"为纽带系联为一个字群进行教学,汉字中由"彳"为义符的字多与行走有关。这样就可以通过对"阝"和"彳"系统的字群分别进行教学,把"陡"与"徒"这两个形似字区别开来。再如"讴""呕""殴""怄""鸥""瓯""沤"等字,均为从"区"得声的形声字,有的字学生容易混淆。我们可以依托其声符"区"这一纽带,将它们系联为一个字群来对它们进行识字教学,不仅容易记住它们的读音,而且还可以通过比较它们的义符差别,从而正确辨别其意义与用法,做到正确地识读、使用它们。

科学的汉字结构教学法不仅能使学生迅速地成批地识记汉字,同时还能使学生获得汉字字理知识。千百年来无论是自觉还是不自觉,人们一直都在使用这种教学法。而且在此法基础上还衍生出多种识字法。

(2)俗字源学教学法

李万福在其所著《汉文字学新论》中提出了"俗形义学"这一概念:"在文字学领域中,与形义学研究对象相同,而研究方法不同的学科便是俗形义学";认为俗形义学不循六书之法,专以会意为言。他的"俗形义学"也是探究汉字字源的学说,因此在这里称之为"俗字源学"也未尝不可。俗字源学由来已久,先秦文献《左传·宣公十二年》"止戈为武"、《韩非子·五蠹》"自环者为之厶,背厶为公"等均是其例,许慎在《说文解字》中引孔子语"一贯三为王""推十合一为士"来解"王"与"士"也是典型的例子。

从古至今,对汉字进行俗字源学解说者未绝。

有人把这种俗字源学用到汉字教学中,即形成了汉字的俗字源学教学法。也有人称之为会意教学法。如"日生为星""坡者土之皮""八推十为木""十音为章""滑者水之骨""同田为富""分贝为贫""兼贝为赚""禾八米为黍""十口为古""戎贝为贼""千里草为薰"等。不可否认,有相当数量的汉字可以运用这种教学方法来对学生进行教学,有的还可能收到较好的效果。而且,俗字源学通过对某些汉字的静态结构的拆分来进行教学,也就是汉字教学中常用的拆字教学法,无疑有助于学习者识记它们。如:分析"汗"为人们干了活就得流汗;分析"劣"为平时少用力,到头来总差人一等,成为劣等;分析"研"为只要不断地钻研下去,顽石也会开窍的;分析"选"为被选的人应该是走在前头的;分析"思"为勤耕心上田,思想才有丰硕的果实;分析"悟"为吾用吾心去思索方有所悟;"心焦"为"憔","真心"为"慎";解"春"字为人生的春天只有三日等。但是上述汉字的俗字源学说解有悖于汉字本来的理据,也许这样分析会使学生增强对它们的记忆,但是也会使学生对所学汉字字理产生认识上的偏差,两者如何取舍,的确是汉字教学中一个值得探讨的难点。将字理分析与俗字源学分析结合起来,也许是解决这个问题的一个途径。

2. 新中国成立后对汉字教学法的新探讨

新中国成立后,各地教育工作者探索出多种汉字教学法,如黄剑杰的生活教育科学分类识字法、刘振平的快速循环识字法、斯霞的分散识字法、鄢文俊的字族文识字法、白海滨的部件识字法、肖长杰与魏大义的汉标识字法、谷锦屏的听读识字法、王桐生与张俊蘅的猜认识字法、张继贤的字根识字法、李卫民的奇特联想识字法、赵明德的立体识字法、吉林省双辽县(今双辽市)老师们创造的字谜识字法、姜兆臣的韵语识字法、赵明德的立体结构识字法、郭洪的趣味识字法、曾悠源的成群分级识字法、贾国均的字理识字法、上海市实验学校的电脑辅助学习汉字法、何克抗的四结合识字法、谢锡金的多媒体电脑辅助识字法等识字教学法。下面介绍几种常用的识字教学方法:

(1)笔画分析法

这是一种比较现代的汉字平面结构分析教学法。所谓笔画分析法,是用小于偏旁的部件(笔画)代替偏旁来作为汉字结构中最重要的结构单位。这种方法不考虑汉字的构造方法,不考虑汉字的读音和意义,单纯机械地进行平面字形分析。这也是一种无视字据的汉字教学方法。这种方法对于合体汉字具有普适性,同时笔画数量又要比偏旁少得多,便于掌握。不过,由于组成一个汉字的笔画数量往往要多于汉字的偏旁数量,因此用这种方法教学汉字,一个汉字往往会分析为由多个笔画构成,使字形结构复杂化;同时不利于学习者在形、音、义几方面系统地理解和掌握汉字。

(2)注音识字法

1918年至1958年,我国使用注音字母标注字音,1958年后使用拼音字母注音。从1982年开始,在黑龙江省几所小学进行"注音识字,提前读写"小学语文教学改革实验;后在全国范围内推行这种教学改革实验,取得了相当好的效果。详细可参看李楠《"注音识字、提前读写"

实验报告》(中国社会科学出版社,1985年版)一书。

(3)集中识字法

①同音字归类——形声字归类——基本字带字识字法。

这是由贾桂芝与李铎创造的识字法。1958年,辽宁黑山北关小学进行了集中识字教学实验,由同音字归类——形声字归类——基本字带字,两年内认识2500字,被称为黑山经验;1960年北京景山学校也开始实验形声归类集中识字,同样达到两年学习2500字的效果。1960年以后被推广到全国范围内进行实验,实验经验编入《集中识字教学经验选》(中央教育科学研究所编,教育科学出版社,1980年版)一书。

②韵文识字法。

从《仓颉篇》等开始,韵文识字教学法在我国汉字教学实践中沿袭了两千年。

辽宁丹东东港市实验小学的姜兆臣老师自编韵语识字教材,把小学语文教学大纲中规定的2500个常用字编成句式整齐、合辙押韵、通俗有趣、易于理解,并具有儿童特点的韵文,进行集中识字实验,据说能使一年级儿童轻松愉快地在一年内识2500多个汉字。这种方法是对传统使用韵文、集中识字的回归。

"炳人识字法"是唐炳人创制的识字教学方法。它专用于幼龄儿童及小学低年级学生,识字快速高效。其法首先由"开、辽、跋、翱"四个"集引字"代表"开字集""辽字集""跋字集""翱字集"四集;再由四个"集引字"共引出"开原平生灵,辽阔沃土宁。跋涉坎坷程,翱翔驯雕鹏"二十个索引字;索引字再引出"句首字"。如"开字集"的句首字为"开首目标无限行,尽处辉煌硕果迎。原籍故情终难忘,祖国脉搏连心脏。平展路遥曲折环,此山越出另峰拦。生息自古沉浮烟,但愿灼炭熔炉间。灵感幻觉入仙境,牧童悠笛吹醒梦";再由"开首目标无限行"引出"开数一三五七九,二四六八十拍手;首先猫找小白兔,哥俩哗啦浇树木;目光低看弯着腰,吃草为了长肥膘;标明方向奔前途,驱蹄远征垦荒芜;无腿蝌蚪蛙泳练,蛤蟆伸舌窜条线;限制调皮不消停,总想蹦跳没正形;行为机警勿笑笨,课余劳动巧用劲"。通篇采用七言段式,结构严谨,串珠连音,顶针连环,具有鲜明的规律性;合辙押韵,为学汉字提供最佳的记忆线索和联想的手段。只要记住这20个索引字,就能引出280个句首字,每个句首字再引出一句口诀,14个字,总共3920个字。

据丰宁教育网(www.fnjyj.com),从1996年开始,在河南省进行了大面积的教学实验,实验结果表明,识字者仅用一年时间就能基本认识3920字,能读书看报,通读文章,个别还可以写出小文章。

"炳人识字法"也是对我国通行两千年采用韵语、集中识字这一传统识字教学法的复归,同时又因为其文本系统性强、语言贴近时代、选字更具有实用性而优于传统的识字法。

(4)汉字趣味教学法

一个孩子在接受启蒙教育时识字数量的多少、质量的高低会对他今后的继续学习产生直接的影响。要提高儿童的识字质量,让他们对汉字产生兴趣,无疑是一种好方法。

一些简单的独体字,都是由远古象形字发展而来的,其初文具有很强的形象性,如"山""水"诸字,可以适当对其教学结构溯源,使之通过简单的可感画面来认字,加深对所学之字的印象。

对于一些合体字,也可以通过形象化的结构说解,来达到趣味教学的目的。如可以向学生讲解"爸爸"是父亲,所以"爸"字上面是一个"父"字,下面的"巴"表示的是"爸"的读音;"妈妈"是美丽的女人,所以左边是一个"女"字,右边的"马"表示"妈"字的读音;"唱"字左边是一个

"口",表示唱歌时张开的嘴巴,右边的"昌"表示"唱"字的读音;"歌"字右边是一个"哈欠"的"欠",打哈欠时和唱歌时一样,会张开嘴巴,所以"歌"字右边是一个"欠"字,也是表示唱歌时张开的嘴巴,左边的"哥"表示"歌"的读音。这样的解说会使课堂教学显得有趣,学生们会因此而对所学内容记忆深刻。不过它们均属于对字理的科学说解,属于结构分析教学法范畴。传统的韵文教学法也是一种较有趣味的识字教学法。下面我们介绍几种汉字教学法,它们的共同特点是充满趣味,姑且称之为汉字趣味教学法。

①拆字法。

拆字即把汉字拆成几个部件,以便称说记忆。如双木林、耳东陈、弓长张、立早章、木子李,等等。以拆字为基础,还可以把字形的几个部件编成顺口溜,从而设计出比较有趣的汉字教学方法。如:

一人一张口,口下长只手。(拿)

一只狗,两个口,谁遇它,谁发愁。(哭)

土字头,田字腰,共产党,挎大刀。(戴)

一点一横长,口字在中央。大口张着嘴,小口往里藏。(高)

一点一横长,一撇到南洋,南洋有个人,只有一寸长。(府)

十字对十字,太阳对月亮。(朝)

土上有竹林,土下一寸金。(等)

千字头,木字腰,太阳出来从下照,人人都说味道好。(香)

天上无二,合去一口,家家都有。(人)

也可以将上述顺口溜当成字谜让学生来猜,以提高学生的学习兴趣。

还可以将一组字组合成顺口溜,如"日月明,鱼羊鲜。小土尘,小大尖。一火灭,田力男。人木休,手目看。二木林,三木森。二人从,三人众",这样一条识字顺口溜就可以帮助学生识读十二个字。

上述拆字法实际上也可以看成设谜,是设谜法的一种。

②设谜法。

字谜可以说是基于汉字结构特点而产生的汉民族特有的艺术形式,它能使"乏味"的汉字字形充满趣味,显示了汉字所具有的独特魅力。如"看时圆,写时方,寒时短,热时长",其谜底是"日",字谜综合利用了字形、字义间的关系,非常生动有趣。其他再如:"男人的世界"(妍)、"家中添一口"(豪)、"脸盆里行船"(盘)、"眼看田上长青草"(瞄)、"点点成金"(全)、"一箭穿心"(必)、"上下难分"(卡)、"既有头,又有尾,中间生了四张嘴"(申)、"四撇一弯钩,虫在肚中留"(蜀)、"画时圆,写时方;冬时短,夏时长"(日)、"你一半,我一半,同心干,把树砍"(伐)、"自小在一起,目前少联系"(省)、"何可废也?以羊易之"(佯)、"太阳的儿子"(星)、"一口咬掉牛尾巴"(告)、"四面都是山,山山都相连"(田)、"俩人一起走钢丝"(丛)、"一点一横长,两点一横长。你若猜不出,站着想一想"(立)、"座中无人"(庄)等。

但是猜字谜一定要循序渐进,逐步增加猜字量,这样才能让学生更好地去理解去记住汉字,也能激发学生认字的欲望。当学生有了一定的识字基础时,可以设置诸如"有心走不快,见水装不完,长草难收拾,遇食就可餐"这样的字谜,其谜底是"曼",但是谜面的设置涉及"慢""漫""蔓""馒",因此通过这一字谜实际上可以学习并巩固"曼""慢""漫""蔓""馒"五个字,从而起到让学生批量地识读、巩固所学汉字的作用。

③儿歌法。

现在有很多关于汉字的儿歌(包括绕口令、顺口溜),也具有浓厚的趣味性,如"岩"字儿歌:"移走一座山呀,还剩一块石,搬去一块石呀,还有一座山,山下有石,石上是山,压得猴哥呀气呀么气难喘。""山下有石,石上是山",这本身就是一个较有趣的字谜,再通过"猴哥"的移啊、搬啊的动作来阐释这个"岩"字,形象生动,让人感到趣味横生。这样的儿歌还有很多,另如"也"字儿歌:"给它点儿水,就能养鱼;给它一块土儿,就能种瓜;走过来个人儿,不是你和我;跨上了那马儿,就走呀走天涯。"这首儿歌通过一系列动作描写,引出了以"也"为偏旁构成的一些字,即"池"("给它点儿水,就能养鱼",暗示"池"字)、"地"("给它一块土儿,就能种瓜",暗示"地"字)、"他"或"她"("走过来个人儿,不是你和我",暗示"他"或"她")、"驰"("跨上了那马儿,就走呀走天涯",暗示"驰"字),蕴含了很大的乐趣。

④故事法。

有很多关于汉字的故事,也使汉字充满趣味性。例如有一则关于"琵琶"和"枇杷"的趣味小故事:

从前,有个纨绔子弟,自幼好吃懒做,不好好念书。长大以后,常因写错别字闹笑话。有一天他妻子说想吃枇杷,他从桌子上随手拿出一张纸,挥笔在上面写了几个字,写完后便招呼仆人去买枇杷。他妻子接过纸来一看,扑哧一声笑了。原来上面写的是"买琵琶五斤"。五个字写错了两个,将"枇杷"误写成"琵琶"。他妻子看过后,在后面题了一首打油诗:"枇杷并非此琵琶,只怪当年识字差。倘若琵琶能结果,满城箫鼓尽飞花。"纨绔子弟看过妻子的题诗后,面红耳赤。

"枇杷"和"琵琶"读音相同,都读作"pí pa",是同音词。但"枇杷"是一种水果,而"琵琶"则是一种弦乐器,意义和写法完全不同。这是一个基于汉语言文字的同音现象而产生的一个笑话故事,令人听后捧腹。能让人在哈哈大笑中学会这几个字,这就是汉字趣味教学的魅力。

⑤拟人对话法。

网络上常有人编写一些字与字之间的对话,看起来也颇有趣味,因暂时没有适当的名称,姑且称之为"拟人对话法"。如"日"和"曰"这两个字的对话:

"日"对"曰"说:告诉过你不要打架,瞧!被槌扁了吧!"日"对"曰"说:说!谁又搣你了?"日"对"曰"说:你就不能少吃点,现在成将军肚了吧!"日"对"曰"说:你以后别和我站一起,人家认为我们是双胞胎呢!"日"对"曰"说:我们要分清楚界限,你就嘴上功夫强,我是身体力行!"日"对"曰"说:我们以后要相互配合,你堵上面,我堵下面,不要老想往下发展!

此外还有许多例子,如:

"禾"对"干"说:不会吧,你家穷得连裙子都没得穿?

"器"对"哭"说:叫你平时多练练口才,现在被人训哭了吧。

"尺"兴奋地对"尽"说:大姐,检查结果出来了,你怀的是双胞胎!

"晶"对"品"说:你家难道还没有装修?

"茜"对"晒"说:出太阳了,你咋不戴顶草帽呢?

"兵"对"丘"说:看看!战争有多残酷呀,你的两条腿都被炸飞了!

"土"对"丑"说:别认为留着披肩发就好看,其实骨子里还是老土。

"寸"对"过"说:老爷子,买躺椅了?

"叉"对"又"说:什么时候整的容啊?脸上那颗痣呢?

"木"对"束"说:别认为穿上马甲我就不认识你了。

"长"对"张"说:你认为你是后羿啊,没事整天背张弓干嘛?
"大"对"爽"说:就四道题,你怎么全做错了?
"电"对"龟"说:歪戴着帽子,扮什么酷?
"日"对"旦"说:你什么时候学会玩滑板了?
"日"对"曰"说:该减肥了!

诸如此类,不胜枚举。我们在教学过程中也可以利用这些有趣的对话来进行汉字的趣味教学。发掘汉字趣味的方法还有很多。当然这些有趣味的东西首先要建立在识字顺序合理安排的基础上。顺序安排应由简到繁、由浅到深、由易到难,所以我们应当先教笔画少的字,后教笔画多的字;先教独体字,后教合体字;先教结构简单的字,后教结构复杂的字;尽可能先教常用部件字,要使前字的解说成为后字的认知基础,让学生能够滚雪球式地扩大识字量。

本章小结

汉字教学历史悠久,殷商时期的甲骨文中就已经有了汉字教学的遗迹,周代的文献已经有了有关汉字教学的记载,汉代出现了许多识字教材。此后,列朝列代均有大量的关于汉字教学的文献资料存世。在清末之前的几千年的汉字教学实践中,编写韵文、集中识字的汉字教学法占主导地位,其间也产生了看图识字之类的识字教材。清代直至民国时期,政府组织推行平民识字活动,中国共产党成立后也一直重视并开展民众识字运动。新中国成立后,除了组织实施基础教育中的识字教学外,还开展了大规模的扫盲运动。汉字教学方法极其丰富,其基础是字形结构分析。要正确处理汉字教学中俗字源分析法与科学的汉字结构分析法之间的矛盾。在强调汉字教学科学性的同时,也应当重视汉字教学的趣味性,汉字教学应当是科学性与趣味性的统一。实施汉字的趣味教学应当是当今与今后汉字教学实践中予以充分重视的问题。

思考与练习

1. 在汉字教学中,往往会遇到科学的汉字字源分析与俗字源分析之间的矛盾,你是如何看待这个问题的?

2. 对下列三组汉字做出适当的识字教学设计:①香、哭、庄;②册、典、删;③曼、慢、漫、蔓、馒。

本章主要参考文献

[1] 班固(汉).汉书[M].北京:中华书局,1962.
[2] 陈鹤琴.语体文应用字汇[M].北京:商务印书馆,1928.
[3] 陈炜湛,唐钰明.古文字学纲要,广州:中山大学出版社,1988.
[4] 郭沫若.郭沫若全集(第三卷)·考古篇[M].北京:科学出版社,2003.
[5] 洪深.一千一百个基本汉字使用教学法[M].上海:生活书店,1935.
[6] 黄德宽,陈秉新.汉语文字学史(增订本)[M].合肥:安徽教育出版社,2006.
[7] 李楠."注音识字、提前读写"实验报告[M].北京:中国社会科学出版社,1985.

[8] 李大遂.简明实用汉字学[M].北京:北京大学出版社,2003.
[9] 李万福.汉文字学新论[M].重庆:重庆出版社,2001.
[10] 宁赫.《仓颉篇》研究[D].长春:东北师范大学,2005.
[11] 舒新城.中国近代教育史资料[M].北京:人民教育出版社,1962.
[12] 王国维.观堂集林[M].北京:中华书局,1959.
[13] 王文新.小学分级字汇研究[M].上海:民智书局,1930.
[14] 魏冰心,等.世界书局国语读本[M].上海:上海科学技术文献出版社,2005.
[15] 许慎(汉).说文解字[M].北京:中华书局,1963.
[16] 徐雪云.试述汉字的趣味教学[D].合肥:巢湖学院,2008.
[17] 叶圣陶编,丰子恺绘图.开明国语课本[M].上海:上海科学技术文献出版社,2005.
[18] 于省吾.甲骨文字释林[M].北京:中华书局,1979.
[19] 中央教育科学研究所.集中识字教学经验选[M].北京:教育科学出版社,1980.
[20] 庄俞,等.商务国语教科书[M].上海:上海科学技术文献出版社,2005.